携帯 フランス会話 小辞典

共著
目黒士門
目黒ゆりえ

白水社

装丁　森デザイン室

まえがき

「会話は人を表す」(La conversation est l'image de l'esprit.) という古いことわざがあります．言葉遣いによって人がわかるのですから折り目正しい表現を覚えることが大切です．そのため本書では身内や友人同士などのあいだで使う tutoyer［テュトゥワイエ］（相手を tu で呼ぶ）を避け，礼儀正しい vouvoyer［ヴヴワイエ］（相手を vous で呼ぶ）を基本としました．

フランス語を話すにはまず文法の基本を知っていることが前提となります．その上でいろいろな場面での「表現の定型」を覚えることです．しかし定型を知っているだけでは不十分です．会話力の決め手となるのは語彙力です．そこでテーマごとに必要な語彙を集めた「単語帳」を付けて実用の便を図りました．また付録として，数詞，E メールの書き方，フランスと日本の祝祭日を巻末に付しました．

本書の執筆には，目黒士門が主として第 1 部と，第 2 部（第 5 章を除く），第 3 部第 5 章〜7 章を，目黒ゆりえが第 2 部第 5 章，第 3 部第 1 章〜4 章，第 8 章〜11 章（および女性に関連が深い項目）を担当しました．執筆段階で Anne Chastrusse 氏と Marcos Bezerra 氏から多大なご教示をいただきました．また最終段階で日本語にも精通しておられる Léna Giunta 氏が全体にわたって校閲の労をとってくださいました．お名前を記して感謝の微意を表します．

最後に，ていねいな編集をしてくださった白水社の上田和男氏に厚く御礼申し上げます．

2013 年 3 月

著者しるす

この本の使い方

表現のさがし方

　本文は場面別に章立てし，詳しい目次を付けてありますので，まず目次から必要な場面をさがし，そのページを開いて必要な表現をさがしてください．見つからないときは巻末の日本語キーワード索引で言いたいことをさがしてください．

凡例

　　男 男性名詞　　女 女性名詞　　名 男女性共通名詞
　　複 複数形の名詞　　形 形容詞　　《話》 くだけた会話体
　（　） 省略可能を示す．例: (Il n'y a) pas de quoi. また女性形の場合にeを付加することを示す．例: Je suis desolé(e).
　〔　〕 置き換え可能を示す．例: Monsieur〔Madame〕
　／ 同義の表現を示す．例: Impossible! ／ Pas possible!
　　発音の表記　カタカナで近似の発音を示した．
　1） rとlを区別するためにrは平がなの「ら行」で示した．
　2） エリジオン，リエゾン，アンシェーヌマン (p. xi 参照) をする場合は，dans un mois [ダンザン ムワ] のように，カタカナの発音表記も切り離さないで示した．

目　次

まえがき　iii
この本の使い方　iv
フランス語のつづり字と発音　ix

第1部　基礎編

第1章　あいさつとお礼
- 1　あいさつする　2
- 2　依頼する（お願いします）　4
- 3　お礼を言う　5
- 4　あやまる　7
- 5　断る　8
- 6　お祝いを言う　9

第2章　ひとにたずねる
- 7　たずねかける　10
- 8　名前をたずねる　10
- 9　職業をたずねる　11
- 10　出身をたずねる　12
- 11　意見・感想をたずねる（どう思いますか）　13
- 12　値段をたずねる（いくらですか）　14
- 13　事情をたずねる（どうしたのですか）　15
- 14　時をたずねる（いつ？）　16
- 15　場所をたずねる（どこ？）　17
- 16　数量をたずねる（いくつ？　どれくらい？）　18
- 17　仕方・様態をたずねる（どう？　どのように？）　20
- 18　理由をたずねる（なぜ？）　20
- 19　性質・種類などをたずねる（何の？　どんな？）　21
- 20　人についてたずねる（だれ？　だれが？ etc.）　22
- 21　だれを？　だれに？ etc.　24
- 22　ものについてたずねる（何が？　何を？　何で？ etc.）　24
- 23　選択を求める（どれ？　どの人？）　26

第3章　応答の表現
- 24　「はい」と「いいえ」　28
- 25　肯定する　29
- 26　否定する　31
- 27　不確実・あいまい・疑いで答える　32
- 28　感嘆・驚きを表す　34
- 29　注意を引く　36
- 30　聞き返す　37

第4章　自己の表現
- 31　好き・嫌いを言う　39
- 32　願望を言う（ほしい，…したい）　40
- 33　依頼する　42
- 34　提案する・誘う　43
- 35　意図・決心を述べる　44
- 36　心配や不安を言う　46
- 37　励ます・慰める　47
- 38　非難する　48
- 39　弁解する　49
- 40　ほめる　49
- 41　必要・義務を述べる　50
- 42　禁止する　52

vi 目　次

- ❏ 43 可能と不可能　53
- ❏ 44 可能性・推測を述べる　54
- ❏ 45 様子・外観を述べる　55

第5章　時間と天候
- ❏ 46 時間を言う　57
- ❏ 47 日付・曜日を言う　58
- ◆ 月と曜日の単語帳　59
- ❏ 48 今は　61
- ❏ 49 …前に　62
- ❏ 50 …後に　62
- ❏ 51 …おきに　63
- ❏ 52 …の間　64
- ❏ 53 天候を言う　65

第2部　旅行編

第1章　空港・駅で
- ❏ 54 空港で　70
- ❏ 55 搭乗する　71
- ❏ 56 機内で　73
- ❏ 57 到着する　74
- ◆ 空港・機内の単語帳　76
- ❏ 58 両替する　78
- ❏ 59 銀行で　79
- ◆ 銀行の単語帳　81
- ❏ 60 現地で旅をする　83
- ❏ 61 列車に乗る　84
- ◆ 旅のいろいろ単語帳　85
- ❏ 62 車内で　87
- ◆ 鉄道の単語帳　89

第2章　ホテルで
- ❏ 63 ホテルを予約する　92
- ❏ 64 フロントで　93
- ◆ 食事のいろいろ単語帳　95
- ❏ 65 ホテルの部屋で　96
- ❏ 66 ホテルで朝食をとる　97
- ◆ 朝食の単語帳　98
- ❏ 67 チェックアウトする　99
- ◆ ホテルの単語帳　100

第3章　レストランで
- ❏ 68 店を選ぶ　102
- ◆ レストランの単語帳　102
- ❏ 69 料理を注文する　103
- ◇ メニューを読む　106
- ◇ 料理名の単語帳　110
- ◆ 飲み物の単語帳　111
- ❏ 70 味を表現する　112
- ◆ 食卓の単語帳　113
- ❏ 71 支払いをする　114
- ❏ 72 カフェで　115
- ◆ カフェの単語帳　116

第4章　街を歩く
- ❏ 73 道をたずねる　118
- ◆ 街歩きの単語帳　121
- ❏ 74 メトロに乗る　122
- ◆ メトロの単語帳　123
- ❏ 75 バスに乗る　124
- ❏ 76 タクシーに乗る　125

第5章　買い物をする
- ❏ 77 売り場をさがす　127
- ❏ 78 値段をたずねる　128
- ❏ 79 支払いをする　129
- ◆ 買い物の単語帳　131
- ❏ 80 衣料品店で　132
- ◆ 衣料品の単語帳　135
- ❏ 81 靴屋で　140
- ◆ 履物の単語帳　142
- ❏ 82 時計・装身具の店で　143
- ◆ 時計と装身具の単語帳　145
- ❏ 83 写真屋で　147

目 次 vii

- ❏ 84 写真を撮る　*148*
- ◆ 写真の単語帳　*150*
- ❏ 85 書店で　*150*
- ◆ 書籍と雑誌の単語帳　*152*

第6章　郵便と電話

- ❏ 86 郵便局で　*154*
- ❏ 87 取集と配達　*157*
- ◆ 郵便の単語帳　*158*

- ❏ 88 電話をかける　*162*
- ❏ 89 携帯電話　*165*
- ❏ 90 通話する　*166*
- ◆ 電話の単語帳　*168*

第7章　盗難・紛失

- ❏ 91 助けを求める　*170*
- ❏ 92 警察で　*170*

第3部　滞在編

第1章　住居を探す

- ❏ 93 不動産屋で　*174*
- ❏ 94 物件を見る　*176*
- ❏ 95 契約する　*178*
- ◆ 住まいの単語帳　*179*
- ◆ 調度品の単語帳　*181*
- ◆ 家庭用品の単語帳　*182*

第2章　毎日の買い物をする

- ❏ 96 市場・食料品店で　*184*
- ❏ 97 値段をたずねる　*185*
- ◆ 食品店名の単語帳　*187*
- ◆ 食品名の単語帳　*189*
- ◆ 花屋の単語帳　*196*
- ◆ 洋品小物の単語帳　*197*
- ◆ 金物・雑貨の単語帳　*198*
- ❏ 98 クリーニング店で　*199*

第3章　留学生活

- ❏ 99 フランス語を話す　*201*
- ❏ 100 外国人講座で学ぶ　*202*
- ❏ 101 授業で　*203*
- ❏ 102 大学で　*206*
- ❏ 103 グランゼコールで　*207*
- ❏ 104 試験・成績　*209*
- ❏ 105 単位　*212*
- ❏ 106 講義・演習　*213*
- ◆ 学制の単語帳　*214*

- ◆ 文具の単語帳　*216*
- ❏ 107 図書館で　*219*
- ◆ 図書館の単語帳　*222*

第4章　パソコンとインターネット

- ❏ 108 パソコンを使う　*223*
- ◆ パソコンの単語帳　*227*
- ❏ 109 インターネットを使う　*228*
- ❏ 110 Eメールを使う　*231*
- ◆ インターネットとEメールの単語帳　*234*

第5章　人とつきあう

- ❏ 111 紹介する・される　*235*
- ❏ 112 人物を語る（良い評価）　*236*
- ❏ 113 人物を語る（悪い評価）　*238*
- ❏ 114 人物を語る（その他）　*240*
- ❏ 115 仲・不仲　*241*
- ❏ 116 お茶をする　*243*
- ❏ 117 飲みに行く　*244*
- ❏ 118 アポイントを取る　*245*
- ❏ 119 人を訪問する　*247*
- ❏ 120 人を食事に招く　*251*
- ❏ 121 家族と年齢　*254*
- ◆ 家族と親戚の単語帳　*256*
- ❏ 122 年齢を言う　*258*
- ❏ 123 職種をたずねる　*260*

viii 目　次

- ❏ 124 職階などをたずねる　261
- ◆ 職業の単語帳　263

第6章　冠婚葬祭
- ❏ 125 結婚する・離婚する　264
- ◆ 結婚と離婚の単語帳　266
- ❏ 126 死去を知らせる　267
- ❏ 127 葬儀を知らせる　267
- ❏ 128 お悔やみを言う　268
- ❏ 129 主の祈り　269

第7章　病気と医療
- ❏ 130 健康状態を言う　270
- ❏ 131 医者にかかる　271
- ◆ 病院の単語帳　272
- ❏ 132 診察室で　274
- ❏ 133 症状を説明する（内科一般）　277
- ❏ 134 症状を説明する（けが, その他）　280
- ❏ 135 病気の悪化・回復　283
- ◆ 病名の単語帳　284
- ❏ 136 薬局で　292
- ◆ 医薬品の単語帳　293
- ❏ 137 歯科医院で　295
- ◆ 歯の単語帳　297
- ❏ 138 産科医で　298
- ❏ 139 出産する　299
- ◆ 出産と育児の単語帳　300
- ◆ 人体部位の単語帳　302

第8章　理容と美容
- ❏ 140 床屋で　307
- ◆ 床屋の単語帳　310
- ❏ 141 美容院で　311
- ◆ 美容と化粧の単語帳　313

第9章　車を運転する
- ❏ 142 運転　315
- ❏ 143 給油と修理　316
- ◆ 自動車の単語帳　318
- ◆ 道路標識の単語帳　322
- ❏ 144 レンタカーを借りる　323
- ❏ 145 故障と事故　325
- ❏ 146 保険会社で　327
- ◆ 自動車保険の単語帳　329

第10章　余暇を過ごす
- ❏ 147 映画に行く　330
- ◆ 映画の単語帳　332
- ❏ 148 コンサートに行く　333
- ◆ コンサートの単語帳　334
- ❏ 149 楽器を楽しむ　336
- ◆ 楽器の単語帳　338
- ❏ 150 テレビを見る　340

第11章　スポーツ
- ❏ 151 スポーツをする　343
- ◆ 競技名の単語帳　344
- ❏ 152 オリンピックと陸上競技　346
- ◆ 競技種目の単語帳　348
- ◆ 競技大会の単語帳　349
- ❏ 153 サッカーを見る　350
- ◆ サッカーの単語帳　353
- ❏ 154 テニスをする　354
- ◆ テニスの単語帳　357
- ❏ 155 水泳をする　360
- ❏ 156 水泳を見る　361
- ◆ 水泳の単語帳　362

付録
1. 数詞　366
2. Eメールの書き方　374
3. フランスと日本の祝祭日　382

日本語キーワード索引　387

フランス語のつづり字と発音

フランス語は，つづり字と発音の関係がきわめて規則的にできていますので，以下の規則を覚えれば発音は容易です．

❏ 子音字の発音

1) 語末の子音字は発音しない：Paris [パリ] パリ

ただし語末でも c, f, r, l は発音することがある：sac [サック] バッグ

2) c c は，後に e, i がくるときは ce [ス]，ci [スィ]；a, o, u がくるときには ca [カ]，co [コ]，cu [キュ] と発音する：cerise [スリーズ] さくらんぼ，calcul [カルキュル] 計算

ç ただしセディーユ (cédille) が付いている場合は ça [サ]，ço [ソ]，çu [スュ] と発音：leçon [ルソン] レッスン

3) ch [シュ] と発音：chocolat [ショコラ] チョコレート

4) g g は，後に a, o, u がくると ga [ガ]，go [ゴ]，gu [ギュ]，e, i がくると ge [ジュ]，gi [ジ] と発音：garage [ガラージュ] 車庫，geste [ジェストゥ] 身振り

5) gn [ニュ] と発音：champagne [シャンパーニュ] シャンパン

6) h h はいかなる場合も発音しない．ただし語頭の h は単語によって「有音の h」と「無音の h」の区別がある．

有音の場合はエリジオンもリエゾンも行われない：le héro [ル エロ] 英雄，la hauteur [ラ オートゥール] 高さ

無音の場合はエリジオンやリエゾンが行われる：l'hôtel [ロテル] ホテル，les hôtels [レゾテル] ホテル（複数）

7) q つねに [ク] と発音：coq [コック] おんどり

q は qua [カ]，que [ク]，qui [キ]，quo [コ] のように必ず u を介して他の母音字と結ばれる：question [ケスティオン] 質問

8) s ふつう [ス] と発音するが，母音字にはさまれたときには [ズ] となる：salon [サロン] 客間，rose [ローズ] バラの花

9) x [クス] または [グズ] と発音する：taxe [タクス] 税金，examen [エグザマン] 試験　ただし six [スィス] 6，sixième [スィズィエーム]

x　フランス語のつづり字と発音

6番目の のように [ス][ズ] と発音することもある．

❏ 母音字の発音

1) 単母音字の発音　u を除いてローマ字読みでよい．
a [ア]: salade [サラードゥ] サラダ，tabac [タバ] たばこ屋
i [イ]: ami [アミ] 友だち，Italie [イタリー] イタリア
o [オ]: soleil [ソレーユ] 太陽，police [ポリース] 警察
u [ユ]: union [ユニオン] 団結，culture [キュルテューる] 文化

2) e の発音
語末の e は発音しない: amie [アミ] 女友だち，lune [リュヌ] 月
語中の〈子音字＋e〉は軽く [ウ] と発音する: promenade [プろムナードゥ] 散歩，demain [ドゥマン] 明日
子音字の前では [エ] と発音する: mer [メーる] 海，sel [セル] 塩

3) 複合母音字の発音
2個以上の異なる母音字が集まって，ただ一つの音を表す．
ai [エ]: air [エーる] 空気，mai [メ] 5月
au [オ]: auto [オート] 自動車，sauce [ソース] ソース
eau [オ]: chapeau [シャポー] 帽子，gâteau [ガトー] ケーキ
ei [エ]: neige [ネージュ] 雪，Seine [セーヌ] セーヌ河
ou [ウ]: soupe [スープ] スープ，Louvre [ルーヴる] ルーヴル宮
oi [ワ]: moi [ムワ] 私，oiseau [ワゾー] 鳥

次のものは [オ] を発音するときの口形で [エ] を発音する．[ウ] に近い音である．
eu [ウ]: bleu [ブルー] 青い，heureux [ウーるー] 幸せな
œu [ウ]: œuf [ウフ] たまご，sœur [スーる] 姉妹
＊œ は o と e を合体させた文字．

4) 鼻母音を表すつづり字
鼻母音とは発音するとき呼気を鼻から抜く母音．たとえば an [アン] は〈a＋n〉で1個の母音を表し，n の音を含まない．
am, an [アン]: lampe [ランプ] 電灯，plan [プラン] 案内図
em, en [アン]: enfant [アンファン] 子ども

im, in [エン]： important [アンポルタン] 重要な
   om, on [オン]： chanson [シャンソン] 歌謡
   um, un [アン]： lundi [ランディ] 月曜日
   aim, ain [エン]： bain [ベン] 風呂, pain [ペン] パン
   eim, ein [エン]： plein [プレン] いっぱいの
5) -ille 等で終わるつづりの発音
   ille [イーユ]： fille [フィーユ] 女の子, famille [ファミーユ] 家族
   ail, aille [アーユ]： travail [トゥらヴァーユ] 仕事
   eil, eille [エーユ]： pareil [パれーユ] 同じ
   euil, euille [ウーユ]： feuille [フーユ] 木の葉

 フランス語は母音と母音が連続することを好まない言語です．そこで母音連続を避けるために次のような決まりがあります．
❏ エリジオン (élision 母音省略)
 de, je, me, ne, le, la, se, si, te のような〈子音字＋e, a, i 〉の短い語の後に母音（または無音の h）で始まる語がくるとき，末尾の e, a, i を省略してアポストロフ (') を打つ．
　×la école [ラ・エコル] → l'école [レコル] 学校
　×je ai [ジュ・エ] → j'ai [ジェ] 私は持っている．
　×je ne ai pas [ジュ・ヌ・エ・パ] → je n'ai pas. [ジュ・ネ・パ] 私は持っていない．
　×si il vient [スィ・イル・ヴィアン] → s'il vient [スィル・ヴィアン] もし彼がくるなら

❏ リエゾン (liaison 連音)
 発音されない子音字で終わる語に母音（または無音の h）で始まる語が続くとき，語末の子音字を後続の母音と連結して読む：
　les amis [レザミ] 友人たち, mon épouse [モネプーズ] 私の妻, cinq heures [サンクーる] 5 時
なお d は [t] の音で, x は [z] の音でリエゾンされる：
　grand homme [グらントム] 偉人, deux euros [ドゥーズーろ] 2 ユーロ

ただし次の場合はリエゾンしてはならない.
1) 主語名詞＋動詞: Jacques / est venu. [ジャック・エ・ヴニュ] ジャックが来た.
2) 単数名詞＋形容詞: prix / élevé [プリ・エルヴェ] 高い値段
3) 接続詞 et の後: Et / il rit. [エ・イル・リ] そして彼は笑う.
4) 有音の h の前: des / haricots verts [デ・アリコ・ヴェール] さやいんげん

❏ アンシェーヌマン (enchaînement 子音の連音)

発音される子音で終わる語の後に母音 (または無音の h) で始まる語がくるときもリエゾンと同じように連結して発音する:

Il a une amie. [イラ ユナミ] 彼には女友だちがいる.

数詞 neuf 9 は ans, heures, hommes の前では語尾の f を [ヴ] と発音する:

neuf ans [ヌヴァン] 9 歳, neuf heures [ヌヴール] 9 時

❏ いくつかの注意すべき発音

つづり字のいくつかは発音 (調音) 上, 特に注意を要する.

ch [シャ][シュ][ショ] etc. は舌を前に出さず, 後ろに引いて軽くやわらかく発音する: dimanche [ディマンシュ] 日曜日

ただし [ク] の発音になるものもある: technique [テクニック] 技術

g 日本語の [ガ] 行音のように鼻にかかってはいけない. 強く明瞭に発音する: garçon [ガルソン] 男の子, guide [ギードゥ] ガイド

r フランス語の r は水なしでうがいをする要領で, [ゴ][ホ] を発音するのと同じ位置で発音する: Rome [ローム] ローマ, Paris [パリ] パリ

i 日本語の [イ] よりも口角を左右に強く引いて発音する: pipe [ピープ] パイプ, limite [リミットゥ] 限度

ou 日本語の [ウ] よりも唇をまるめて前に突き出して発音する: rouge [るージュ] 赤い, loup [ルー] おおかみ

第1部　基礎編

第1章　あいさつとお礼
第2章　ひとにたずねる
第3章　応答の表現
第4章　自己の表現
第5章　時間と天候

第1章 あいさつとお礼

❏ 1 あいさつする

こんにちは！	**Bonjour, Monsieur !** ボンジューる　ムスィウ ＊「おはよう」も「こんにちは」も Bonjour を使う．男性には Monsieur，女性には Madame [マダム]，未婚女性には Mademoiselle [マドゥムワゼル] を付けるのがていねいな言い方．
やあ！	**Salut !**《話》 サリュ ＊親しい人との間で使われ「こんにちは」「さようなら」どちらの意味にもなる．
みなさん，こんばんは．	**Bonsoir, tout le monde !** ボンスワーる　トゥ　ル　モンドゥ ＊Bonsoir は夕方以後のあいさつに使う．「さようなら」の意味でも使う．
お元気ですか．	**Comment allez-vous ?** コマンタレヴ
ーとても元気です，ありがとう．あなたは？	— Je vais très bien, merci. Et vous ? ジュ　ヴェ　トゥれ　ビアン　メるスィ　エ　ヴ
元気ですか．	**Comment ça va ?** コマン　サ　ヴァ
ー元気ですよ，ありがとう．	— Ça va bien, merci. サ　ヴァ　ビアン　メるスィ
どう？	**Ça va ?**《話》 サ　ヴァ
ー元気だよ．	— Ça va. サ　ヴァ
ーあまりよくないんです．	— Pas très bien. パ　トゥれ　ビアン
お父さんはお元	**Comment va votre père ?** コマン　ヴァ　ヴォトゥる　ペーる

気ですか.	
—とても元気です．ありがとう.	— Il va très bien, merci.
ご家族はお元気ですか.	**Comment va votre famille ?**
—皆元気です.	— Tout le monde va bien.
さようなら.	**Au revoir, Monsieur〔Madame〕.**
さようなら．(夕方に)	**Bonsoir! / Bonne soirée !**
おやすみなさい.	**Bonne nuit !**
また明日.	**A demain !**
ではのちほど.	A tout à l'heure !
また近いうちに.	**A bientôt !**
また月曜日に.	A lundi !
また来週に.	A la semaine prochaine !
また近日中に.	A un de ces jours !
また今度ね.	A la prochaine fois !
楽しい週末を.	**Bon week-end !**
よいご旅行を.	**Bon voyage !**
幸運を祈ります.	Bonne chance !
がんばってね.	Bon courage! / Bonne continuation !
おだいじに.	**Soignez-vous bien.**

第1章 あいさつとお礼

ピエールによろしく.	**Donnez le bonjour à Pierre de ma part.**
皆さんによろしく.	Mon bon souvenir à tout le monde.
お宅の皆さんによろしく.	Mes amitiés chez vous.
ご両親によろしく.	Mes respects à vos parents.
お父さんによろしくお伝えください.	Veuillez me rappeler au bon souvenir de votre père.

□2 依頼する（お願いします）

お願いします.	**S'il vous plaît.** ＊命令文などにそえて依頼を表す．英語の please に相当．
コーヒーを二つお願いします.	Deux cafés, s'il vous plaît.
お勘定をお願いします.	L'addition, s'il vous plaît.
駅への行き方を教えてください.	La gare, s'il vous plaît. ＊鉄道の駅は la gare．地下鉄の駅は la station と言う．
質問があるのですが.	Une question, s'il vous plaît.
ちょっとお待ちください.	Un instant, s'il vous plaît.
静粛に願います.	Silence, s'il vous plaît.

どうぞお入りください.	Entrez, s'il vous plaît. アントゥれ スィル ヴ プれ
ペンを貸してください.	Prêtez-moi le stylo, s'il vous plaît. プれテモワ ル スティロ スィル ヴ プれ
―はい, どうぞ.	― Oui, s'il vous plaît. ウィ スィル ヴ プれ
どうぞ, どうか.	**Je vous prie. / Je vous en prie.** ジュ ヴ プり / ジュ ヴ ザン プり

*Je vous prie. は依頼を強調する表現で s'il vous plaît に通じる. Je vous en prie. (どうかそうなさってください) は勧めにそえる謙譲表現. 相手の謝辞に対して「どういたしまして」の意味でも用いられる.

どうぞ, 話を聞いてください.	Ecoutez-moi, je vous prie. エクテモワ ジュ ヴ プり
出かけてもいいですか.	Je peux sortir ? ジュ プー ソるティーる
―どうぞ, どうぞ.	― Oui, je vous en prie. ウィ ジュ ヴ ザン プり
―どうか, お残りください.	― Restez, je vous en prie. れステ ジュ ヴ ザン プり
どうぞお先に.	Après vous, je vous en prie. アプれ ヴ ジュ ヴザン プり

❑3 お礼を言う

ありがとう.	**Merci.** メるスィ
どうもありがとう.	Merci beaucoup. メるスィ ボークー
ありがとうございます.	**Je vous remercie.** ジュ ヴ るメるスィ
プレゼントをありがとう.	**Merci pour votre cadeau.** メるスィ プる ヴォトゥる カドー

第1章 あいさつとお礼

いろいろとありがとう.	Merci pour tout.
ご親切ありがとう.	**Merci de votre gentillesse 〔amabilité〕.**
ご親切さまです.	C'est très gentil 〔aimable〕.
ほんとうに, ご親切さまです.	C'est très aimable de votre part. / C'est très gentil à vous.
すばらしいおもてなし, ありがとうございます.	**Je vous remercie de votre charmant accueil.**
なんとお礼を申し上げてよいかわかりません.	Je ne sais comment vous remercier.
(お礼のことばに対して)	
どういたしまして.	Je vous en prie.
どういたしまして.	(Il n'y a) pas de quoi.
どういたしまして.	De rien. / Ce n'est rien.
いいえ, こちらこそ.	Mais c'est moi ...
当然のことです.	C'est normal.
お役に立てて, 幸せです.	Je suis heureux 〔heureuse〕 d'avoir pu vous aider.

□4 あやまる

あっ, 失礼!	**Oh, pardon !** オー パルドン
ごめんなさい.	**Excusez-moi.** エクスキュゼムワ
どうぞお許しください.	Je vous prie de m'excuser. ジュ ヴ プリ ドゥ メクスキュゼ
遅くなってごめんなさい.	**Excusez-moi d'être en retard 〔pour mon retard〕.** エクスキュゼムワ デートゥる アン るたーる 〔プーる モン るたーる〕
ごめんなさい.	**Je vous demande pardon.** ジュ ヴ ドゥマンドゥ パルドン
うっかりしてすみません.	Je vous demande pardon de mon inattention. ジュ ヴ ドゥマンドゥ パルドン ドゥ モン ニナタンスィオン
申し訳ありません.	**Je suis désolé(e) !** ジュ スュイ デゾレ
このグラスを割ってしまってすみません.	Je suis désolé(e) d'avoir cassé ce verre. ジュ スュイ デゾレ ダヴワーる カセ ス ヴェーる
すみませんが, 明日は来られません.	Désolé(e), je ne pourrai pas venir demain. デゾレ ジュ ヌ プれ パ ヴニーる ドゥマン
すみません.	**Je regrette.** ジュ るグれットゥ
お待たせしてすみません.	Je regrette de vous avoir fait attendre. ジュ るグれットゥ ドゥヴザヴワーる フェタタンドゥる
(おわびのことばに対して) どういたしまして.	Je vous en prie. ジュ ヴザン プリ

何でもないことです．	Ça ne fait rien. / Ça n'a pas d'importance.
大したことではありません．	Ce n'est pas grave.
心配なさらないでください．	Ne vous inquiétez pas.
心配ご無用です．	Pas besoin de vous en faire. 《話》
あなたのせいではありません．	Ce n'est pas de votre faute.

□5 断る

いいえ，けっこうです	**Non, merci.**
	*merci だけでも「要らない」の意味になる．要るときには Oui, merci と言う．
コーヒーはいかがですか．	Voulez-vous du café ?
―いいえ，けっこうです．夜はコーヒーは飲みません．	― Non, merci. Je ne prends pas de café le soir.
―はい，いただきます．	― Oui, merci. Je veux bien.
タバコはいかが．	Voulez-vous une cigarette ?
―けっこうです．タバコは吸いません．	― Merci, je ne fume pas.
ほんとうにけっこうです．	**Non, merci, franchement.**

遠慮でなく,けっこうです.	Non, merci, sans façon. ノン　メルスィ　サン　ファソン

□6 お祝いを言う

おめでとう.	**Félicitations !** フェリスィタスィオン
ご成功おめでとう.	**Mes félicitations pour votre succès.** メ　フェリスィタスィオン　プール　ヴォトゥる　スュクセ
合格だって？よかったね.	Vous êtes reçu(e) ? Bravo ! ヴーゼットゥ　るスュ　ブらヴォ
ご結婚おめでとうございます.	Je vous félicite pour votre mariage. ジュ　ヴ　フェリスィトゥ　プール　ヴォトゥる　マリアージュ
赤ちゃんのお誕生おめでとうございます.	Je vous félicite pour cette heureuse naissance. ジュ　ヴ　フェリスィトゥ　プール　セットゥ　ウーるーズ　ネサンス
お誕生日おめでとう.	**Bon anniversaire !** ボナニヴェるセーる
クリスマスおめでとう.	**Bon Noël ! Joyeux Noël !** ボン　ノエル　ジュワイユー　ノエル
新年おめでとう.	**Bonne année ! Heureuse année !** ボナネ　ウーるーザネ

第2章 ひとにたずねる

☐7 たずねかける

すみません．ちょっとおたずねしたいのですが．	**Pardon, Monsieur. Je voudrais vous demander une chose.** パルドン ムスィウ ジュ ヴードゥれ ヴ ドゥマンデ ユヌ ショーズ
—どうぞ．	— Je vous en prie. ジュ ヴザン プリ
おたずねしたいことがあります．	J'ai quelque chose à vous demander. ジェ ケルク ショーズ ア ヴ ドゥマンデ
—どうぞ．	— Allez-y. アレズィ
質問をしたいのですが．	Je voudrais vous poser une question. ジュ ヴドゥれ ヴ ポゼ ユヌ ケスティオン
ぶしつけな質問をしてもよろしいですか．	Est-ce que je peux vous poser une question indiscrète ? エスク ジュ プー ヴ ポゼ ユヌ ケスティオン アンディスクれートゥ

☐8 名前をたずねる

どなた様ですか．	**Vous êtes Monsieur〔Madame〕... ?** ヴーゼットゥ ムスィウ 〔マダーム〕 ＊初対面の人に名前を聞くときには，まず自分が名乗ってから相手の名前を聞くのが礼儀．
お名前は何とおっしゃいますか．	**Comment vous appelez-vous ?** コマン ヴザプレヴ
—田中次郎と申します．	—（Je m'appelle）Jiro Tanaka. （ジュ マペル） ジロ タナカ ＊名前を聞かれたときには Je m'appelle を省略して名前だけを言えば十分．自分から名乗るときには Je

あなたは田中さんですか.	Vous êtes Monsieur Tanaka ? ヴゼートゥ　ムスィウ　タナカ
―はい, そうです.	— Oui, c'est moi. ウィ　セ　ムワ
―いいえ, ちがいます.	— Non, ce n'est pas moi. ノン　ス　ネ　パ　ムワ
お名前は?	Quel est votre nom ? ケレ　ヴォトゥる　ノン ＊これはお役所やビジネスなど事務的場面で使われる言い方. なお nom だけで姓名 (nom et prénom) の意味にもなる.
お名前はどう書くのですか.	**Votre nom, ça s'écrit comment ?** ヴォトゥる　ノン　サ　セクり　コマン
お名前のつづりを言っていただけますか.	Voulez-vous épeler votre nom ? ヴレヴ　エプレ　ヴォトゥる　ノン

❏9 職業をたずねる (→ p. 260 も参照)

お仕事は何ですか.	**Que faites-vous dans la vie ?** ク　フェトゥヴ　ダン　ラ　ヴィ
ご職業は何ですか.	**Quelle est votre profession ?** ケレ　ヴォトゥる　プろフェスィオン
働いておられますか.	Vous travaillez ? ヴ　トゥらヴァイエ
―いいえ, 働いていません. 学生です.	— Non, je ne travaille pas. Je suis étudiant(e). ノン　ジュ　ヌ　トゥらヴァーユ　パ　ジュ　スュイ　エテュディアン(トゥ)
―会社員〔銀行員, 店員〕です.	— Je suis employé(e) de bureau 〔de banque, de magasin〕. ジュ　スュイ　アンプルワイエ　ドゥ　ビュろー　〔ドゥ　バンク, ドゥ　マガザン〕

—商売をしています．	— Je fais du commerce. ジュ フェ デュ コメるス
—販売をしています．	— Je suis dans la vente. ジュ スュイ ダン ラ ヴァントゥ
—公務員です．	— Je suis fonctionnaire. ジュ スュイ フォンクスィオネーる
—民間企業に勤めています．	— Je travaille dans une entreprise privée. ジュ トゥらヴァーユ ダンズュヌ アントゥるプりーズ プりヴェ
—トヨタで働いています．	— Je travaille chez Toyota. ジュ トゥらヴァーユ シェ トヨタ
—無職です．	— Je suis sans profession. ジュ スュイ サン プろフェスィオン
—失業中です．	— Je suis au chômage. ジュ スュイ オ ショマージュ
—退職者（年金受給者）です．	— Je suis retraité(e) 〔à la retraite〕. ジュ スュイ るトゥれテ 〔ア ラ るトゥれートゥ〕
—パートで働いています．	— Je travaille à temps partiel. ジュ トゥらヴァーユ ア タン パるスィエル
—主婦です．	— Je suis femme au foyer 〔mère de famille〕. ジュ スュイ ファム オ フォワイエ 〔メーる ドゥ ファミーユ〕

❏ 10 出身をたずねる

ご出身はどちらですか．	**D'où êtes-vous ?** ドゥウ エトゥヴ
—東京です．	— Je suis de Tokyo. ジュ スュイ ドゥ トーキョウ
お国はどちらですか．	**D'où venez-vous ? / De quel pays** ドゥウ ヴネヴ ／ ドゥ ケル ペイ **êtes-vous ?** エトゥヴ
—日本です．	Je viens du Japon. / Je suis japonais(e). ジュ ヴィアン デュ ジャポン ／ ジュ スュイ ジャポネ(ーズ)

＊フランス人に出身地方をたずねるときには région を使って De quelle région êtes-vous ? と言う．

国籍はどこですか.	**De quelle nationalité êtes-vous ?** ドゥ ケル ナスィオナリテ エトゥヴ
—日本人です.	— Je suis japonais(e). ジュ スュイ ジャポネ(ーズ)
—日本国籍です.	— Je suis de nationalité japonaise. ジュ スュイ ドゥ ナスィオナリテ ジャポネーズ

❑ 11 意見・感想をたずねる（どう思いますか）

それで，映画はどうだった？	**Alors, le film, c'était comment ?** アローる ル フィルム セテ コマン
—とてもよかったよ.	— J'ai beaucoup aimé. ジェ ボークー エメ
—それほどよくなかったよ.	— Je n'ai pas tellement aimé. ジュ ネ パ テルマン エメ
—大したことはなかったよ.	— Ce n'était pas extraordinaire. ス ネテ パ エクストゥらオるディネーる
で，オペラは気に入りましたか.	**Alors, ça vous a plu, l'opéra ?** アローる サ ヴザ プリュ ロペら
—すばらしかったよ.	— Magnifique ! マニフィック
—あまり気に入らなかったよ.	— Ça ne m'a pas tellement plu. サ ヌ マ パ テルマン プリュ
どう思いますか.	**Qu'en pensez-vous ?** カン パンセヴ
この音楽をどう思いますか.	Que pensez-vous de cette musique ? ク パンセヴ ドゥ セットゥ ミュズィク
	*Comment pensez-vous ? は誤り．Comment を使うときには Comment trouvez-vous ? と言う．
このドレスをどう思いますか.	**Comment trouvez-vous cette robe ?** コマン トゥるヴェヴ セットゥ ろーブ
—すばらしい	— C'est formidable ! /《話》C'est chouette ! セ フォるミダブル / セ シュエットゥ

[すてきだ].	
—流行遅れだと思います.	— Je la trouve démodée.
—とても美しい.	— C'est très beau.
この計画についてご意見を聞かせてください.	**Donnez-moi votre avis sur ce projet.**
お考えを率直に言ってください.	**Dites-moi franchement ce que vous en pensez.**
彼は間違っている, そうでしょう.	Il a tort, n'est-ce pas ?
これは 10 ユーロですね.	C'est dix euros, n'est-ce pas ?
これはあなたのですね.	C'est à vous, n'est-ce pas ?
マリーはとても美しいですね.	N'est-ce pas que Marie est très belle.

❏ 12 値段をたずねる (いくらですか)

いくらですか.	**C'est combien ?**
これはいくらですか.	**Combien ça coûte ?**
このバッグはいくらですか.	Combien coûte ce sac ?
—600 ユーロです.	— Il coûte six cents euros.

この万年筆の値段はいくらですか.	Quel est le prix de ce stylo ?
いくらになりますか.（支払いのとき）	**Je vous dois combien ? / Ça fait combien ?**

□ 13 事情をたずねる（どうしたのですか）

どうなさったのですか.	**Qu'avez-vous ? / Qu'est-ce que vous avez ?**
―車が故障したのです.	― J'ai ma voiture qui est tombée en panne.
―何でもありません．退屈なんです.	― Je n'ai rien. Je m'ennuie.
どうしたのですか.	**Qu'est-ce qu'il y a ?**
―交通事故です.	― Il y a un accident de la route.
どうしたのですか.	**Qu'est-ce qui se passe ? / Que se passe-t-il ?**
―心配しないでください．すべて順調です.	― Ne vous inquiétez pas, tout se passe bien.
うまくいきましたか.	**Ça s'est bien passé ?**

❏ 14 時をたずねる（いつ？）

結局どうなりましたか.	Comment ça s'est terminé ?
彼はいったいどうしたのですか.	Qu'est-ce qui lui est arrivé ?
いつ出発なさいますか.	Quand partez-vous ? / Quand est-ce que vous partez ?
―今度の土曜日に出発します.	— Je pars samedi prochain.
いつ会いに来てくださいますか.	Quand viendrez-vous me voir ?
―近いうちに.	— Un de ces jours.
いつからパリにいるのですか.	Depuis quand êtes-vous à Paris ?
―1週間前からです.	— Depuis une semaine. / Ça fait une semaine.
いつまでフランスに滞在なさるのですか.	Jusqu'à quand restez-vous en France ?
―年末までです.	— Jusqu'à la fin de l'année.
ご結婚はいつですか.	C'est pour quand, le mariage ?

—6月中旬の予定です.	— C'est prévu pour mi-juin.
次の会合はいつの予定ですか.	**Pour quand est prévue la prochaine réunion ?**
—今度の土曜日の予定です.	— Elle est prévue pour samedi prochain.
出発をいつに延期しますか.	**A quand remet-on le départ ?**
—13日に延ばします.	— On le remet au treize.
この雑誌はいつのものですか.	**De quand date cette revue ?**
—先月のです.	— Elle est du mois dernier.

❏15 場所をたずねる (どこ？)

郵便局はどこですか.	**Où est le bureau de poste ?**
トイレはどこですか.	**Où sont les toilettes ?**
どこへいらっしゃるのですか.	Où allez-vous ? / Où est-ce que vous allez ?
どこが痛いのですか.	Où avez-vous mal ?
私のコートをどこへ置きましたか.	Où avez-vous mis mon manteau ?

香水はどこで買えますか.	**Où est-ce que je pourrais acheter du parfum ?**
このチーズはどこから来たのですか.	**D'où vient ce fromage ?**
―ノルマンディー産です.	― Il vient de Normandie.
どこから行くのですか.	**Par où faut-il passer ?**
―裏の戸口を通ってください.	― Passez par la porte de derrière.
どこまで行くのですか.	**Jusqu'où vous allez ?**

❏ 16 数量をたずねる（いくつ？ どれくらい？）

お子さんは何人いらっしゃいますか.	**Combien d'enfants avez-vous ? / Combien avez-vous d'enfants ?**
ここから町まで何キロメートルありますか.	**Combien de kilomètres y a-t-il d'ici à la ville ?**
それをするのにどれだけ時間がかかりますか.	**Combien de temps faut-il pour faire ça ?**
フランスに何度来ましたか.	**Combien de fois êtes-vous venu(e) en**

	France ? フランス
何人の人がそこにいたのですか.	**Combien de personnes étaient là ?** コンビアン ドゥ ペるソヌ エテ ラ
私たちは何人いますか.	**Combien sommes-nous ? / On est** コンビアン ソムヌー / オネ **combien ?**《話》 コンビアン
—10人です.	— Nous sommes dix. ヌ ソム ディス
身長はどれだけありますか.	**Combien mesurez-vous ?** コンビアン ムズュれヴ
—1メートル65センチあります.	— Je mesure un mètre soixante-cinq. ジュ ムズューる アン メートゥる スワサントゥサンク
体重はどのくらいですか.	**Combien pesez-vous ?** コンビアン プゼヴ
—約60キロです.	— Je pèse à peu près〔environ〕soixante ジュ ペーズ ア プー プれ〔アンヴィろン〕スワサントゥ kilos. キロ
この魚の目方はいくらありますか.	**Combien pèse ce poisson ?** コンビアン ペーズ ス プワソン
—1キロあります.	— Il pèse un kilo. イル ペーズ アン キロ
フランスはイタリアに何対何で勝ったのですか.	**La France a gagné combien à combien** ラ フランス ア ガニェ コンビアン ア コンビアン **contre l'Italie ?** コントゥる リタリ

❏ 17 仕方・様態をたずねる (どう? どのように?)

どうしましょうか.	**Comment faire ?** コマン フェール
試験に合格するためにどのようにしたのですか.	**Comment avez-vous fait pour réussir à l'examen ?** コマン アヴェヴ フェ ブール れユスィール ア レグザマン
「コンピューター」はフランス語では何と言うのですか.	**Comment dit-on en français «computer» ?** コマン ディトン アン フランセ コンピューター
彼らの家はどんなですか.	**Comment est leur maison ?** コマン エ ルール メゾン
彼はどういう男ですか.	**Comment est-il, cet homme ?** コマン エティル セットム

❏ 18 理由をたずねる (なぜ?)

なぜ,今日は店が閉まっているのですか.	**Pourquoi les magasins sont-ils fermés aujourd'hui ?** ブルクワ レ マガザン ソンティル フェルメ オジュルデュイ
―祝日だからです.	— **Parce que c'est férié.** パるスク セ フェリエ
なぜ,そこへ行かなかったのですか.	**Pourquoi est-ce que vous n'y êtes pas allé(e) ?** ブルクワ エスク ヴ ニ エトゥ パ ザレ
―病気だったからです.	— **Parce que j'étais malade.** パるスク ジェテ マラドゥ
いったいどうしてなの?	**Et pourquoi donc ?** エ ブルクワ ドンク

なぜなのか言ってください．	**Dites-moi pourquoi.** ディトゥムワ　ぷるクワ
どうして事実を言わなかったのですか．	**Pour quelle raison n'avez-vous pas dit la vérité ?** プる　ケル　れゾン　ナヴェヴ　パ　ディ　ラ　ヴェリテ

❏ 19 性質・種類などをたずねる（何の？　どんな？）

この木は何の木ですか．	**Quel est cet arbre ?** ケレ　セッタるブる
これは何の木ですか．	**Quel arbre est-ce ?** ケラるブる　エース
この事故の原因は何だったのですか．	**Quelle a été la cause de cet accident ?** ケラ　エテ　ラ　コーズ　ドゥ　セッタクスィダン
通りで募金をしているあの女性たちはどんな人たちですか．	**Quelles sont ces dames qui font la quête dans la rue ?** ケル　ソン　セ　ダーム　キ　フォン　ラ　ケートゥ　ダン　ラ　リュ
ご趣味は何ですか．	**Quel est votre passe-temps favori ?** ケレ　ヴォトる　パスタン　ファヴォリ
どんなジャンルの映画がお好きですか．	**Quel genre de films aimez-vous ?** ケル　ジャンる　ドゥ　フィルム　エメヴ
どんなスタイルのスーツがお好きですか．	**Quel style de costume aimez-vous ?** ケル　スティル　ドゥ　コステューム　エメヴ
あなたの車は何色ですか．	**De quelle couleur est votre voiture ?** ドゥ　ケル　クールーる　エ　ヴォトる　ヴワテューる

❏ 20 人についてたずねる (だれ? だれが? etc.)

あれはだれですか.	**Qui est-ce ?**
―隣のデュポンさんです.	― C'est mon voisin, Monsieur Dupont.
ジャンってだれ?	C'est qui, Jean ?《話》
―私の友人です.	― C'est un ami à moi.
この人たちはだれですか.	**Qui sont ces gens〔personnes〕?**
―私の同僚です.	― Ce sont mes collègues.
マルタンさんをご存じですか.	**Connaissez-vous Monsieur Martin ?**
―はい, よく知っています.	― Oui, je le connais très bien.
―いいえ, 個人的には知りません.	― Non, je ne le connais pas personnellement.
―はい, 知っていますが付き合いはありません.	― Oui, je le connais, mais je ne suis pas en relation avec lui.
―名前だけ知っています.	― Je le connais de nom.
―顔だけ知っています.	― Je le connais de vue.

20 人についてたずねる

—評判だけは聞いて知っています.	— Je le connais de réputation.
マルタンさんのことを聞いたことがありますか.	**Avez-vous entendu parler de Monsieur Martin ?**
—はい, その名前はよく聞きました.	— Oui, j'ai souvent entendu parler de ce nom.
—いいえ, 全然ありません.	— Non, ce nom ne me dit rien.
—私の親友の1人です.	— C'est un de mes meilleurs amis.
—古くからの友人です.	— Nous sommes amis de longue date. / C'est un vieil ami à moi.
—彼とは一度も話したことはありません.	— Je n'ai jamais parlé avec lui.
—彼の良いうわさをよく耳にしました.	— On m'a souvent parlé de lui en bien.
だれがそんなことを言ったのですか.	**Qui a dit ça ? / Qui est-ce qui a dit ça ?**
だれが私といっしょに来ますか.	Qui vient avec moi ? / Qui est-ce qui vient avec moi ?
—私です.	— C'est moi.

❏ 21 だれを？ だれに？ etc.

だれを探しているのですか.	**Qui cherchez-vous ? / Qui est-ce que vous cherchez ?** キ シェるシェヴ / キ エス ク ヴ シェるシェ
—娘を探しています.	— Je cherche ma fille. ジュ シェるシュ マ フィーユ
だれに電話をしたのですか.	**A qui avez-vous téléphoné ?** ア キ アヴェヴ テレフォネ
だれにカメラを貸したのですか.	A qui avez-vous prêté l'appareil photo ? ア キ アヴェヴ プれテ ラパれーユ フォト
だれのことを話しているのですか.	**De qui parlez-vous ?** ドゥ キ パるレヴ
—ピエールのことです.	— Je parle de Pierre. ジュ パるル ドゥ ピエーる
だれと外出なさったのですか.	**Avec qui êtes-vous sorti ?** アヴェック キ エトゥヴ ソるティ
—妻と出かけました.	— Je suis sorti avec mon épouse. ジュ スュイ ソるティ アヴェック モネプーズ
だれの家に泊まっているのですか.	**Chez qui logez-vous ?** シェ キ ロジェヴ
—友人の家です.	— Je loge chez des amis. ジュ ロージュ シェ デザミ

❏ 22 ものについてたずねる (何が？ 何を？ 何で？ etc.)

何があったのですか.	**Qu'est-ce qui s'est passé ?** ケスキ セ パセ

あれは何の音ですか.	**Qu'est-ce qui fait ce bruit ?**
―ただの風ですよ.	― C'est juste un courant d'air.
この町には何がありますか.	**Qu'est-ce qu'il y a dans cette ville ?**
―古いお城があります.	― Il y a un vieux château.
何をしているのですか.	**Qu'est-ce que vous faites ? / Que faites-vous ?**
彼は何と言いましたか.	**Qu'est-ce qu'il a dit ? / Qu'a-t-il dit ?**
これは何ですか.	**Qu'est-ce que c'est ?**
―私の衣類〔身の回り品〕です.	― Ce sont mes affaires.
それはどういう意味ですか.	**Qu'est-ce que ça veut dire ?**
何を考えているのですか.	**A quoi pensez-vous ?**
―私の将来のことを考えています.	― Je pense à mon avenir.
何のことですか.	**De quoi s'agit-il ?**
―ポールのことです.	― C'est de Paul qu'il s'agit.
何の話をしているのですか.	**De quoi parlez-vous ?**

―お天気の話です.	― On parle du temps qu'il fait.
これは何でできていますか.	**En quoi est-ce ?**
―純毛でできています.	― C'est en pure laine.
これは何に使うのですか.	**A quoi ça sert ?**
―びんの栓を抜くのに使います.	― Ça sert à déboucher les bouteilles.
このチーズは何で作るのですか.	**Avec quoi fabrique-t-on ce fromage ?**
―ヤギの乳です.	― Avec du lait de chèvre.
何か変わったことでもある?	**Quoi de neuf ?**
―何もないよ. いつもどおりだよ.	― Rien. C'est la routine !

□23 選択を求める (どれ? どの人?)

このホテルの中でいちばん安いのはどれですか.	**Lequel de ces hôtels est le moins cher ?**
―これです.	― Celui-ci.
この2本のネクタイのうちど	**De ces deux cravates, laquelle**

ちらがお好きですか．	préférez-vous ? プレフェレヴ
―こちらです．	― Celle-ci. セルスィ
絵はがきをください．	Donnez-moi des cartes postales. ドネムワ デ カルトゥ ポスタル
―どれとどれですか．	― Lesquelles ? レケル
どの娘さんが結婚なさるのですか．	Laquelle de vos filles va se marier ? ラケル ドゥ ヴォ フィーユ ヴァ ス マリエ
友人がこの手紙をくれました．	Un de mes amis m'a donné cette lettre. アン ドゥ メザミ マ ドネ セットゥ レットゥル
―だれですか．	― Lequel ? ルケル
どの窓口に行けばいいのですか．	Auquel de ces guichets dois-je m'adresser ? オーケル ドゥ セ ギシェ ドゥワージュ マドゥレセ
―どこでもいいですよ．	― A n'importe lequel. ア ナンポルトゥ ルケル
娘のためにこのネックレスを買いました．	J'ai acheté ce collier pour une de mes filles. ジェ アシュテ ス コリエ プーりュヌ ドゥ メ フィーユ
―どの娘さんにですか．	― Pour laquelle ? プール ラケル

第3章　応答の表現

❏24 「はい」と「いいえ」

お気に召しましたか.

Ça vous plaît ?

—はい, たいへん気に入りました.

— **Oui, ça me plaît beaucoup.**

—いいえ, 気に入りません.

— **Non, ça ne me plaît pas.**

＊oui を重ねた oui, oui という返事はかえって軽い表現となる. non も同様.

ワインはお好きじゃないのですか.

Vous n'aimez pas le vin ?

—いいえ, 大好きですよ.

— **Si, j'aime bien.**

—はい, 好きじゃありません.

— **Non, je n'aime pas.**

私がお金を払わなかった？ そんなことはない, 払ったよ.

Je n'ai pas payé ? Si, j'ai payé.

＊否定疑問に対して答えの内容が肯定のときには si を用いる. この si は否定の打ち消しである. 逆に答えの内容が否定であればつねに non を用いる.

そうだ〔そうじゃない〕と思います.

Je crois que oui 〔non〕.

そうですとも.《強調》

Mais oui.

＊oui を強調するに oui の前に mais をつけて mais oui と言う. 同様に non, si を強調するために mais non, mais si（違いますとも）と言う．

25 肯定する

車で行くんですって？ そうなんですか．	Vous partez en voiture ? C'est bien ça? ヴ パルテ アン ヴワテュール セ ビアン サ
—はい，そうです．	**— Oui, c'est ça.** ウィ セ サ
5時に私の事務所へ来てください．	Venez à mon bureau à cinq heures. ヴネ ア モン ビュロー ア サンクール
—わかりました．	**— C'est entendu. / Entendu.** セタンタンデュ / アンタンデュ
試験に合格しましたか．	Avez-vous réussi à l'examen ? アヴェヴ れユスィ ア レグザマン
—もちろんです．	**— Bien sûr. / Evidemment.** ビアン スュール / エヴィダマン
—はい，幸いにも．	**— Oui, heureusement !** ウィ ウーるーズマン
パリの人はいつも急いでいる．	Les Parisiens courent tout le temps. レ パりズィアン クール トゥ ル タン
—そのとおりです．	**— Exactement. / Exact.** エグザクトゥマン / エグザ(クトゥ)
—そう思います．	**— Je vous crois. / Je crois bien.** ジュ ヴ クろワ / ジュ クろワ ビアン
—同感です．	**— Je suis d'accord avec vous.** ジュ スュイ ダコール アヴェック ヴ
	— Je suis de votre avis. ジュ スュイ ドゥ ヴォトゥる アヴィ
家であなたを待っています．	Je vous attendrai chez moi. ジュ ヴザタンドれ シェ ムワ

—わかりました．時間に行きます．	— **D'accord. Je serai à l'heure.**
スーパーで全部買うよりも市場で買物をするほうが好きです．	**Je préfère faire le marché plutôt que de tout acheter dans les grandes surfaces 〔supermarché〕.**
—もっともです．	— **Vous avez raison.**
—同感です．	— **Je pense comme vous.**
ちょっと食前酒を召し上がりませんか．	**Vous prendrez bien un petit apéritif ?**
—いいですね．	— **Pourquoi pas ?**
ああ，なるほど〔わかりました〕	**Ah ! Je vois.**
もちろん．	**Bien entendu. / Certainement. / Naturellement.**
まったくそのとおりです．	**Absolument. / Tout à fait. / Parfaitement. / Complètement.**
言うまでもないことです．	**Cela va sans dire. / Cela va de soi.**
請け合いです．	**Je vous assure. / C'est promis.**

❏ 26 否定する

小銭はありませんか.	Vous n'avez pas de monnaie ?
—いいえ, お札しかありません.	— **Non, je n'ai que des billets.**
フランスへ行ったことがありますか.	Avez-vous déjà été en France ?
—いいえ, フランスへは一度も行ったことがありません.	— **Non, je n'ai jamais été en France.**
まだ雨が降っていますか.	Il pleut toujours ?
—いいえ, もう降っていません.	— **Non, il ne pleut plus.**
仕事は終わりましたか.	Avez-vous fini votre travail ?
—いいえ, まだです.	— **Non, pas encore.**
おじゃまでしょうか.	Je vous dérange ?
—いいえ, 全然そんなことはありません.	— **Non, pas du tout. / Absolument pas.**
私のせいではありません.	Ce n'est pas de ma faute.
—もちろん違います.	— **Evidemment non. / Bien sûr que non.**

フランス人は運転がうまいと思います.	Je trouve que les Français conduisent bien. ジュ トゥルーヴ ク レ フランセ コンデュイーズ ビアン
—そうは思いません.	**— Je ne crois pas. / Je ne suis pas** ジュ ヌ クルワ パ / ジュ ヌ スュイ パ **d'accord.** ダコール
彼は成功するでしょうか.	Réussira-t-il ? レユスィラティル
—だめでしょう. 残念ながら.	**— Non, malheureusement !** ノン マルーるーズマン
—きっとだめでしょう.	**— Certainement pas. / Sûrement pas.** セるテヌマン パ / スューるマン パ
—あり得ないことだ.	**— Impossible ! / Pas possible !** アンポスィーブル / パ ポスィーブル

❏27 不確実・あいまい・疑いで答える

彼はもう出かけましたか.	Il est déjà parti ? イレ デジャ パるティ
—たぶんね.	**— Sans doute. / Probablement.** サン ドゥートゥ / プロバブルマン
	*sans doute は「おそらく, たぶん」の意. sans aucun doute (きっと, 間違いなく)と混同しないこと.
あす来られますか.	Pouvez-vous venir demain ? プヴェヴ ヴニーる ドゥマン
—かもしれません.	**— Peut-être.** プーテートゥる
	*peut-être は sans doute よりも否定のニュアンスが強い.
—まだわかりません.	**— Je ne sais pas encore.** ジュ ヌ セ パザンコーる

—そうしたいのだけれど.	**— J'espère.** ジェスペール
このレストランはおいしいですか.	Il est bon, ce restaurant ? イレ ボン ス れストラン
—どちらとも言えません.	**— Oui et Non.** ウィ エ ノン
彼は遅れて着くだろう.	Il va arriver en retard. イル ヴァ アりヴェー アン るたール
—あり得ることだ.	**— Ça se peut bien.** サ ス プー ビアン
この古い車は故障するかも知れません.	Cette vieille voiture risque de tomber en panne. セットゥ ヴィエーユ ヴワテュール りスク ドゥ トンベ アン パヌ
—ありそうなことです.	**— C'est fort probable.** セ フォーる プろバーブル
彼は親切じゃない.	Il n'est pas gentil. イル ネ パ ジャンティ
—そうかもしれない.	**— C'est possible. / C'est peut-être vrai.** セ ポスィブル / セ プテートゥる ヴれ
—そのようだね.	**— Oui, il paraît.** ウィ イル パれ
—まあね.	**— Si on veut.** スィ オン ヴ
—そうでしょうか.	**— Vous croyez ? / Vous trouvez ?** ヴ クるワイエ / ヴ トゥるヴェ
いつも列車で旅行なさるのですか.	Vous voyagez toujours par le〔en〕train ? ヴ ヴワイヤジェ トゥジュール パる ル〔アン〕トゥらン
—時と場合によります.	**— Ça dépend. / C'est variable.** サ デパン / セ ヴァりアーブル

確信はもてません.	**Je n'en suis pas sûr(e).**
何も知りません.	**Je n'en sais rien.**
それは信じかねます.	**J'ai du mal à le croire.**
その点は疑っています.	**Je suis dans le doute à ce sujet.**

❏ 28 感嘆・驚きを表す

すばらしい.	**Oh, c'est formidable ! / Magnifique ! / Excellent !**
すごい.	**Super !** 《話》
信じられない.	**Incroyable !**
それは意外だ.	**Ça m'étonne.**
そんなばかな.	**Ça m'étonnerait.**
びっくりだ.	**Je n'en reviens pas.** ＊「驚きから覚めない」すなわち「びっくり仰天だ」の意.
夢じゃないかしら.	**Je me demande si je rêve.**
驚いたな！	**Quelle surprise !** ＊久しぶりに人に会ったり，訪問を受けたりしたときの驚きの表現.
ああ, うれしい！	**Quel bonheur !**

何とひどい暑さだ.	**Quelle chaleur !** ケル シャルーる
何と美しい.	**Que c'est beau !** ク セ ボー
私は何とばかなんだ.	**Que je suis bête !** ク ジュ スュイ ベートゥ
彼は何と変わったのだろう.	**Comme il a changé !** コム イラ シャンジェ
何と時間が早く経つのだろう.	**Comme le temps passe vite !** コム ル タン パス ヴィトゥ
何と楽しいのだろう.	**Qu'est-ce qu'on s'amuse !** ケスコン サミューズ
彼女は何とよく働くのだろう.	**Qu'est-ce qu'elle travaille !** ケス ケル トゥらヴァーユ
私はどれほどの努力を要したことだろう.	**Combien d'efforts cela m'a demandés !** コンビアン デフォーる スラ マ ドゥマンデ
うわっ！（驚き・喜び・怒り）	**Mon Dieu !** モン ディウ
よかった.（喜び）	**Dieu merci !** ディウ メるスィ
おやおや.（驚き）	**Tiens ! Tiens !** ティアン ティアン
ああ.（嘆き・悲しみ）	**Hélas !** エラース
なんてこった.（驚き・憤慨）	**Ça alors !** サ アローる

❏ 29 注意を引く

ちょっと，この家をご覧なさい．	**Dites donc〔Dites-moi〕, regardez cette maison.** ＊単に Dites とも言う．「ねえ，ちょっと」(注意喚起)，「何だって」(不満・驚き)，「ねえ」(依頼) などを意味する．
いいですか，彼は明日出発するのですよ．	**Ecoutez, il part demain.** ＊Ecoutez は「ねえ，ちょっと」(注意喚起)，「いいですか」(反論) を意味する．
ところでね，あなたに聞きたかったのですが．	**A propos, je voulais vous demander...** ＊A propos は対話中に話題を転換したり疑問を提示して「ところで，そのことですが」の意味で用いる．
ところであなたのご意向はどうですか．	**Au fait, quelles sont vos intentions ?** ＊Au fait は文頭に置いて「実のところ，要するに」の意味で用いる．
私に会いに来てください．そうですね，7時に．	**Venez me voir, disons, à une heure.** ＊Disons は文頭，文末または文中に挿入して「たとえば，言ってみれば」の意味で用いる．
はっきり言いましょう．彼にはうんざりです．	**Disons-le, il m'ennuie.**
いいですか，いま病人の状態は悪化しています．	**En ce moment, voyez-vous〔vous voyez〕, l'état du malade empire.** ＊voyez-vous は挿入句として用い，相手の注意をうながす．「いいですか，ごらんのように」．

彼は親切な人です．そうなんですよ．	**Il est gentil, vous savez.**
	*vous savez は相手の注意・同意をうながす．
彼は，何と言いましょうか，控えめな人なのです．	**Il est, comment dirais-je, discret.**
話題を変えましょう．	**Parlons d'autre chose.**
その話は後にしましょう．	**On en parlera plus tard.**
話題は変わりますが，Aさんはどうなりましたか．	**Pour changer de sujet, que devient-il, Monsieur A ?**
本題にもどりましょう．	**Revenons à notre sujet.**
先日の話に戻りましょう．	**Revenons à notre conversation de l'autre jour.**

❏ 30 聞き返す

何ですって？	**Comment ? / Pardon ?**
何だって？	Quoi ?《話》
何とおっしゃいましたか．	**Qu'est-ce que vous dites ?**
もう一度言っていただけますか．	**Pourriez-vous me le dire encore une fois ?**

もう一度繰り返してくださいませんか.	**Pourriez-vous répéter, s'il vous plaît ?** プーリエヴ　　れペテ　　スィル　ヴ　プレ
もっとゆっくり話してください.	**Parlez plus lentement〔moins vite〕, s'il vous plaît.** パるレ　プリュ　ラントゥマン　〔ムワン　ヴィトゥ〕　スィル　ヴ　プレ
もう少し大きな声でお願いします.	**Un peu plus fort, s'il vous plaît.** アン　プー　プリュ　フォーる　スィル　ヴ　プレ
すみません. わからなかったのですが.	**Excusez-moi. Je n'ai pas compris.** エクスキュゼムワ　ジュ　ネ　パ　コンプり
お話についていけません.	**Je ne peux pas vous suivre.** ジュ　ヌ　プー　パ　ヴ　スュイーヴる
お話がよくわかりません.	**Je ne vous comprends pas bien.** ジュ　ヌ　ヴ　コンプらン　パ　ビアン
何のお話ですか.	**De quoi parlez-vous ?** ドゥ　クワ　パるレヴ

第4章　自己の表現

❏31　好き・嫌いを言う

シャンペンはお好きですか.	Aimez-vous le champagne ? エメヴ　ル　シャンパーニュ
—はい, 大好きです.	— Oui, j'aime beaucoup. / J'adore. ウィ　ジェーム　ボークー　/　ジャドーる
—ものによります.	— Ça dépend. サ　デパン
—品質によります.	— Ça dépend de la qualité. サ　デパン　ドゥ　ラ　カリテ
—いいえ, それほどじゃありません.	— Non, je n'aime pas tellement. ノン　ジュ　ネーム　パ　テルマン
—いいえ, 全然好きじゃありません.	— Non, je n'aime pas du tout. ノン　ジュ　ネーム　パ　デュ　トゥ
—嫌いです.	— Je déteste. ジュ　デテストゥ
私は音楽が好きです.	J'aime la musique. ジェーム　ラ　ミュズィーク
私は歌うのが好きです.	J'aime chanter. ジェーム　シャンテ
私は部屋がいつも片付いているのが好きだ.	J'aime que la chambre soit toujours rangée. ジェーム　ク　ラ　シャンブる　スワ　トゥジューる　らンジェ
私は家にいるほうがいい.	J'aime mieux rester chez moi. ジェーム　ミュー　れステ　シェ　ムワ
チーズとケーキとどちらがい	Qu'est-ce que vous préférez, le fromage ou ケスク　ヴ　プれフェれ　ル　フろマージュ　ウ

いですか.	le gâteau ?
一両方ともいただきます.	— J'aimerais avoir les deux.
一チーズの方がいいです.	— Je préfère le fromage.
私はデザートに関してはうるさいのです.	Je suis difficile pour le dessert.
このネクタイが気に入りました.	Cette cravate me plaît.
お気に召しましたか.	Ça vous plaît ?
一はい, たいへん気に入りました.	— Oui, ça me plaît beaucoup.

□ 32 願望を言う (ほしい, …したい)

何がほしいのですか.	Qu'est-ce que vous voulez ?
一生ビールを一杯ほしいのですが.	— Je voudrais un demi (pression).
オレンジジュースはいかがですか.	Vous voulez un jus d'orange ?
一はい, いただきます.	— Oui, je veux bien.
ルーヴル美術館に行きたいの	Je voudrais aller au musée du Louvre.

32 願望を言う

彼に来てほしいのですが.	**Je veux qu'il vienne.** ジュ ヴ キル ヴィエヌ
通してほしいのですが.（人込みの中で）	**J'aimerais passer, s'il vous plaît.** ジェムれ パセ スィル ヴ プレ
近いうちにまたお目にかかりたい.	**J'aimerais vous voir bientôt.** ジェムれ ヴ ヴワーる ビアント
みんなでレストランに行きたいのですが.	**J'aimerais bien que nous allions au restaurant.** ジェムれ ビアン ク ヌザリオン オ れストラン
居心地のいい部屋がほしいのですが.	**Je désire une chambre confortable.** ジュ デズィーる ユヌ シャンブる コンフォるタ―ブル
ハンドバッグを買いたいのです.	**Je désire acheter un sac à main.** ジュ デズィーる アシュテ アン サカマン
あなたに一緒に来てほしいのです.	**Je désire que vous veniez avec moi.** ジュ デズィーる ク ヴ ヴニエ アヴェック ムワ
おいしいココアがほしい.	**J'ai envie d'un bon chocolat chaud.** ジェ アンヴィ ダン ボン ショコラ ショ
この映画が見たい.	**J'ai envie de voir ce film.** ジェ アンヴィ ドゥ ヴワーる ス フィルム
あなたに会合に参加してほしいのです.	**J'ai envie que vous preniez part à la réunion.** ジェ アンヴィ ク ヴ プるニエ パーる ア ラ れユニオン

❏ 33 依頼する

すみません．おたずねしたいのですが．申込みの期限はいつですか．	**Pardon, Monsieur. C'est pour un renseignement. Quelle est la date limite de l'inscription ?**
すみません．お願いしたいことがあるのですが．	**Pardon, Monsieur. J'ai un service à vous demander. / J'ai une demande à vous faire.**
ちょっとお願いしてもいいですか．	**Puis-je vous demander un petit service ?**
―はい，喜んで．	― Oui, avec plaisir.
―どうぞなさってください．	― Je vous en prie.
―どうぞ，ご遠慮なく．	― Faites, ne vous gênez pas.
―お話をうかがいましょう．	― Je vous écoute.
―何なりとお申しつけください．	― Je suis tout à votre service.
どうぞ手伝ってください．	**Aidez-moi, s'il vous plaît.**
手伝ってもらえませんか．	**Pouvez-vous m'aider ?**
トランクに荷物を入れるのに	**Voulez-vous me donner un coup de main**

手を貸していただけませんか.	pour mettre mes bagages dans le coffre ?
この包みをジャンに渡してくださいませんか.	Vous voulez bien remettre ce paquet à Jean ?
デュラン氏に紹介状を書いてくださるようお願いしたいのです.	Pourrais-je vous demander d'écrire pour moi une lettre d'introduction auprès de Monsieur Durant ?
たいへん恐縮なお願いですが, フランス語のレッスンをしていただけますか.	Je suis très gêné(e) de vous demander cela, mais pourriez-vous me donner des leçons de français ?

❏34 提案する・誘う

お手伝いしましょうか.	Je peux vous aider ? / Puis-je vous aider ?
—はい, ありがとうございます.	— Oui, merci. C'est gentil.
—はい, お願いします.	— Oui, je veux bien.
—いいえ, 大丈夫です, あり	— Non, ça va, merci.

第4章 自己の表現

…がとう.	
お教えしましょうか.	Je peux vous renseigner ?
提案があります.	J'ai une proposition à vous faire.
考えがあります.	J'ai une idée.
こうしたらどうでしょうか.	Et si on faisait comme ça ?
—それはいい考えだ.	— C'est une bonne idée.
手を貸しましょうか.	Voulez-vous un coup de main ?
ドライブに行きましょうか.	Si on faisait une randonnée en voiture ?
軽く一杯やりませんか.	Ça vous dirait de prendre un petit verre ?
家へ帰りましょうか.	On va rentrer ?
車でお送りしましょうか.	Je peux vous accompagner en voiture ?
コンサートにいっしょに行きませんか.	Voulez-vous aller au concert avec moi ?

❑ 35 意図・決心を述べる

私は車を売るつもりだ.	J'ai l'intention de vendre ma voiture.
あす出発するつもりです.	Je compte partir demain.

35 意図・決心を述べる

息子のために自転車を買おうと思います.	Je pense acheter un vélo pour mon fils.
車を1週間借りるつもりです.	Je me propose de louer une voiture pour une semaine.
今週のタイムスケジュールを決めました.	J'ai décidé mon emploi du temps pour cette semaine.
7月にバカンスを取ることに決めました.	J'ai décidé de prendre mes vacances en juillet.
もうタバコを吸わない決心をしました.	J'ai pris la décision de ne plus fumer.
この学校に入る決心をしました.	Je me suis décidé(e) à m'inscrire à cette école.
結局このブルーのワンピースに決めました.	Je me suis enfin décidée pour la robe bleue.
決めなければいけない.	Il faut se décider.
イエスかノーか, はっきりしてください.	Oui ou non, décidez-vous.
決心がつきません.	Je n'arrive pas à me décider.

❑ 36 心配や不安を言う

私はいつも心配ごとがある.	J'ai toujours des soucis. ジェ トゥジューる デ ススィ
心配でたまりません.	Je suis dévoré(e)〔accablé(e)〕de soucis. ジュ スュイ デヴォれ 〔アカブレ〕 ドゥ ススィ
私は健康が気がかりです.	Je suis soucieux〔soucieuse〕de ma santé. ジュ スュイ ススィウー 〔ススィウーズ〕 ド マ サンテ
私は将来が不安だ.	Je suis inquiet〔inquiète〕pour mon avenir. ジュ スュイザンキエ 〔ザンキエートゥ〕 プーる モナヴニーる
非常に不安を感じています.	J'éprouve beaucoup d'inquiétude. ジェプるーヴ ボークー ダンキエテュードゥ
彼のことが心配です.	Je m'inquiète pour lui. ジュ マンキエートゥ プーる リュイ
息子のことで心配しています.	J'ai des inquiétudes au sujet de mon fils. ジェ デザンキエテュードゥ オ スュジェ ドゥ モン フィス
彼〔彼女〕から便りがないので心配だ.	Je suis inquiet〔inquiète〕de ne pas recevoir de ses nouvelles. ジュ スュイザンキエ 〔ザンキエートゥ〕 ドゥ ヌ パ るスヴワーる ドゥ セ ヌーヴェル
妻の病気がたいへん気がかりだ.	La maladie de mon épouse me préoccupe beaucoup. ラ マラディ ドゥ モネプーズ ム プれオキュップ ボークー
私は遅刻するのではないかと心配だ.	Je crains d'arriver en retard. ジュ クらン ダリヴェ アン るたーる
私は激しい不安にさいなまれている.	Je suis en proie à une vive anxiété. ジュ スュイ アン プろワ ア ユヌ ヴィーヴ アンクスィエテ
いろいろご心配をおかけして	Excusez-moi de vous causer des soucis. エクスキュゼムワ ドゥ ヴ コゼ デ ススィ

46 第4章 自己の表現

すみません.

❑37 励ます・慰める

がんばってね.	**Courage ! / Du courage !**
しっかりやってください.	**Bon courage !**
さあ, 勇気を出して.	**Allez, soyez courageux〔courageuse〕.**
やる気があればできる.《ことわざ》	**Quand on veut, on peut.**
万事うまくいきますよ, 約束します.	**Tout ira bien, je vous promets.**
あなたが成功する可能性は大いにありますよ.	**Il y a de fortes chances pour que vous réussissiez.**
そんなつまらないことでがっかりしないでください.	**Ne vous découragez pas pour si peu.**
安心してください.	**Rassurez-vous !**
泣かないでください.	**Ne pleurez pas.**
だれにでもあることです.	**Ça arrive à tout le monde.**
元気を出して, あなたよりも	**Consolez-vous; il y a des gens plus**

不幸な人もいるのですよ.	malheureux que vous. マルーるー ク ヴー
なんとかなるでしょう.	Ça va s'arranger. サ ヴァ サらンジェ
心配いりません.私が全部めんどうを見ます.	Pas besoin de vous en faire, je m'occupe de tout. パ ブズワン ドゥ ヴザン フェーる ジュモキュップ ドゥ トゥ

❏ 38 非難する

これはあなたの落ち度だ.	C'est de votre faute. セ ドゥ ヴォトゥる フォートゥ
あなたのせいで起こったことだ.	C'est arrivé par votre faute. セタりヴェ パーる ヴォトゥる フォートゥ
そんなことをするのは良くないね.	Ce n'est pas bien de faire ça. ス ネ パ ビアン ドゥ フェーる サ
あなたは何もかもぶちこわした.	Vous avez tout gâché. ヴザヴェ トゥ ガシェ
あなたは辛抱が足りない.	Vous manquez de patience. ヴ マンケ ドゥ パスィアンス
あなたは約束を守らない.	Vous manquez à vos promesses. ヴ マンケ ア ヴォ プろメス
恥ずかしくないのですか.	Vous n'avez pas honte ? ヴ ナヴェパ オントゥ
こんな簡単な仕事に1週間もかかったなんて.度が過ぎ	Vous avez mis une semaine pour ce petit travail ! Vous exagérez. ヴザヴェ ミ ユヌ スメーヌ プーる ス プティ トらヴァーユ ヴゼグザジェれ

てるよ.	
あなたは私に知らせることを怠った.	**Vous avez négligé de m'en avertir.** ヴザヴェ ネグリジェ ド マンナヴェるティーる
あなたは私の自尊心を傷つけた.	**Vous m'avez blessé(e) dans mon amour-propre.** ヴ マヴェ ブレセ ダン モ ナムーるプろプる
そんなはずはない. でたらめを言わないでください.	**Ce n'est pas possible. Vous inventez !** ス ネ パ ポスィブル ヴザンヴァンテ

❏ 39 弁解する

すみません, わざとしたのではありません.	**Excusez-moi, mais je ne l'ai pas fait exprès.** エクスキュゼムワ メ ジュ ヌ レ パ フェ エクスプれ
わざとぶつかったわけではありません.	**Je n'ai pas fait exprès de vous bousculer.** ジュ ネパ フェ エクスプれ ドゥ ヴ ブスキュレ
よかれと思ってしたことです.	**J'ai cru bien faire.** ジェ クりュ ビアン フェーる
そうは言っていません.	**Ce n'est pas ce que j'ai dit.** ス ネ パ ス ク ジェ ディ
注意散漫でした.	**J'ai été inattentif〔inattentive〕.** ジェ エテ イナタンティフ イナタンティヴ

❏ 40 ほめる (→詳しくは p. 236 参照)

いいぞ, 申し分なしだ.	**Bravo ! C'est parfait !** ブらヴォ セ パるフェ

第4章 自己の表現

ご成功おめでとう.	**Toutes mes félicitations pour votre succès.** トゥートゥ メ フェリシィタスィオン プール ヴォトゥる スュクセ
うまくやりましたね.	**Vous avez bien fait.** ヴザヴェ ビアン フェ
あなたはすばらしい人だ.	**Vous êtes adorable.** ヴゼートゥ アドらブル
あなたはよいお父さん〔お母さん〕です.	**Vous êtes un bon père〔un bonne mère〕de famille.** ヴゼートゥ アン ボン ペール 〔ユヌ ボヌ メール〕 ドゥ ファミーユ
私はあなたを高く評価しています.	**Je vous estime beaucoup.** ジュ ヴゼスティーム ボークー
あなたは趣味が良い.	**Vous avez bon goût.** ヴザヴェ ボン グー
あなたは絵画に目が高い.	**Vous avez du goût en matière de peinture.** ヴザヴェ デュ グー アン マティエール ドゥ パンテューる
あなたがいてくださると元気が出ます.	**Votre présence me réconforte.** ヴォトゥる プれザンス ム れコンフォるトゥ
あなたはとてもおしゃれですね.	**Vous êtes très chic.** ヴゼートゥ トれ シーク
あなたの髪型は良いですね.	**Vous êtes bien coiffé(e).** ヴゼートゥ ビアン クワフェ

❑ 41 必要・義務を述べる

私には少し休息が必要です.	**Il me faut un peu de repos.** イル ム フォ アン プー ドゥ るポ

41 必要・義務を述べる

私は明日1000ユーロ必要です.	**Il me faut mille euros pour demain.** イル ム フォ ミル ウーろ ブール ドゥマン
ここにサインしなければなりません.	**Il faut signer ici.** イル フォ スィニエ イスィ
空港へ行くにはどのくらい時間がかかりますか.	**Combien de temps faut-il pour aller à l'aéroport ?** コンビアン ドゥ タン フォーティル プール アレ ア ラエろポール
—40分かかります.	**— Il faut quarante minutes.** イル フォ カらントゥ ミニュトゥ
私は学校へ行かなければならない.	**Il me faut aller〔Il faut que j'aille〕à l'école.** イル ム フォタレ 〔イル フォ ク ジャイユ〕ア レコル
あなたは規則を守るべきだ.	**Vous devez respecter le règlement.** ヴ ドゥヴェ れスペクテ ル れーグルマン
列車の切符はホーム上で改札しなければならない.	**Le billet de train doit être composté sur le quai.** ル ビエ ドゥ トゥらン ドゥワテートゥる コンポステ スューる ル ケ
私は行かなければならない. 5時に約束があります.	**Je suis obligé(e) de partir. J'ai rendez-vous à cinq heures.** ジュ スュイ オブリジェ ドゥ パるティーる ジェ らンデヴ ア サンクーる
私にはあなたの助けが必要だ.	**J'ai besoin de votre aide.** ジェ ブゾワン ドゥ ヴォトゥる エードゥ
私は休息を取る必要がある.	**J'ai besoin de me reposer.** ジェ ブゾワン ドゥ ム るポゼ

52　第4章　自己の表現

あなたに絶対, 明日来ていただかなくては.	J'ai absolument besoin que vous veniez demain.
彼を招く必要はありません.	On n'a pas besoin de l'inviter.
彼に会う必要はありません.	Vous n'avez pas besoin de le voir.
パスポートは常に携帯している必要がある.	Il est nécessaire de porter toujours le passeport sur soi.
私がここにいる必要がありますか.	Est-ce qu'il est nécessaire que je sois là ?
―はい, 必要不可欠です.	― Oui, c'est indispensable.
食事の支度には時間がかかる.	La préparation d'un repas demande du temps.

❏ 42 禁止する

教会の中で大きな声で話してはいけない.	Il ne faut pas parler fort dans l'église.
犬はレストランに入ってはいけない.	Il ne faut pas que le chien entre dans le restaurant.
ここは駐車禁止です.	Il est interdit 〔défendu〕 de stationner ici.

ノックせずに入ってはいけない.	**Vous ne devez pas entrer sans frapper.**
このヨーグルトは3月5日以後は食べてはいけない.	**Ce yaourt ne doit pas être consommé après le 5 mars.**

❑ 43 可能と不可能

明日来られますか.	**Pouvez-vous venir demain ?**
—はい, 来られます.	— **Oui, je peux.**
ご一緒してもいいですか.	**Je peux vous accompagner ?**
—はい, もちろんです.	— **Oui, bien sûr.**
—いいえ, 一人でいたいのです.	— **Non, je préfère rester seul(e).**
車の運転はできますか.	**Savez-vous conduire ?**
—はい, できます.	— **Oui, je sais conduire.**
—いいえ, できません.	— **Non, je ne sais pas conduire.**
泳げますか.	**Savez-vous nager ?**
—はい, 泳げます.	— **Oui, je sais nager.**

私は運転できません．免許証を持ってきてないから．	**Je ne peux pas conduire. Je n'ai pas mon permis sur moi.** ジュ ヌ プ パ コンデュイール ジュ ネ パ モン ペルミ スュール ムワ

*Je sais conduire. (savoir) は「技能を有する」の意味．Je peux conduire. (pouvoir) は「…できる状況にある」の意味．Je sais nager. / Je peux nager. も同じである．

私は泳げません．風邪を引いているので．	**Je ne peux pas nager, je suis enrhumé(e).** ジュ ヌ プ パ ナジェ ジュ スュイ ザンリュメ
私はコンピューターが使えます．	**Je suis capable de traiter par ordinateur.** ジュ スュイ カパーブル ドゥ トレテ パール オルディナトゥール
この水は飲めます．	**Cette eau est potable.** セットー エ ポターブル
このキノコは食べられますか．	**Ces champignons sont-ils comestibles ?** セ シャンピニョン ソンティル コメスティーブル
これは食べられますか．	**Ça se mange ?** サ ス マンジュ

❏ 44 可能性・推測を述べる

私は間違っているかもしれない．	**Je peux me tromper.** ジュ プ ム トゥロンペ
急ぎましょう．列車に乗り遅れるかもしれない．	**Dépêchons-nous ! Nous pouvons manquer le train.** デペションヌー ヌ プーヴォン マンケ ル トゥラン

彼は怒っているかもしれない.	Il se peut qu'il soit fâché.
彼は留守かもしれない.	Il est possible qu'il soit absent.
彼はもう出かけましたか.	Il est déjà parti ?
―たぶんそうだろう.でも確かじゃない.	― C'est probable, mais ce n'est pas sûr.
今,6 時頃に違いない.	Il doit être environ six heures.
彼は遅刻だ.車が故障したに違いない.	Il est en retard. Il a dû avoir une panne.
彼は欠席だ.病気なのだろう.	Il est absent, il serait malade.
都心で自動車事故があったようだ.	Un accident de voiture aurait eu lieu dans le centre-ville.

❏ 45 様子・外観を述べる

彼は病気らしい.	Il paraît malade.
彼はあなたの質問に驚いているようだ.	Il paraît surpris de votre question.
まるで王様みたいだ.	On dirait un roi.

まるでハワイにいるようだ.	On dirait que nous sommes à Hawaii.
あなたはお疲れのようです.	Vous semblez fatigué(e).
天気はよくなりそうだ.	Le temps semble s'améliorer.
彼は満足しているように見える.	Il semble qu'il soit content.
私にはあなたが間違っているように思われる.	Il me semble que vous vous trompez.
このリンゴはおいしそうだ.	Cette pomme a l'air bonne.
彼の家はお城のようだ.	Sa maison a l'air d'un château.
この問題はそんなにむずかしそうに見えない.	Ce problème n'a pas l'air d'être bien difficile.

第5章　時間と天候

❑46 時間を言う

いま何時ですか.	**Quelle heure est-il ? / Vous avez l'heure ?**
何時か教えていただけますか.	**Pouvez-vous me dire quelle heure il est ?**
―1時ちょうどです.	**— Il est une heure juste〔précise〕.**
―ほぼ6時です.	**— Il est à peu près〔environ〕six heures.**
―7時5分です.	**— Il est sept heures cinq.**
―10時すこし過ぎです.	**— Il est dix heures et quelques minutes.**
―5時15分です.	**— Il est cinq heures et quart.**
―8時半です.	**— Il est huit heures et demie.**
―9時15分前〔8時45分〕です.	**— Il est neuf heures moins le quart〔huit heures quarante-cinq〕.**
―2時10分前です.	**— Il est deux heures moins dix.**
正午です.	**Il est midi.**
夜中の12時です.	**Il est minuit.**
もうすぐ10時です.	**Il est près de dix heures. / Il est**

	bientôt dix heures. ビアント　ティズール
11時を過ぎました.	**Il est onze heures passées.** イレ　オンズール　パセ
私の時計では10時10分です.	J'ai dix heures dix. ジェ　ティズール　ディス
正確な時間はわかりますか.	Vous avez l'heure juste ? ヴザヴェ　ルール　ジュストゥ
あなたの時計は5分遅れています.	Vous retardez de cinq minutes. ヴ　るタるデ　ドゥ　サン　ミニュットゥ
あなたの時計は少し進んでいます.	Vous avancez un peu. ヴザヴァンセ　アン　プー
私の時計は正確です.	J'ai l'heure juste. ジェ　ルール　ジュストゥ

❏ 47 日付・曜日を言う

今日は何日ですか.	**C'est quel jour, aujourd'hui ?** セ　ケル　ジュール　オジュるデュイ
―9月20日です.	― C'est le 20 septembre. セ　ル　ヴァン　セプタンブる
今日は何日ですか.	**Quel jour sommes-nous ?** ケル　ジュール　ソムヌ
―6月3日です.	― Nous sommes le 3 juin. ヌ　ソム　ル　トゥるワ　ジュアン
―今日は12月1日です.	― Aujourd'hui, nous sommes le オジュるデュイ　ヌ　ソム　ル 1er (premier) décembre. プるミエ　デサンブる

◆ 月と曜日の単語帳

1月	**janvier** 男 ジャンヴィエ
2月	**février** 男 フェヴリエ
3月	**mars** 男 マるス
4月	**avril** 男 アヴリル
5月	**mai** 男 メ
6月	**juin** 男 ジュアン
7月	**juillet** 男 ジュイエ
8月	**août** 男 ウー(トゥ)
9月	**septembre** 男 セプタンブる
10月	**octobre** 男 オクトーブる
11月	**novembre** 男 ノヴァンブる
12月	**décembre** 男 デサンブる
月曜日	**lundi** 男 ランディ
火曜日	**mardi** 男 マるディ
水曜日	**mercredi** 男 メるクるディ
木曜日	**jeudi** 男 ジュディ
金曜日	**vendredi** 男 ヴァンドゥるディ
土曜日	**samedi** 男 サムディ
日曜日	**dimanche** 男 ディマンシュ

今日	**aujourd'hui** オジュるデュイ
昨日	**hier** イエーる
一昨日	**avant-hier** アヴァンティエーる
明日	**demain** ドゥマン
明後日	**après-demain** アプれドゥマン
次の日曜日	**dimanche prochain** ディマンシュ プロシェン
この前の日曜日	**dimanche dernier** ディマンシュ デるニエ
今週	**cette semaine** セットゥ スメーヌ
来週	**la semaine prochaine** ラ スメーヌ プロシェーヌ
先週	**la semaine dernière** ラ スメーヌ デるニエーる
今月	**ce mois-ci** ス ムワ スィ
来月	**le mois prochain** ル ムワ プロシェン
先月	**le mois dernier** ル ムワ デるニエ
今年	**cette année** セッタネ
来年	**l'année prochaine** ラネ プロシェーヌ
去年	**l'année dernière** ラネ デるニエーる

第5章 時間と天候

2013年8月10日土曜日	le samedi 10 août 2013
今日は何曜日ですか.	**Nous sommes quel jour de la semaine ?**
一日曜日です.	— Nous sommes [On est] dimanche.
今年は2013年です.	**Nous sommes en 2013.**
私は1990年生まれです.	**Je suis né(e) en 1990.**
夏休みは7月2日に始まります.	**Les grandes vacances commencent le 2 juillet.**
私は今月10日に出発します.	Je partirai le 10 de ce mois.
それは1月15日に起こりました.	C'est est arrivé le 15 janvier.
この前の日曜日, 映画に行きました.	**Dimanche dernier, je suis allé(e) au cinéma.**
来週バカンスに出発します.	**La semaine prochaine, je pars en vacances.**
8月にはパリには住民がいなくなります.	En août, Paris se vide de ses habitants.
金曜日は私の住む地区で市が立つ日です.	Le vendredi, c'est le jour du marché dans mon quartier.

*定冠詞＋曜日で「毎週…曜日」の意になる．

□48 今は

私は今たいへん忙しい．	**Je suis très occupé(e) maintenant〔en ce moment〕.**
さっき，そのニュースを知りました．	**J'ai appris la nouvelle tout à l'heure.**
そのニュースを知ったばかりです．	**Je viens d'apprendre la nouvelle.**
すぐに行きますよ．	**Je viens tout de suite〔à l'instant〕.**
今行くよ．	**J'arrive !**
彼は間もなく着くでしょう．	**Il arrivera bientôt.**
今朝，彼に会ったばかりです．	**Je viens de le voir ce matin.**
昨晩とても遅く帰宅しました．	**Je suis rentré(e) très tard la nuit dernière〔cette nuit〕.**
今日の午後出かけます．	**Je sortirai cet après-midi.**
今晩ご在宅ですか．	**Etes-vous chez vous ce soir ?**
週の初めは不在にしています．	**Je suis absent(e) en début de semaine.**
明朝お目にかか	**Je vous verrai demain matin.**

りましょう.

❑ 49 …前に

3日前に彼に会いました.	Je l'ai vu il y a trois jours.
出発前に彼に会いたい.	Je veux le voir avant de partir〔avant mon départ〕.
1週間前に座席を予約しなければならない.	Il faut réserver la place une semaine à l'avance.
出発の1週間前に切符を買いました.	J'ai acheté mon billet une semaine avant mon départ.
飛行機が出るまで,まだだいぶ時間があります.	On a encore beaucoup de temps avant que l'avion ne parte.
彼は1か月前からパリにいます.	Il est à Paris depuis un mois.
出発の前日に彼の家に招かれました.	J'ai été invité(e) chez lui la veille de mon départ.

❑ 50 …後に

2週間後にイタリアへ行きます.	J'irai en Italie dans quinze jours.

おいしい食事の後にはいつも食後酒を飲みます.	Je prends toujours un digestif après un bon repas.
シャワーを浴びた後に出かけます.	Après avoir pris une douche, je sortirai.
小包は彼の出発2日後に届きました.	Le colis est arrivé deux jours après son départ.
そのことは彼が出ていった後でお話します.	Je vous en parlerai après qu'il sera parti.
それは後で言いましょう.	Je vous le dirai après.

❏51 …おきに

このバスは何分おきに通りますか.	Tous les combien passe cet autobus ?
―5分おきです.	— Toutes les cinq minutes.
―15分おきです.	— Tous les quarts d'heure.
私は毎朝パンを買いに行きます.	Je vais chercher du pain tous les matins 〔chaque matin〕.
この飛行機は毎月曜日に出ています.	Cet avion part tous les lundis.

彼は週に1回私の家に来ます.	**Il vient chez moi une fois par semaine.**
私は2日に一度病院へ行きます.	**Je vais à l'hôpital une fois tous les deux jours〔un jour sur deux〕.**
郵便配達は日に1回来ます.	**Le facteur passe une fois par jour.**
彼はいつとはなしにやって来ます.	**Il vient à toute heure〔à n'importe quelle heure〕.**

❏ 52 …の間

夜の間に熱が出ました.	**J'ai eu de la fièvre pendant la nuit.**
午前中, 家で仕事をします.	**Pendant la matinée, je travaille à la maison.**
一日中何もしませんでした.	**Je n'ai rien fait (pendant) toute la journée.**
長い間待ちました.	**J'ai attendu (pendant) longtemps.**
休暇中は何をなさっていますか.	**Qu'est-ce que vous faites pendant les vacances ?**
パリにいる間, 彼とよく旅行をしました.	**Pendant que j'étais à Paris, j'ai souvent voyagé avec lui.**

何年もの間,私は芝居に熱中しました.	**Pendant des années, je me suis passionné(e) pour le théâtre.**
今週中にこの仕事を終えます.	**Je finirai ce travail dans le courant de la semaine.**

❑ 53 天候を言う

今日はとても天気が良い.	**Il fait très beau aujourd'hui.**
何と良い天気でしょう.	**Quel beau temps !**
何と良い日和でしょう.	**Quelle belle journée !**
どんな天気ですか.	**Quel temps fait-il ?**
—良い〔悪い〕天気です.	**— Il fait beau〔mauvais〕.**
—すばらしい天気です.	**— Il fait un temps magnifique.**
—暖かな天気です.	**— Il fait doux.**
—ひどい天気です.	**— Il fait un temps de chien.**
—雨が降っています.	**— Il pleut.**
天気予報はどう言ってますか.	**Quel temps fera-t-il d'après la météo ?**
天気予報によれば明日は雨で	**La météo a annoncé de la pluie pour**

す.	demain.
昨夜雨が降りました.	Il a plu cette nuit.
雨は午前中にやみました.	La pluie a cessé dans la matinée.
どしゃ降りです.	Il pleut à verse 〔à torrents〕.
天気予報が外れました.	La météo s'est trompée.
霧雨が降っています.	Il tombe une pluie fine.
曇っています.	Le temps est nuageux. / Le ciel est couvert.
今朝は風があります.	Il y a du vent ce matin.
雷雨になりそうです.	Le temps est orageux.
遠くで雷が鳴っています.	Il y a du tonnerre au loin.
霧が出ています.	Il fait 〔Il y a〕 du brouillard.
天気が悪くなりそうだ.	Le temps menace.
今年の夏は暑い.	Il fait chaud cet été.
気温は40度まで上がった.	La température est montée jusqu'à quarante degrés.
蒸し暑い.	Il fait chaud et humide.

涼しい.	Il fait frais.
今年の冬は寒さがたいへん厳しい.	Cet hiver est très rigoureux.
とても寒い. 何度ですか.	Il fait très froid. Combien de degrés y a-t-il ?
―零下6度です.	― Il y a six degrés au-dessous de zéro. 〔Il fait moins six degrés.〕
温度計は氷点下まで下がった.	Le thermomètre est descendu au-dessous de zéro.
雪がたくさん降っています.	Il neige beaucoup.
雪が10センチ積もりました.	Il y a 〔Il est tombé〕 dix centimètres de neige.
路面が凍っています. 慎重に運転してください.	Il y a du verglas. Roulez prudemment.

第2部　旅行編

第1章　空港・駅で
第2章　ホテルで
第3章　レストランで
第4章　街を歩く
第5章　買い物をする
第6章　郵便と電話
第7章　盗難・紛失

第1章　空港・駅で

❏ 54 空港で

明朝パリへ発ちたいのですが空席はありますか.	**Je voudrais partir demain matin pour Paris. Y a-t-il une place ?**
パリ行きの今度の飛行機に席を予約できますか.	**Puis-je réserver une place dans le premier avion pour Paris ?**
―満席です.	― **C'est complet.**
それでは空席待ちリストに登録してください.	**Alors inscrivez-moi sur la liste d'attente.**
パリ・ニース間には何便ありますか.	**Combien de vols y a-t-il entre Paris et Nice ?**
―往復とも数便あります.	― **Il y a plusieurs vols à l'aller et au retour.**
予約のキャンセルをしたいのですが.	**Je voudrais annuler la réservation.**
予約を変更したいのですが.	**Je voudrais changer de réservation.**
チケットをオープンにしておいてください.	**Voulez-vous laisser le billet open ?**
空港には何時に	**A quelle heure dois-je être à l'aéroport ?**

行かなければなりませんか.	
—出発の2時間前に空港へおいでください.	— Soyez à l'aéroport deux heures avant le départ.

55 搭乗する

これは空港行きのシャトルバスですね.	C'est bien la navette pour l'aéroport ?
第1旅客ターミナルで降ります.	Je descends à l'aérogare 1.
出発階で降ります.	On descend au niveau Départs.
エールフランスのカウンターはどこですか.	Où est le comptoir Air France ?
国内線の搭乗ロビーはどこですか.	Où est la salle d'embarquement pour les lignes domestiques ?
手荷物の受付は何時からですか.	A partir de quelle heure se fait l'enregistrement des bagages ?
税金の還付許可の申請のために税関に行きたいのですが.	J'aimerais aller à la douane pour demander une autorisation de détaxe.
この便の搭乗手続きの最終時	L'heure limite d'enregistrement de ce vol,

72　第1章　空港・駅で

間は20時です.	c'est vingt heures.
窓側〔通路側〕の席をください.	**Donnez-moi une place côté fenêtre〔côté couloir〕.**
となり合った席を二つ下さい.	**Donnez-nous deux places à côté l'une de l'autre.**
このバッグを機内に持ち込んでいいですか.	**Est-ce que je peux prendre ce sac en cabine ?**
これが預ける荷物です.	**Ce sont mes bagages à enregistrer.**
私の荷物は重量超過ですか.	**Est-ce que j'ai un excédent de bagages ?**
—はい，8キロの超過です.	— Oui, vous avez huit kilos d'excédent.
—5キロオーバーです.	— Vous avez cinq kilos en trop.
超過料金を払わなければなりませんか.	**Est-ce que je dois payer l'excédent (de bagage) ?**
搭乗は何時ですか.	**A quelle heure embarque-t-on ?**
バッグを開けてください.	Ouvrez votre sac, s'il vous plaît.
ポケットの中のものを全部出してください.	Videz vos poches, s'il vous plaît.
6番ゲートから	Embarquement immédiat à la porte six.

ただちにご搭乗ください.

❏ 56 機内で

バッグを棚に入れたいのですが.	J'aimerais mettre mon sac dans le compartiment à bagages. ジェムれ メットゥる モン サック ダン ル コンパるティマン ア バガージュ
ベルトをお締めください.	Attachez votre ceinture. アタシェ ヴォトゥる サンテューる
テーブルをもとにもどしてください.	Relevez votre tablette. るルヴェ ヴォトゥる タブレットゥ
座席をもとにもどしてください.	Redressez le dossier de votre siège. るドれセ ル ドスィエ ドゥ ヴォトゥる スィエージュ
肉と魚のどちらになさいますか.	Vous voulez de la viande ou du poisson ? ヴ ヴレ ドゥ ラ ヴィアンドゥ ウ デュ プワソン
—魚を下さい.	— Donnez-moi du poisson. ドネムワ デュ プワソン
トレーを下げていただけますか.	Pouvez-vous desservir le plateau ? プヴェヴ デセるヴィーる ル プラトー
のどが渇きました. 水を一杯持ってきてください.	J'ai soif. Apportez-moi un verre d'eau. ジェ スワフ アポるテムワ アン ヴェーる ドー
隣の男に困っています. 席を替えてほしいのですが.	Mon voisin me gêne. Je voudrais changer de place. モン ヴワザン ム ジェーヌ ジュ ヴドゥれ シャンジェ ドゥ プラース

❏ 57 到着する

滞在目的は何ですか.	Quel est le but de votre séjour ?
観光ですか, 仕事ですか.	Tourisme ou affaires ?
―商用で来ました.	— Je viens pour affaires.
―フランス語の研修のためです.	— Pour un stage de français.
パリの連絡先はどこですか.	Quelle est votre adresse à Paris ?
フランスに何日滞在なさるのですか.	Combien de jours allez-vous rester en France ?
―約3週間です.	— Trois semaines environ.
―パリに3日滞在し, それからスイスに行きます.	— Je resterai trois jours à Paris pour aller ensuite en Suisse.
荷物がまだ出てきません.	Mes bagages ne sont pas encore arrivés.
スーツケースが1個足りません. どこに言えばいいのですか.	Il me manque une valise. Où sont les réclamations ?
これ以上待てません.	Je ne peux pas attendre plus longtemps.

すぐに責任者を呼んでください.	**Appelez-moi tout de suite un responsable.**
荷物が見つかり次第ホテルに届けてください.	**Dès que vous aurez retrouvé mes bagages, faites-les moi délivrer à mon hôtel.**
税関を通らなければならない.	Il faut passer la douane.
申告するものはありますか.	Avez-vous quelque chose à déclarer ?
—いいえ,申告するものは何もありません.	— **Non, je n'ai rien à déclarer.**
これはプレゼントです.	C'est pour offrir. / C'est un cadeau.
このスーツケースには身の回り品しか入っていません.	**Cette valise ne contient que des objets personnels.**
これは自分で使うためです.	C'est pour mon usage personnel.
なぜそれを没収するのですか.	Pourquoi confisquez-vous ça ?
税金を支払わなければなりませんか.	Dois-je payer une taxe ?
都心へ行くシャトルバスはどこから出ますか.	**D'où partent les navettes pour le centre-ville ?**

◆ 空港・機内の単語帳

〈空港〉

航空会社　compagnie 囡
アエリエンヌ
　aérienne

空港　aéroport 男
アエロポール

空港行バス発着所
　aérogare 囡
アエロガール

空港エアーターミナル
　terminal 男
テルミナル

フライト　vol 男
ヴォル

国際便　vol international
ヴォル　アンテルナスィオナル

国内便　vol domestique
ヴォル　ドメスティック

出発　départ 男
デパール

到着　arrivée 囡
アリヴェ

カウンター　comptoir 男
コントゥワール

ファーストクラス
　première classe 囡
プルミエール　クラース

ビジネスクラス　classe
　　　　　　　　　クラス
　affaires
アフェール

エコノミークラス　classe
　　　　　　　　　　クラス
　économique
エコノミック

航空券　billet 男 d'avion
ビエ　　　ダヴィオン

搭乗券　carte 囡
カルトゥ
　d'embarquement
ダンバルクマン

委託手荷物　bagages 男 複
バガージュ
　à enregistrer
ア　アンれジストゥれ

手荷物（機内持込み用）
　bagages à main
バガージュ　ア　マン

手荷物用カート　chariot 男
シャリオ
　à bagages
ア　バガージュ

手荷物の受付
　enregistrement 男 des
アンれジストゥるマン　デ
　bagages
バガージュ

手荷物の計量　pesée 囡
プゼ
　des bagages
デ　バガージュ

手荷物の重量超過
　excédent de bagages
エクセダン　ドゥ　バガージュ

手荷物検査　contrôle 男
コントゥろール
　des bagages
デ　バガージュ

◆ 空港・機内の単語帳

旅券検査	contrôle des passeports
動く歩道	tapis 男 roulant
免税店	boutique 女 hors taxe
サテライト	satellite 男
待合室	salle 女 d'attente
通過客待合室	salle de transit
ゲート	porte 女
搭乗	embarquement 男
入国カード	carte 女 de débarquement
税関	douane 女

(機内)

客室	cabine 女
操縦室	cabine de pilotage
座席	place 女; siège 男
安全ベルト	ceinture 女 de sécurité
イヤホン	écouteur 男
戸棚	placard 男
通路	couloir 男
窓	hublot 男; fenêtre 女
トイレ	toilettes 女 複
スチュワード	steward 男
スチュワーデス	hôtesse 女 de l'air
パイロット	pilote 男
乗員	équipage 男
離陸	décollage 男
着陸	atterrissage 男
エアポケット	poche 女 d'air
乱気流	turbulence 女

❏58 両替する

このあたりに両替所はありますか.	Y a-t-il un bureau de change par ici ?
この円をユーロに替えたいのですが.	Je voudrais changer ces yens en euros.
この500ドルをユーロに両替してください.	Changez-moi ces cinq cents dollars en euros.
今, 円はいくらですか.	A combien est le yen en ce moment ?
今日の為替レートはいくらですか.	Quel est le taux de change aujourd'hui ?
一円の為替レートは1ユーロに対して150円です.	— Le taux de change du yen est de cent cinquante yens pour un euro.
トラベラーズチェックを現金にしたいのですが.	Je voudrais toucher des traveller's chèques 〔chèques de voyage〕.
手数料はいくらになりますか.	A combien s'élève la commission que vous prenez ?
身分証明書をお持ちですか.	Avez-vous une pièce d'identité ?

—はい，パスポートがあります．	— Oui, j'ai mon passeport.
この紙幣の代わりにもっと細かいお金はないのですか．	N'avez-vous pas de plus petite monnaie pour ce billet ?
この200ユーロ札を細かくしていただけませんか．	Pouvez-vous me faire la monnaie de ce billet de deux cents euros ?

59 銀行で

この銀行に口座を開きたいのですが．どんな手続きをするのですか．	Je voudrais ouvrir un compte dans cette banque. Quelle est la marche à suivre ?
ユーロ建ての非居住者口座を開きたいのですが．	Je voudrais ouvrir un compte non-résident en euros.
この銀行に預金をしたいのですが．	Je désire déposer de l'argent à cette banque.
—お名前と住所，預金なさりたい金額をこの紙に書いてください．	— Ecrivez sur cette feuille votre nom et votre adresse avec le montant que vous désirez déposer.

この口座に振り込みをしたいのですが.	Je voudrais verser de l'argent sur ce compte.
この口座に小切手帳とクレジットカードを付けられますか.	Puis-je avoir un carnet de chèque et une carte de crédit pour ce compte ?
私の口座から500ユーロを引き出したいのですが.	Je désire retirer cinq cents euros de mon compte.
定期預金の利息はいくらですか.	Quel intérêt accordez-vous sur les dépôts fixes ?
—4パーセントです.	— Nous donnons quatre pour cent.
私の口座の残高を知りたいのですが.	Je voudrais savoir combien il reste sur mon compte.
—あなたの口座には残金がありません.	— Votre compte est à découvert.
赤字を埋めなければなりません.	Il faut combler le déficit.
この金額をパリ支店の私の口座に移したいのです.	Je désire transférer cette somme sur mon compte de la succursale de Paris.

キャッシュカードを盗まれました．支払いを差し止めたいのですが．	**Je me suis fait voler ma carte bancaire.** ジュ ム スュイ フェ ヴォレ マ カるトゥ バンケール **Je voudrais faire opposition.** ジュ ヴドゥれ フェール オポズィスィオン
20ユーロ紙幣で600ユーロを用意してください．	**Voulez-vous préparer six cents en billets de vingt euros ?** ヴレヴ プれパれ スィスサン アン ビエ ドゥ ヴァントゥろ

◆ 銀行の単語帳

窓口　guichet 男
　　　ギシェ

出納窓口　caisse 女
　　　　　ケース

銀行口座　compte 男 bancaire
　　　　　コントゥ　　バンケール

預金口座　compte de dépôt
　　　　　コントゥ ドゥ デポ

銀行預金　dépôt 男 bancaire
　　　　　デポ　　バンケール

当座預金　compte courant
　　　　　コントゥ クーラン

定期預金　dépôt 男 à terme
　　　　　デポ　　ア テるム

預金高　montant 男 du dépôt
　　　　モンタン　　デュ デポ

預金通帳　livret 男 d'épargne
　　　　　リヴれ　　デパるニュ

口座番号　numéro 男 de compte
　　　　　ニュメろ　　ドゥ コントゥ

預金する　déposer
　　　　　デポゼ

引出す　retirer
　　　　るティれ

小切手　chèque 男
　　　　シェック

銀行小切手　chèque bancaire
　　　　　　シェック　バンケール

サインする	signer (スィニェ)
裏書きする	endosser (アンドセ)
利息	intérêt 男 (アンテレ)
利率	taux 男 (トー) d'intérêt (ダンテレ)
紙幣	billet 男 (ビエ) (de (ドゥ) banque) (バンク)
硬貨	pièce 女 (ピエース) (de (ドゥ) monnaie) (モネ)
外貨	monnaie 女 (モネ) étrangère; devise 女 (エトゥランジェール) (ドゥヴィーズ)
外貨の購入	achat 男 (アシャ) de (ドゥ) devise (ドゥヴィーズ)
外貨の売却	vente 女 (ヴァントゥ) de (ドゥ) devise (ドゥヴィーズ)
現金	argent 男 (アルジャン) liquide (リキードゥ)
現金で	en espèces (アネスペース)
小銭	petite monnaie 女 (プティトゥ) (モネ)
両替	change 男 (シャンジュ)
両替する	changer (シャンジェ)
為替相場	cours 男 (クール) des (デ) changes (シャンジュ)
為替レート	taux 男 (トォ) de (ドゥ) change (シャンジュ)
口座振替	virement 男 (ヴィるマン)
銀行振替	virement (ヴィるマン) bancaire (バンケーる)
自動振替	virement (ヴィるマン) automatique (オートマティック)
自動引落とし	prélèvement (プれレーヴマン) 男 automatique (オートマティック)
振り込む	virer; verser (ヴィれ) (ヴェるセ)
手数料	commission 女 (コミスィオン)

❏ 60 現地で旅をする

来週旅行に出ます．	**Je pars en voyage la semaine prochaine.** ジュ バーる アン ヴワイヤージュ ラ スメーヌ プろシェーヌ
フランスを旅行します．	**Je fais un voyage en France.** ジュ フェ アン ヴワイヤージュ アン フらンス
このパック旅行に申し込みをしたいのですが．	**Je voudrais m'inscrire pour ce voyage organisé.** ジュ ヴドゥれ マンスクりーる プーる ス ヴワイヤージュ オルガニゼ
この料金は食事代を含んでいますか．	**Est-ce que ce prix inclut les repas ?** エスク ス プり アンクリュ レ るパ
予約をキャンセルしたいのですが．	**Je voudrais annuler ma réservation.** ジュ ヴドゥれ アニュレ マ れぜるヴァスィオン
このチケットを払いもどしていただけますか．	**Pouvez-vous me rembourser ce billet ?** プヴェヴ ム らンブるセ ス ビエ
キャンセルの場合，予約金は払いもどされますか．	**En cas d'annulation, la réservation sera-t-elle remboursée ?** アン カ ダニュラスィオン ラ れぜるヴァスィオン スらテル らンブるセ
パリからニースまで列車で何時間かかりますか．	**Combien de temps faut-il de Paris à Nice en train ?** コンビアン ドゥ タン フォーティル ドゥ パり ア ニース アン トゥらン
もっと速く行ける方法はありませんか．	**Est-ce qu'il y a un autre moyen plus rapide ?** エスキリア アンノートゥる ムワイヤン プリュ らピッドゥ

84 第1章 空港・駅で

最短のルートを行きたいのですが.	Je voudrais prendre l'itinéraire le plus court.
夜間の旅行は好きじゃありません.	Je n'aime pas voyager de nuit.
モロッコを旅行するにはどんな書類が要りますか.	Quels sont les papiers à préparer pour voyager au Maroc ?
―モロッコの大使館でビザを申請してください.	— Demandez un visa à l'Ambassade du Maroc.
コレラの予防接種証明書が必要です.	On a besoin d'un certificat de vaccination contre le choléra.
あなたのビザは失効しています.更新が必要です.	Votre visa est périmé. Il faut le renouveler.

❏ 61 列車に乗る

乗車券はどこで買えますか.	Où est-ce que je pourrais acheter un billet de train ?
―あそこに窓口がありますし、ここに自動券売機があ	— Il y a des guichets là-bas ou des billetteries ici.

◆ 旅のいろいろ単語帳 85

> パリ〜マルセイユ2等往復を2枚下さい.

Donnez-moi deux billets Paris-Marseille, aller-retour en deuxième classe, s'il vous plaît.
ドネムワ ドゥ ビエ パリマルセーユ アレルトゥール アン ドゥーズィエーム クラース スィル ヴ プレ

◆ 旅のいろいろ単語帳

旅券	passeport 男 パスポール
ビザ	visa 男 ヴィザ
大使館	ambassade 女 アンバサードゥ
領事館	consulat 男 コンスュラ
旅行代理店	agence 女 de voyages アジャンス ドゥ ヴワイヤージュ
観光案内所	office 男 de tourisme; syndicat 男 d'initiative オフィス ドゥ トゥーリスム サンディカ ディニスィアティヴ
観光旅行	voyage 男 touristique ヴワイヤージュ トゥーロスティック
商用旅行	voyage d'affaires ヴワイヤージュ ダフェール
調査旅行	voyage d'études ヴワイヤージュ デテュードゥ
公用旅行	voyage officiel ヴワイヤージュ オフィスィエル
新婚旅行	voyage de noces ヴワイヤージュ ドゥ ノース
徒歩旅行	voyage à pied ヴワイヤージュ ア ピエ
鉄道旅行	voyage en train ヴワイヤージュ アン トゥらン
パック旅行	voyage organisé; voyage à forfait ヴワイヤージュ オるガニゼ ヴワイヤージュ ア フォるフェ
周遊旅行	circuit 男 スィるキュイ
巡礼	pèlerinage 男 ペルりナージュ
旅行に出る	partir en voyage パるティール アン ヴワイヤージュ
旅行中である	être en voyage エートゥる アン ヴワイヤージュ

第1章 空港・駅で

リモージュまで2等往復2枚下さい.	**Deux aller-retour pour Limoges en deuxième, s'il vous plaît.** ドゥザレ るトゥール プール リモージュ アン ドゥーズィエム スィル ヴ プレ *en deuxième は en deuxième classe の省略.
ニースまで1等片道1枚下さい.	**Un aller simple pour Nice en première, s'il vous plaît.** アン ナレ サンプル プール ニース アン プるミエール スィル ヴ プレ
ボルドー行き1等乗車券3枚下さい. 大人2枚, 子ども1枚です.	**Donnez-moi trois billets de première classe pour Bordeaux, deux adultes et un enfant.** ドネムワ トゥろワ ビエ ドゥ プるミエール クラース プール ボルドー ドゥザデュルトゥ エ アナンファン
11時のTGVに3席予約したいのですが.	**Je voudrais réserver trois places dans le TGV de onze heures.** ジュ ヴドゥれ れぜるヴェ トゥろワ プラース ダン ル テジェヴェ ドゥ オンズール
月曜日の晩のオリエント急行にウィーンまで1等寝台を一つ予約してください.	**Réservez-moi un lit en première pour Vienne dans l'Orient Express de lundi soir.** れぜるヴェムワ アン リ アン プるミエール プール ヴィエヌ ダン ロりアン エクスプれス ドゥ ランディ スワール
2等の禁煙車に窓側の座席を一つ下さい.	**Donnez-moi une place en seconde, non-fumeur, côté-fenêtre.** ドネムワ ユヌ プラース アン スゴンドゥ ノンフュムール コテフネートゥる
ナント行きの直通列車はありますか.	**Y a-t-il un direct pour Nantes ?** イアティル アン ディれクトゥ プール ナントゥ
パリからロワイヤンまで乗り換えなしで行	**Est-ce qu'on peut aller de Paris à Royen sans changer de train ?** エス コン プータレ ドゥ パリ ア ろワイアン サン シャンジェ ドゥ トゥらン

けますか.	
—トゥールで乗り換えです.	— Vous avez une correspondance〔un changement〕à Tours.
列車に乗り遅れました.	J'ai raté〔manqué〕le train.
乗り継ぎ列車に遅れました.	J'ai raté ma correspondance.
乗車券の変更はできますか.	Est-ce que je peux changer mon billet ?
予約の変更にはどこへ行けばいいのでしょうか.	Où est-ce que je dois m'adresser pour échanger ma réservation ?
追加料金は必要ですか.	On doit payer un supplément ?
列車が2時間遅れました.	Le train avait deux heures de retard.
払いもどしをしてください.	Je demande à être remboursé(e).
ホームの端から下がってください.	Eloignez-vous de la bordure du quai.
これはニース行きの列車ですか.	C'est bien le train pour Nice ?

❏62 車内で

私は6号車の座席4番を予約	J'ai réservé la place numéro 4 dans la

してあります.	voiture 6.
すみません. あなたが座っているのは私の席です.	Excusez-moi, vous êtes assis(e) à ma place.
この席は空いていますか.	Cette place est-elle libre ?
―いいえ, ふさがっています.	— Non, c'est occupé.
すみませんがこの席は妻のために取ってあるのです.	Excusez-moi, mais je garde cette place pour ma femme.
もう一人座らせてくださいませんか.	Pouvez-vous faire de la place pour une personne ?
席を一つ詰めてくださいませんか.	Voulez-vous vous pousser d'une place ?
席を代わってくださいませんか.	Pourriez-vous changer de place avec moi ?
ちょっと離れますのでこの席を見ていてください.	Pourriez-vous garder cette place pendant mon absence ?
私の荷物はおじゃまですか.	Est-ce que mes bagages vous gênent ?
―いいえ, ちっとも.	— Non, pas du tout.

◆ 鉄道の単語帳 89

お荷物を少しあなたの方へ寄せてください.	**Pourriez-vous rapprocher un peu de vous vos bagages ?** プーリエヴ ラプロシェ アン プー ドゥ ヴ ヴォ バガージュ
この列車はブロワに停車しますか.	**Est-ce que ce train s'arrête à Blois ?** エスク ス トゥラン サれートゥ ア ブルワ
ここにどのくらい停まっているのですか.	**Combien de temps restons-nous ici ?** コンビアン ドゥ タン れストンヌー イスィ
―ここに5分停まります.	— Nous avons cinq minutes d'arrêt ici. ヌザヴォン サン(ク) ミニュットゥ ダれ イスィ
食堂車は列車の先頭〔後方〕にあります.	La voiture-restaurant se situe en tête〔en queue〕du train. ラ ヴワテューるれストウラン ス スィテュ アン テートゥ〔アン クー〕 デュ トゥラン
車内販売は来ますか.	**Est-ce qu'il y a une vente ambulante ?** エスキリア ユヌ ヴァントゥ アンビュラントゥ
車内でサンドイッチは売っていますか.	**Est-ce qu'on vend des sandwitches dans le train ?** エスコン ヴァン デ サンドゥウィッチ ダン ル トゥラン
着きました. 終点です.	Nous voici arrivés. C'est le terminus. ヌー ヴワスィ アりヴェ セ ル てるミヌュス

◆ 鉄道の単語帳

(駅)

幹線　grande ligne 囡
　　　グらンドゥ　リーニュ
近郊線　ligne de banlieu
　　　　リーニュ　ドゥ　バンリウ

案内所　bureau 團 d'accueil
　　　　ビュろー　　　ダクーユ
待合室　salle 囡 d'attente
　　　　サル　　　ダタントゥ

第1章 空港・駅で

手荷物一時預り所 consigne 女
コインロッカー consigne automatique
列車時刻表 horaire 男
出発時刻案内板 tableau des départs 男
到着時刻案内板 tableau des arrivées
出札窓口 guichet 男
自動券売機 billeterie 女 automatique; guichet automatique 男
乗車券 billet de train 男
鉄道料金 tarif 男 (des chemins de fer)
普通料金 plein tarif
半額料金 demi-tarif
割引料金 tarif réduit
追加料金 supplément 男

手荷物用カート chariot à bagages 男
ホーム quai 男
ホーム入口 accès aux quais 男
自動改札機 composteur 男
番線 voie 女
列車番号 numéro de train 男
号車番号 numéro de voiture
列車編成表示板 tableau de composition des trains 男
先頭車両 voiture de tête 女
最後尾車両 voiture de queue
駅長 chef de gare 男

◆ 鉄道の単語帳　91

駅員	employé(e) de gare

アンプルワイエ　ドゥ　ガール

(車内)

昇降口　portière 囡
　　　　ポルティエール

通路　couloir 男
　　　クルワール

客室　compartiment 男
　　　コンパるティマン

座席　place 囡; siège 男
　　　プラス　　スィエージュ

喫煙席　place 囡 fumeur
　　　　プラス　　　フュムール

禁煙席　place 囡
　　　　プラス
　non-fumeur
　ノンフュムール

リクライニングシート
　siège inclinable
　スィエージュ　アンクリナーブル

予約席　place réservée
　　　　プラス　　れぜるヴェ

荷物棚　porte-bagages 男
　　　　ポるトゥバガージュ

スーツケース置場
　compartiment 男 à
　コンパるティマン　ア
　bagages
　バガージュ

窓　glace 囡; fenêtre 囡
　　グラース　　　フネートゥる

便所　toilettes 囡 複
　　　トゥワレットゥ

車掌　contrôleur 男
　　　コントゥろルール

検札　contrôle 男 des
　　　コントゥろール　デ
　billets
　ビエ

車内販売　vente 囡
　　　　　ヴァントゥ
　ambulante
　アンビュラントゥ

食堂車　voiture-restaurant
　　　　ヴワテューるれストラン
　囡

寝台車　voiture-lit 囡;
　　　　ヴワテューるリ
　wagon-lit 男
　ヴァゴンリ

簡易寝台　couchette 囡
　　　　　クーシェットゥ

第2章 ホテルで

❏ 63 ホテルを予約する

ホテルを紹介していただけますか.	**Pouvez-vous me recommander un hôtel ?** プヴェヴ　ム　るコマンデ　アンノテル
どこのホテルにお泊まりになりますか.	**A quel hôtel descendez-vous ?** ア　ケル　オテル　デサンデヴ
―ホテル・ド・セーヌに泊まります.	**— Je descends à l'Hôtel de Seine.** ジュ　デサン　ア　ロテル　ドゥ　セーヌ
ツーリスト向けの3ツ星ホテルです.	**C'est un hôtel trois étoiles recommandé** セ　タン　ノテル　トゥるワ　ゼトゥワル　るコマンデ **aux touristes.** オー　トゥーリストゥ
このホテルは都心へ出るのに便利な場所にあります.	**Cet hôtel est bien situé par rapport au** セットテル　エ　ビアン　スィテュエ　パーる　らポーる　オー **centre-ville.** サントゥるヴィル
その上,セーヌ河の良い眺めが楽しめます.	**En plus, on a une belle vue sur la Seine.** アン　プリュス　オナ　ユヌ　ベル　ヴュ　スューる　ラ　セーヌ
3月3日から4泊,バス付きのシングルルームを予約したいのですが.	**Je voudrais réserver une chambre à un** ジュ　ヴドゥれ　れぜるヴェ　ユヌ　シャンブる　ア　アン **lit avec salle de bains à partir du 3** リ　アヴェック　サル　ドゥ　バン　ア　パるティーる　デュ トゥるワ **mars pour quatre nuits.** マるス　プーる　カートゥる　ニュイ
グランドホテルにツインルームを1週間予約したいので	**Je voudrais réserver une chambre à deux** ジュ　ヴドゥれ　れぜるヴェ　ユヌ　シャンブる　ア　ドゥ **lits au Grand hôtel pour une semaine.** リ　オー　グらントテル　プーる　ユヌ　スメーヌ

すが. お客さんのお名前は？	C'est à quel nom ? セタ ケル ノン
―伊藤夫妻の名前でお願いします.	— C'est au nom de Monsieur et Madame Ito. セ オー ノン ドゥ ムスィウ エ マダム イト
すみませんが予約を取り消したいのですが.	Je suis désolé(e), mais je voudrais annuler la réservation. ジュ スュイ デゾレ メ ジュ ヴドゥれ アニュレ ラ れゼるヴァスィオン

□64 フロントで

こんにちは, 木村の名前で予約してあるのですが.	Bonjour, j'ai réservé au nom de Kimura. ボンジューる ジェ れゼるヴェ オ ノン ドゥ キムら
今晩空いている部屋はありますか.	Est-ce que vous avez une chambre disponible pour ce soir ? エスク ヴ ザヴェ ユヌ シャンブる ディスポニーブル ブーる ス スワーる
何泊でしょうか.	Pour combien de nuits ? プーる コンビアン ドゥ ニュイ
―今晩から3泊です.	— A partir de ce soir pour trois nuits. ア パるティーる ドゥ ス スワーる プーる トゥるワ ニュイ
―1泊だけです.	— Je ne resterai qu'une nuit. ジュ ヌ れストゥれ キュヌ ニュイ
どんなタイプの部屋をご希望ですか.	Quel genre de chambre désirez-vous ? ケル ジャンる ドゥ シャンブる デズィれヴ
―シャワー付きのシングルルームが欲しいのですが.	— Je voudrais une chambre à un lit avec douche. ジュ ヴドゥれ ユヌ シャンブる ア アン リ アヴェック ドゥーシュ

―浴槽付きツインが欲しいのですが.	— Je voudrais une chambre à deux lits avec baignoire.
―バスなしの質素な部屋で十分です.	— Une chambre modeste sans salle de bains me suffira.
子ども用の補助ベッドはありますか.	Avez-vous un lit d'appoint pour l'enfant ?
部屋を見せていただけますか.	Est-ce que je peux visiter la chambre ?
この部屋はいかがですか.	Cette chambre vous convient-elle ?
―はい, まったく申し分ありません.	— Oui, c'est tout à fait ce qu'il me faut.
部屋代はいくらですか.	Quel est le prix de la chambre ?
―料金は正午から正午までで1泊100ユーロです.	— Le prix est cent euros par jour, de midi à midi.
もっと安いのはありませんか.	Y en a-t-il de moins chère 〔de meilleur marché〕 ?
朝食代込みですか.	Le petit déjeuner est compris ?
滞在税が別途かかります.	La taxe de séjour est en plus.
この部屋にしま	Je prends cette chambre. Voulez-vous

す．荷物を運んでください．	faire monter mes bagages ?
ここに3か月滞在したら値引きしていただけますか．	Pourriez-vous me faire une réduction si je reste ici trois mois ?
朝食はどこで取るのですか．	Où est-ce qu'on prend le petit déjeuner ?
朝食は何時ですか．	A quelle heure le petit déjeuner est servi ?
―6時から9時までです．	— C'est de six heures à neuf heures.
金庫に預けたいものがあるのですが．	J'ai des objets à déposer au coffre.
これが部屋のキーです．外出の時はフロントに預けてください．	Voici la clef de la chambre. Veuillez la déposer à la réception quand vous sortez.

◆ 食事のいろいろ単語帳

食事　repas 男

朝食　petit déjeuner 男

昼食　déjeuner 男

夕食　dîner 男

夜食（観劇後の）　souper 男

おやつ（午後の）　goûter 男; collation 女

宴会　banquet 男

フランス料理　cuisine 女 française

❏ 65 ホテルの部屋で

もしもし，フロントですか.	Allô ! C'est bien la réception ?
25号室ですがシャワーが出ません.	Ici la chambre vingt-cinq. La douche ne fonctionne pas.
ハンガーが足りません.	Il n'y a pas assez de cintres.
エアコンが故障しています.	La climatisation est en panne.
暖房がぜんぜん効いていません.	On est très mal chauffé.
窓が開きません.	La fenêtre est bloquée.
電球が切れています.	L'ampoule est grillée.
トイレットペーパーがありません.	Il n'y a plus de papier-toilette.
隣の部屋がうるさいのですが.	Mes voisins font du bruit.
部屋を替えてほしいのですが. 私の部屋はやかましすぎます.	J'aimerais changer de chambre. La mienne est trop bruyante.
クリーニングに出す下着があります. いつもどってきま	J'ai du linge pour le blanchissage. Quand est-ce qu'on pourra me le rendre ?

…すか.	
このワイシャツをクリーニングに出していただけますか.	**Pouvez-vous donner cette chemise à nettoyer ?**
明朝までにできますか.	**Pouvez-vous me le faire pour demain matin ?**
部屋で朝食をとりたいのですが.	**Je voudrais prendre le petit déjeuner dans la chambre.**
部屋にキーを置き忘れました.	**J'ai laissé ma clé dans la chambre.**
明日出発します.何時に部屋を空けなければなりませんか.	**Je pars demain. A quelle heure dois-je libérer la chambre ?**
明朝7時にモーニングコールをお願いします.	**Pouvez-vous me réveiller à sept heures demain matin ?**

❑ 66 ホテルで朝食をとる

コーヒーですか,それとも紅茶ですか.	Vous prendrez du café ou du thé ?
―カフェオレを下さい.	**— Donnez-moi du café au lait.**
バター付きのタルティーヌを	**Donnez-moi une tartine avec du beurre.**

急いで出していただけますか.	**Pouvez-vous me servir rapidement ?** ブヴェヴ ム セるヴィーる らピッドゥマン
お湯を下さい. 紅茶が少し濃すぎます.	**Donnez-moi de l'eau chaude. Le thé est un peu trop fort.** ドネムワ ドゥ ロー ショードゥ ル テ エ アン プー トゥろ フォーる
コーヒーのお代わりをお願いします.	**Donnez-moi une autre tasse de café.** ドネムワ ユヌ オートゥる タース ドゥ カフェ
ホテルの勘定につけておいてください.	**Mettez-le sur ma note d'hôtel.** メテル スューる マ ノートゥ ドテル

◆ 朝食の単語帳

- カフェオレ café [男] au lait（カフェ オ レ）
- ブラックコーヒー café noir（カフェ ヌワーる）
- 濃いコーヒー café serré（カフェ セれ）
- エスプレッソ express [男]（エクスプれス）
- 紅茶 thé [男]; thé anglais（テ テ アングレ）
- ミルクティー thé au lait（テ オ レ）
- レモンティー thé au citron（テ オ スィトゥろン）
- 牛乳 lait [男]（レ）
- バター beurre [男]（ブーる）
- ジャム confiture [女]（コンフィテューる）
- クロワサン croissant [男]（クるワサン）
- タルティーヌ tartine [女]（タるティーヌ）
- プチパン petit pain [男]（プティ パン）
- ラスク biscotte [女]（ビスコットゥ）

❏67 チェックアウトする

チェックアウトをお願いします.	**Préparez-moi la note, s'il vous plaît.** プレパレムワ ラ ノートゥ スィル ヴ プレ
勘定は合計いくらですか.	**Quel est le montant de la note ?** ケレ ル モンタン ドゥ ラ ノートゥ
勘定書を確かめてください. 間違いがあると思います.	**Vérifiez la note. Je crois qu'il y a une erreur.** ヴェリフィエ ラ ノートゥ ジュ クるワ キリア ユヌ エるーる
荷物をフロントまで下ろしていただけますか.	**Pouvez-vous descendre mes bagages à la réception ?** プヴェヴ デサンドゥる メ バガージュ ア ラ れセプスィオン
私あての郵便物が来たら, このアドレスに送っていただけませんか.	**S'il arrive du courrier pour moi, merci de me le faire parvenir à cette adresse.** スィラりーヴ デュ クーりエ プーる ムワ メるスィ ドゥ ム ル フェーる パるヴニーる ア セットゥ アドゥれス
列車の時刻まで荷物をここに置いてかまいませんか.	**Est-ce que je peux laisser mes bagages ici en attendant l'heure de mon train ?** エスク ジュ プ レセ メ バガージュ イスィ アナタンダン ルーる ドゥ モン トゥらン
このスーツケースを今晩まで預かっていただけますか.	**Pourriez-vous garder cette valise jusqu'à ce soir ?** プーりエヴ ガるデ セットゥ ヴァリーズ ジュスカ ス スワーる
空港へ行くのにタクシーを呼んでいただけますか.	**Pouvez-vous m'appeler un taxi pour aller à l'aéroport ?** プヴェヴ マプレ アン タクスィ プーる アレ ア ラエろポーる

◆ ホテルの単語帳

フロント　réception 女
　　　　　れセプスィオン

会計　caisse 女
　　　ケース

駐車場　parking 男
　　　　パるキング

「満室」　« Complet »
　　　　　コンプレ

キー　clef; clé 女
　　　クレ　クレ

貴重品　objet 男 de valeur
　　　　オブジェ　ドゥ　ヴァルーる

ラウンジ　salon 男
　　　　　サロン

非常口　issue〔sortie〕 女
　　　　イスュ　ソるティ
　de secours
　ドゥ　スクーる

階段　escalier 男
　　　エスカリエ

エレベーター　ascenseur 男
　　　　　　　アサンスーる

廊下　couloir 男
　　　クルワーる

勘定書　note 女; facture 女
　　　　ノートゥ　ファクテューる

総額　montant 男
　　　モンタン

予約金　arrhes 女 複
　　　　アる

(従業員)

支配人　directeur 男
　　　　ディれクトゥーる

フロント係　réceptionniste 名
　　　　　　れセプスィオニストゥ

会計係　caissier, -ère 名
　　　　ケスィエ　ケスィエーる

ドアマン　portier 男
　　　　　ポるティエ

手荷物係　bagagiste 男
　　　　　バガジストゥ

ボーイ　garçon 男
　　　　ガるソン

ルームメイド　femme 女
　　　　　　　ファム
　de chambre
　ドゥ　シャンブる

夜勤係　veilleur 男 de nuit
　　　　ヴェイユーる　ドゥ　ニュイ

電話交換手　standardiste 名
　　　　　　スタンダるディストゥ

(客室)

シングルルーム　chambre 女
　à un lit; chambre
　ア　アン　リ　シャンブる
　simple
　サンプル

ツインルーム　chambre à
　　　　　　　シャンブる　ア
　deux lits; chambre
　ドゥ　リ　シャンブる
　double
　ドゥーブル

スイートルーム　suite 女
　　　　　　　　スュイットゥ

ダブルベッド　lit 男 de
　　　　　　　リ　ドゥ
　deux personnes; grand
　ドゥー　ぺるソヌ　グラン

ベッド	lit (リ)
エキストラベッド	lit supplémentaire (リ シュプレマンテーる); lit d'appoint (リ ダポワン)
浴室	salle [女] de bains (サル ドゥ バン)
浴槽	baignoire [男] (ベニョワーる)
シャワー	douche [女] (ドゥーシュ)
タオル	serviette [女] (セるヴィエットゥ)
バスタオル	serviette de bain (セるヴィエットゥ ドゥ バン)
毛布	couverture [女] (クーヴェるテューる)
シーツ	drap [男] (ドゥら)
枕	oreiller [男] (オれイエ)
枕カバー	taie [女] d'oreiller (テ ドれイエ)
ベッド用ランプ	lampe [女] de chevet (ランプ ドゥ シュヴェ)
洋服だんす	armoire [男] (アるムワーる)
ハンガー	cintre [男] (サントゥる)
灰皿	cendrier [男] (サンドゥりエ)
冷蔵庫	réfrigérateur [男] (れフりジェらトゥーる); frigo [男]《話》(フりゴ); minibar [男] (ミニバーる)
エアコン	climatiseur [男] (クリマティズーる)
暖房	chauffage [男] (ショファージュ)

第3章 レストランで

❏ 68 店を選ぶ

食事をしたいのですが.	Je voudrais manger. ジュ ヴドゥれ マンジェ
席はありますか.	Il y a de la place ? イリア ドゥ ラ プらス
—何人様ですか.	— C'est pour combien de personnes ? セ プーる コンビアン ドゥ ぺるソヌ
今晩7時に予約したいのですが.	Je voudrais réserver pour sept heures ce soir. ジュ ヴドゥれ れぜるヴェ プーる セットゥーる ス スワーる
昼食はまだできますか.	Peut-on encore déjeuner ? プートン アンコーる デジュネ
まだ食べられますか.	Est-ce que vous servez encore ? エスク ヴ セるヴェ アンコーる
席をもう一つ増やしてください. 5人ですから.	Pourriez-vous ajouter un couvert ? Nous sommes cinq. プりエヴ アジュテ アン クヴェーる ヌ ソム サンク

◆ レストランの単語帳

(店のいろいろ)

レストラン　restaurant 男
　　れストウらン

カフェレストラン

　brasserie 女
　ブらスり

ビストロ　bistrot 男
　　ビストゥろ

セルフサービスレストラン

　self-service 男
　セルフセるヴィス

焼肉店　rôtisserie 女
　　ろティスり

ピザ専門店　pizzeria 女
　　ピッゼりア

クレープ専門店　crêperie
　　クれプり

[女]

ドライブイン restaurant-routier [男]
レストランルーティエ

(店内)

メニュー　carte [女]
　　　　　カルトゥ

ワインリスト　carte des vins
　　　　　　カルトゥ　デ　ヴァン

定食　menu [男]
　　　ムニュ

豪華メニュー　menu gastronomique
　　　　　　ムニュ　ガストロノミック

3品コース　menu à trois plats
　　　　　ムニュ　ア　トゥルワ　プラ

本日のおすすめ料理　plat [男] du jour
　　　　　　　　　プラ　デュ　ジュール

メインディッシュ　plat principal; plat de résistance
　　　　　　　　プラ　プランスィパル　プラ　ドゥ　レズィスタンス

当店の特製料理　spécialité [女] de la maison
　　　　　　　スペスィアリテ　ドゥ　ラ　メゾン

郷土名物料理　spécialité de la région
　　　　　　スペスィアリテ　ドゥ　ラ　レジオン

コック長　chef [男] (cuisinier)
　　　　シェフ　　　　キュイズィニエ

給仕長　maître [男] d'hôtel
　　　　メートゥル　ドテル

料理人　cuisinier [男]
　　　　キュイズィニエ

ウエーター　serveur [男]
　　　　　セルヴール

ウエートレス　serveuse [女]
　　　　　　セルヴーズ

ソムリエ　sommelier [男]
　　　　ソムリエ

❏ 69 料理を注文する

メニューを見せてください．	**Montrez-moi la carte, s'il vous plaît.** モントゥレムワ　ラ　カルトゥ　スィル　ヴ　プレ
本日のおすすめ料理は何です	**Quel est le plat du jour ?** ケ レ　ル　プラ　デュ　ジュール

お店の特製料理は何ですか.	**Quelle est la spécialité de la maison ?** ケレ ラ スペスィアリテ ドゥ ラ メゾン
ご注文は何になさいますか.	Qu'est-ce que vous désirez ? ケスク ヴ デズィれ
—15ユーロの定食と水を下さい.	— **Donnez-moi un menu à quinze euros et une carafe d'eau.** ドネムワ アン ムニュ ア ケンズーろ エ ユヌ カらフ ドー
—アラカルトで食べたいのですが.	— **Je voudrais manger à la carte.** ジュ ヴドゥれ マンジェ ア ラ かるトゥ
お決まりですか.	Avez-vous choisi ? アヴェヴ シュワズィ
—いいえ, まだです.	— **Non, pas encore.** ノン パザンコーる
—前菜にスモークサーモン, メインにビフテキをいただきます.	— **En entrée, je prends du saumon fumé et en plat, un bifteck.** アナントゥれ ジュ プらン デュ ソーモン フュメ エ アン プラ アン ビフテック
ビフテキの焼き方は, ウェルダン, ミディアムそれともレアですか.	La cuisson du bifteck, bien cuit, à point ou saignant ? ラ キュイソン デュ ビフテック ビアン キュイ ア プワン ウ セニャン
—ミディアムにしてください.	— **Je le voudrais à point.** ジュ ル ヴドゥれ ア プワン
ビフテキの付け合わせは何になさいますか.	Quelle garniture désirez-vous avec le bifteck ? ケル ガるニテューる デズィれヴ アヴェック ル ビフテック

69 料理を注文する

—フライドポテト〔さやインゲン〕をいただきます.	**— Je prends des pommes frites 〔des haricots verts〕.**
飲み物は何になさいますか.	Qu'est-ce que vous prendrez comme boisson ?
—赤ワインの1リットルのピッチャーを下さい.	**— Donnez-moi un pichet d'un litre de rouge.**
—ロゼワインのボトルを下さい.	**— Donnez-moi une bouteille de rosé.**
—ただの水〔水道の水〕を下さい.	**— Donnez-moi une carafe d'eau 〔de l'eau du robinet〕.**
このチキンは焼き方が足りない.	Ce poulet manque de cuisson.
もう少しパンを下さい.	Donnez-moi encore un peu de pain.
デザートは何がありますか.	Qu'est-ce que vous avez comme desserts ?

◇ メニューを読む

Hors d'œuvre 前菜
オル ドゥーヴる

Entrée アントれ
アントゥれ

Assiette de crudités 生野菜の盛合わせ
アスィエットゥ ドゥ クりュディテ

Assiette anglaise 冷肉・ハムの盛合わせ
アスィエットゥ アングレーズ

Salade niçoise ニース風サラダ
サラドゥ ニスワズ

Salade de fruits de mer 海の幸のサラダ
サラドゥ ドゥ フりュイ ドゥ メーる

Pâté de campagne 田舎風パテ
パテ ドゥ カンパーニュ

Terrine de canard 鴨のテリーヌ
テりーヌ ドゥ カナーる

Foie gras maison en gelée 自家製フォアグラのゼリー寄せ
フォワ ぐら メゾン アン ジュレ

Rillettes de porc ポークのリエット
りエットゥ ドゥ ポーる

Omelette soufflée スフレ風オムレツ
オムレットゥ スフレ

Omelette aux fines herbes 香草入りオムレツ
オムレットゥ オ フィヌゼるブ

Filets de hareng à l'huile ニシンのオイル漬
フィレ ドゥ アらン ア リュイル

Saumon fumé スモークサーモン
ソーモン フュメ

Potage スープ

Soupe aux légumes 野菜スープ
スープ オ レギューム

Soupe de poisson 魚のスープ
スープ ドゥ プワソン

Potage aux carottes ニンジンの裏ごしスープ
ポタージュ オ カろットゥ

Potage à la crème クリームポタージュ
 ポタージュ ア ラ クれーム

Crème d'épinards ホウレンソウのクリームスープ
 クれーム デピナーる

Consommé de poulet チキンコンソメ
 コンソメ ドゥ プーレ

Soupe à l'oignon gratinée オニオンスープのグラタン
 スープ ア ロニョン グラティネ

Poissons **魚料理**
 プワソン

Truite aux amandes ニジマスのアーモンド焼き
 トゥりュイットゥ オザマンドゥ

Sole meunière シタビラメのムニエル
 ソール ムニエール

Soufflé de saumon ソーモンのスフレ
 スフレ ドゥ ソーモン

Brochet au bleu カワカマスの青味仕上げ
 ブろシェ オ ブルー

Filet de morue à la ratatouille タラの切り身ラタトゥイ
 フィレ ドゥ モりュ ア ラ らタトゥイユ
 ユ添え

Escargots de Bourgogne ブルゴーニュ風エスカルゴ
 エスカるゴ ドゥ ブるゴーニュ

Cuisses de grenouille à la provençale プロヴァンス風
 キュイス ドゥ グるヌイユ ア ラ プろヴァンサル
 カエルの股肉

Homard à l'armoricaine 〔*à l'américaine*〕 オマールの
 オマーる ア ラるモりケーヌ 〔ア アメりケーヌ〕
 殻焼きコニャック煮込み

Bouillabaisse ブイヤベース
 ブイヤベース

Viande **肉料理**
 ヴィアンドゥ

Steak frites フライドポテト添えビフテキ
 ステック フりットゥ

Filet de bœuf 牛ヒレ肉のステーキ
 フィレ ドゥ ブーフ

Steak au poivre　ペッパー風味のビフテキ
　ステック　オ　プワーヴる

Pavé au poivre vert　グリーンペッパーステーキ
　パヴェ　オ　プワーヴる　ヴェーる

Chateaubriand　牛ヒレ肉の網焼き
　シャトーブリアン

Steak tartare　タルタールステーキ
　ステック　たるたーる

Filet de bœuf en croûte　牛ヒレ肉のパイ包み焼き
　フィレ　ドゥ　ブーフ　アン　くるーとゥ

Sauté de veau　小牛のソテ
　ソテ　ドゥ　ヴォー

Blanquette de veau　小牛のホワイトソースシチュー
　ブランケットゥ　ドゥ　ヴォー

Escalope de veau en papillotte　小牛のエスカロップ紙包
　エスカロップ　ドゥ　ヴォ　アン　パピヨットゥ
み焼き

Poulet rôti aux haricots verts　若鶏のローストさやいん
　プーレ　ろティ　オ　アリコ　ヴェーる
げん添え

Fricassée de poulet　若鶏のフリカセ（ソース煮込み）
　フりカセ　ドゥ　プーレ

Coq au vin　雄鶏の赤ワイン煮込み
　コック　オ　ヴァン

Carré d'agneau persillé　子羊の骨付き背肉の香草風味焼
　かれ　ダニョ　ぺるスィエ
き

Choucroute garnie　キャベツとソーセージやハムの煮込み
　シュークるートゥ　ガるニ

Pot-au-feu　ポトフー（牛肉と野菜の煮込み）
　ポトフー

Canard au citron　鴨のロースト，レモン風味
　カナーる　オ　スィトゥロン

Canard farci　鴨のファルシ
　カナーる　ファるスィ

Fromages　チーズ
　フろマージュ

Plateau de fromages 各種チーズを載せた盆
　プラトー　ドゥ　フロマージュ

Camembert カマンベール（ノルマンディー産）
　カマンベール

Livarot リヴァロ（ノルマンディー産）
　リヴァロ

Bleu ブルー（牛乳で作る青かびチーズ）
　ブルー

Gruyère グリュイエール（スイス産）
　グリュイエール

Pont-l'évêque ポンレヴェーク（カルヴァドス産）
　ポンレヴェーク

Brie ブリ（イル・ド・フランス産）
　ブリ

Roquefort ロックフォール（羊乳で作る青かびチーズ）
　ロックフォール

Parmesan パルムザン（イタリア北部パルマ産）
　パルムザン

Petit-suisse プティスイス（牛乳で作るフレッシュチーズ）
　プティスュイス

Gournay グルネ（ノルマンディ産）
　グルネ

Gouda ゴーダ（オランダ産）
　グーダ

Desserts デザート
　デセール

Profiteroles au chocolat 熱いチョコレートをかけたアイスクリーム入り小型シュークリーム
　プロフィトゥロル　オ　ショコラ

Mousse au chocolat チョコレートのムース
　ムース　オ　ショコラ

Crème caramel カスタードプリン
　クレーム　カラメル

Ile flottante カスタードソースに浮かべたメレンゲ
　イル　フロタントゥ

Tarte aux pommes リンゴのタルト
　タルト　オ　ポンム

Charlotte à l'orange オレンジのシャルロット
　シャルロットゥ　ア　ロランジュ

Pavé aux fraises　イチゴのパヴェ
パヴェ　オ　フレーズ
Fraises au sucre　イチゴの砂糖がけ
フレーズ　オ　スュクる
Salade de fruits frais　フルーツサラダ
サラッドゥ　ドゥ　フリュイ　フれ
Sorbet de saison　季節の果物のシャーベット
ソるベ　ドゥ　セゾン
Glace à la vanille〔*au citron, au chocolat*〕　バニラ〔レ
グラース　ア　ラ　ヴァニーユ　〔オ　スィトゥろン　オ　ショコラ〕
モン，チョコレート〕のアイスクリーム

◇ 料理名の単語帳

bavette 囡　牛のバラ肉
バヴェットゥ

beignet 男　衣揚げ
ベニェ

bouillon 男　肉・野菜のスープ
ブイヨン

brochette 囡　串焼き
ブろシェットゥ

carbonnade 囡　肉の炭火焼き
カるボナードゥ

chateaubriand 男　牛ヒレ肉の網焼き
シャトブりアン

côtelette 囡　(羊・小牛・豚の) 骨付き背肉
コートゥレットゥ

entrecôte 囡　牛のリブロース
アントゥるコートゥ

escalope 囡　薄切り肉
エスカロップ

farci(e) 形　詰め物をした
ファるスィ

faux-filet 男　(牛肉の) サーロイン
フォーフィレ

filet 男　ヒレ肉；(魚の) 切り身
フィレ

frit(e) 形　油で揚げた；囡 複 フライドポテト
フリ(ットゥ)

fumé(e) 形　薫製にした
フュメ

gigot 男　羊のもも肉
ジゴ

grillé(e) 形　グリルで焼い
グりエ

grillade 囡	グリルで焼いた肉
haché(e) 形	ひき肉にした; 男 ひき肉
langue 囡	タン
médaillon 男	肉・魚などの輪切り
œuf 男 à la coque	半熟ゆでたまご
œufs brouillés	スクランブルドエッグ
œufs pochés	ポーチドエッグ
œuf sur le plat 〔au plat〕	たまごの目玉焼き
pané(e) 形	パン粉をまぶして揚げた
purée 囡	裏ごし
quenelle 囡	魚や肉のすり身で作ったつみれ
ragoût 男	(肉と野菜の)シチュー
rôti(e) 形	ローストした; 男 焼肉
tournedos 男	薄い脂で巻いて焼いた牛ヒレステーキ
tripes 囡 複	臓物(胃・腸)の煮込み料理

◆ 飲み物の単語帳

赤ワイン	vin 男 rouge
白ワイン	vin blanc
ロゼワイン	vin rosé
辛口ワイン	vin sec

甘口ワイン	vin doux
テーブルワイン	vin de table
地酒	vin de pays
発泡性ワイン	vin mousseux
シャンパン	champagne 男
ボトル	bouteille 女
ハーフボトル	demi-bouteille 女
水	eau 女
ミネラルウォーター	eau minérale
天然炭酸水	eau gazeuse
（炭酸を含まない）飲料水	eau plate
食前酒	apéritif 男
食後酒	digestif 男

❏ 70 味を表現する

おいしい.	C'est bon.
とてもおいしい.	C'est délicieux !

＊délicieux の強調には vraiment を用い C'est vraiment délicieux. と言う.

実においしい.	C'est exquis.
極上だ.	C'est fin !
あまりおいしくない.	Ce n'est pas très bon.
まずい.	C'est mauvais.

まずくて食べられない.	C'est immangeable. セ アンマンジャブる
まずくて飲めない.	C'est imbuvable. セ アンビュヴァブる
塩からい.	C'est salé. セ サレ
甘い.	C'est sucré. セ スュクれ
辛い.	C'est piquant. / C'est épicé. セ ピカン セテピセ
すっぱい.	C'est acide. セ タスィドゥ
苦い.	C'est amer. セタメーる
この料理は味が濃い.	Ce plat a un goût fort. ス プラ ア アン グー フォーる
この料理は味がない.	Ce plat n'a pas de goût. 《話》 ス プラ ナパ ドゥ グー
この肉は柔らかい〔固い〕.	Cette viande est tendre〔dure〕. セットゥ ヴィアンドゥ エ タンドるゥ 〔デュール〕
この魚は変な匂いがする.	Ce poisson a une odeur. ス プワソン ア ユヌ オドゥーる

◆ 食卓の単語帳

(卓上)

食卓 table 囡
タブル

椅子 chaise 囡
シェーズ

食器1人分 couvert 男
クヴェーる

テーブルクロス nappe 囡
ナップ

ナプキン serviette 囡
セるヴィエットゥ

皿 assiette 囡
アスィエットゥ

平皿 assiette plate
アスィエットゥ プラットゥ

深皿 assiette creuse
アスィエットゥ クるーズ

ナイフ couteau 男
クートー

114 第3章 レストランで

フォーク	fourchette 女 フルシェットゥ
スプーン	cuiller, cuillère 女 キュイエール
グラス	verre 男 ヴェール
水差し	carafe 女 カラフ
カップ	tasse 女 タース
フィンガーボール	rince-doigts 男 ランスドゥワ
(調味料)	
香辛料	assaisonnement 男 アセゾヌマン
塩	sel 男 セル
こしょう	poivre 男 プワーヴる
マスタード	moutarde 女 ムータるドゥ
油	huile 女 ユイル
酢	vinaigre 男 ヴィネーグる
ドレッシング	vinaigrette 女 ヴィネグれットゥ
マヨネーズ	mayonnaise 女 マヨネーズ
ルイユ	rouille 女 るイユ
レモン	citron 男 スィトゥろン

❑ 71 支払いをする

お勘定をお願いします.	**L'addition, s'il vous plaît.** ラディスィオン スィル ヴ プレ
勘定が間違っています.	**L'addition n'est pas correcte.** ラディスィオン ネ パ コれクトゥ
サービス料込みですか.	**Le service est compris ?** ル セるヴィス エ コンプり
各自が別々に払います.	**On va payer séparément.** オン ヴァ ペイエ セパれマン
割り勘にしよう.	**Partageons la note.** パるタジョン ラ ノートゥ
今日は私がおご	**Aujourd'hui, je vous invite.** オジュるデュイ ジュ ヴザンヴィトゥ

ります.	
詳しい領収書を いただけますか.	Pouvez-vous nous faire une note détaillée ?
私がチップを出しましょう.	Je vais laisser un pourboire.
おつりは取っておいてください.	Gardez la monnaie, s'il vous plaît.
トイレはどこですか.	Où sont les toilettes ?

72 カフェで

私はこのカフェの常連だ.	Je suis un(e) habitué(e) de ce café.
のどが渇いた. カウンターで一杯やろう.	J'ai soif. On va boire un verre au comptoir.
生ビールとハッカ水を下さい.	Un demi et une menthe à l'eau, s'il vous plaît.
生ビールは何がありますか.	Qu'est-ce que vous avez comme bière à la pression ?
タバコをお吸いですか.	Est-ce que vous fumez ?
タバコを吸ってもいいですか.	Est-ce que je peux fumer ?
煙がご迷惑でしょうか.	La fumée vous gêne ?

◆ カフェの単語帳

コーヒー　café 男
ブラックコーヒー　café noir
カフェオレ　café au lait
アイスコーヒー　café glacé
エスプレッソ　express 男
紅茶　thé (anglais) 男
ミルクティー　thé au lait
レモンティー　thé au citron
ココア　chocolat (chaud) 男
ハーブティー　infusion 女
シナノキ茶　tilleul 男
ジャスミン茶　thé au jasmin
ミントティ　thé à la menthe

ジュース　jus 男 de fruits
オレンジジュース　jus d'orange
トマトジュース　jus de tomate
グレープフルーツジュース　jus de pamplemousse
パインジュース　jus d'ananas
レモンソーダ　limonade 女
オレンジエード　orangeade 女
生レモンジュース　citron 男 pressé
生オレンジジュース　orange 女 pressée
グルナディンシロップ　grenadine 女
（アルコール）

ビール	bière 囡
生ビール	bière pression
びんビール	bière en bouteille
黒ビール	bière brune
パナシェ	panaché 男
グロッグ	grog 男
リキュール	liqueur 囡
シードル	cidre 男
蒸留酒	eau-de-vie 囡
ウイスキー	whisky 男
ブランデー	cognac 男
カクテル	cocktail 男
ポートワイン	porto 男

(軽食)

ハムサンド	sandwich 男 au jambon
ソーセージサンド	sandwich au saucisson
チーズサンド	sandwich au fromage
クロックムッシュー	croque-monsieur 男
クロックマダム	croque-madame 男
プレーンオムレツ	omelette 囡 nature
ハム入りオムレツ	omelette au jambon
チーズ入りオムレツ	omelette au fromage

第4章 街を歩く

☐ 73 道をたずねる

駅へ行く道を教えてください.	**Pouvez-vous m'indiquer le chemin de la gare ?** プヴェヴ マンディケ ル シュマン ドゥ ラ ガール
駅へ行く道をお願いします.	**Pour aller à la gare, s'il vous plaît ?** プール アレ ア ラ ガール スィル ヴ プレ
—この通りをまっすぐ行ってください. 左手に駅がありますよ.	— **Suivez tout droit cette rue. La gare est sur votre gauche.** スュイヴェ トゥ ドゥロワ セットゥ リュー ラ ガール エ スュール ヴォトゥル ゴーシュ
—最初の信号を右に曲がってください.	— **Tournez à droite au premier feu.** トゥるネ ア ドゥロワートゥ オー プるミエ フー
—あそこの橋を渡って左に曲がってください.	— **Traversez le pont là-bas et tournez à gauche.** トゥらヴェるセ ル ポン ラバ エ トゥるネ ア ゴーシュ
—この通りを少し下ってください.	— **Descendez un peu cette rue.** デサンデ アン プー セットゥ リュー
—最初の通りを右へ, それから二つ目の通りを左へ行ってください.	— **Prenez la première rue à droite, et puis la deuxième rue à gauche.** プるネ ラ プるミエール リュ ア ドゥロワートゥ エ ピュイ ラ ドゥーズィエーム リュ ア ゴーシュ
何番地をお探しですか.	**Quel numéro cherchez-vous ?** ケル ニュメろ シェるシェヴ
すみません. 観	**Excusez-moi, où est l'office du tourisme ?** エクスキュゼムワ ウ エ ロフィス デュ トゥーりスム

73 道をたずねる

光案内所はどこでしょうか.	
—わかりません.私は土地のものではありません. 申し訳ありません.	— Je ne sais pas. Je ne suis pas d'ici. Désolé(e).
—すみません.このあたりはわかりません.	— Désolé(e). Je ne connais pas le quartier.
あそこの交番で聞かれた方がいいでしょう.	Vous feriez mieux de demander au poste de police, là-bas.
パン屋はどこにありますか.	**Où est-ce que je pourrais trouver une boulangerie ?**
—向かいです.	— C'est en face.
遠いですか.	**C'est loin ?**
—いいえ, すぐ近くです.	— Non, c'est tout près.
—ここから100メートルの所です.	— C'est à cent mètres d'ici.
—この通りの突きあたりです.	— C'est au bout de la rue.
この通りは駅に出ますか.	**Est-ce que cette rue conduit à la gare ?**
—はい, この道でいいのです.	— Oui, vous êtes sur le bon chemin.

—いいえ、あなたは道を間違えています。	— Non, vous n'êtes pas sur le bon chemin.
—いいえ、全然違います。反対方向に来ています。あなたは引き返さなければなりません。	— Non, pas du tout. Vous êtes à l'opposé. Il vous faut faire demi-tour.
市役所はこちらの方ですか。	**La mairie, c'est par là ?**
—はい、ちょうど広場に面しています。	— Oui, c'est juste sur la place.
ここから都心までどのくらいありますか。	**Combien y a-t-il d'ici au centre-ville ?**
—そんなに遠くありません。徒歩で10分です。	— Ce n'est pas très loin. C'est à dix minutes de marche.
—車で5分です。	— C'est à cinq minutes en voiture.
—たっぷり1キロです。	— C'est à un bon kilomètre.
歩いて行けますか。	**Est-ce qu'on peut y aller à pied ?**
道がわかりません。	**Je ne trouve pas mon chemin.**
道に迷いました。	**Je me suis égaré(e). / Je suis perdu(e).**

この地図のどこにいるのでしょうか.	**Où sommes-nous sur ce plan ?** ウ ソムヌー スューる ス プラン

◆ 街歩きの単語帳

通り　rue 囡
　リュー

大通り　boulevard 男
　ブールヴァーる

並木道　avenue 囡
　アヴニュ

広場　place 囡
　プラース

袋小路　impasse 囡
　アンパース

歩道　trottoir 男
　トゥろトゥワーる

車道　chaussée 囡
　ショセ

横断歩道　passage 男
　　　　　パサージュ
　clouté〔piétons〕
　クルーテ　〔ピエトン〕

地下道　passage souterrain
　　　　パサージュ　ステらン

交差点　carrefour 男
　　　　カるフール

公共レンタサイクル　vélib'
　　　　　　　　　　ヴェリブ
　男

歩行者天国　rue 囡
　　　　　　リュー
　piétonne
　ピエトヌ

歩行者優先道路　passage
　　　　　　　　パサージュ

　男 protégé
　　　プロテジェ

行きどまり　sans issue
　　　　　　サンズ　イシュ

通行禁止　passage 男
　　　　　パサージュ
　interdit
　アンテるディ

「禁煙」　« Défence de
　　　　　　デファンス　ドゥ
　fumer »
　フュメ

喫煙ゾーン　zone 囡
　　　　　　ゾーヌ
　fumeur
　フュムーる

禁煙ゾーン　zone
　　　　　　ゾーヌ
　non-fumeur
　ノンフュムーる

歩行者　piéton, -onne 名
　　　　ピエトン　　トヌ

警察官　policier, -ère 名
　　　　ポリスィエ　スィエーる

交通巡査　agent 男 de la
　　　　　アジャン　　　ドゥ ラ
　circulation
　スィるキュラスィオン

赤信号　feu 男 rouge
　　　　フー　　るージュ

パリの地図　plan 男 de
　　　　　　プラン　　ドゥ

Paris
パリ

市街地図　plan de la ville
プラン　ドゥ　ラ　ヴィル

❏74 メトロに乗る

切符を２枚下さい.	**Donnez-moi deux billets, s'il vous plaît.** ドネムワ　ドゥ　ビエ　スィル　ヴ　プレ
回数券を下さい.	**Un carnet, s'il vous plaît.** アン　カルネ　スィル　ヴ　プレ
シャトレへ行くにはどこ行きに乗ればいいのでしょうか.	**Quelle direction dois-je prendre pour aller à Châtelet ?** ケル　ディレクスィオン　ドゥワージュ　プ랑ドゥル　プーる　アレ　ア　シャトゥレ
―１号線デファンス方面行きに乗ってください.	**— Prenez la ligne 1, direction La Défense.** プるネ　ラ　リーニュ　アン　ディれクスィオン　ラ　デファンス
―５号線に乗りバスティーユで降りてから１号線です.	**— Prenez la ligne 5, descendez à Bastille, puis la ligne 1.** プるネ　ラ　リーニュ　サンク　デサンデ　ア　バスティーユ　ピュイ　ラ　リーニュ　アン
モンソーへ行くにはどこで乗り換えですか.	**Où faut-il changer pour aller à Monceau ?** ウ　フォーティル　シャンジェ　プーる　アレ　ア　モンソー
私たちはどこの駅で降りるのですか.	**A quelle station descendons-nous ?** ア　ケル　スタスィオン　デサンドンヌー
次の駅はどこですか.	**Quelle est la prochaine station ?** ケレ　ラ　プろシェーヌ　スタスィオン
―次はコンコル	**— La prochaine est Concorde. C'es tune** ラ　プろシェーヌ　エ　コンコるドゥ　セテュヌ

ドです．乗り換え駅です．	correspondance. コレスポンダンス
お降りになりますか．	**Vous descendez ?** ヴー デサンデ ＊混んでいる電車から降りる時には人をかき分けず，ドア方向にいる人に Vous descendez ? とたずねる．
―いいえ，降りません．どうぞお通りください．	― Non, je ne descends pas. Passez, s'il vous ノン ジュ ヌ デサン パ パセ スィル ヴ plaît. プレ
明日はゼネストが予告されています．交通機関は動かないでしょう．	On annonce une grève générale pour demain. オン アノンス ユヌ グレーヴ ジェネラル プール ドゥマン Le trafic sera nul. ル トらフィック スら ニュル

◆ メトロの単語帳

- 線　ligne 女
  リーニュ
- 駅　station 女
  スタスィオン
- 行き先　direction 女
  ディれクスィオン
- 入口　entrée 女
  アントゥれ
- 出口　sortie 女
  ソるティ
- 出札口　guichet 男
  ギシェ
- 改札口　contrôle 男
  コントゥロール
- 自動券売機　billetterie 女
  ビエットゥリ
- 乗車券　ticket 男
  ティケ
- 回数券　carnet 男 (de
  カるネ　　　　　　ドゥ
  tickets)
  ティケ
- 1か月定期券　carte 女
  カるトゥ
  mensuelle
  マンスュエル
- 1週間定期券　carte
  カるトゥ
  hebdomadaire
  エブドマデーる
- エスカレーター　escalier 男
  エスカリエ
  mécanique / escalator 男
  メカニック　　エスカラトーる
- 列車　rame 女
  らム

ホーム	quai 男 ケ		女
乗り換え	correspondance コレスポンダンス	乗り換える	changer シャンジェ

🗌 75 バスに乗る

バスが来ました．停まってもらうよう合図をします．	**Voilà l'autobus qui arrive. Je lui fais signe de s'arrêter.** ヴワラ ロートビュス キ アリーヴ ジュ リュイ フェ スィーニュ ドゥ サれテ
切符を２枚お願いします．	**Deux billets, s'il vous plaît.** ドゥ ビエ スィル ヴ プレ
切符を改札機に通すのを忘れないでください．	**N'oubliez pas de poinçonner〔composter〕!** ヌーブリエ パ ドゥ プワンソネ 〔コンポステ〕
このバスはバスティーユを通りますか．	**Est-ce que cet autobus passe par Bastille ?** エスク セトートビュス パース パーる バスティーユ
市役所へ行くにはどこで降りるのですか．	**Pour aller à la mairie, où dois-je descendre ?** プーらレ ア ラ メリー ウ ドゥワージュ デサンドゥる
―あなたが降りる所で合図してあげます．	**— Je vous ferai signe quand vous devez descendre.** ジュ ヴ フれ スィーニュ カン ヴ ドゥヴェ デサンドゥる
降りるときにはボタンを押してください．	**Appuyez sur le bouton pour descendre.** アピュイエ スューる ル ブトン プーる デサンドゥる
このバスは何分	**Tous les combien cet autobus passe-t-il ?** トゥー レ コンビアン セットートビュス パスティル

おきに通りますか.	
—10分おきに通ります.	— Il passe toutes les dix minutes. イル パース トゥットゥ レ ディ ミニュットゥ
時刻表はバス待合所に表示されています.	Les horaires sont indiqués sous l'abribus. レゾれーる ソンタンディケ スー ラブリビュス

*abribusは屋根付きの待合所，バス停はarrêt de bus.

□76 タクシーに乗る

タクシー乗場はどこですか.	Où est la station de taxi ? ウ エ ラ スタスィオン ドゥ タクスィ
タクシーを呼んでいただけますか.	Pouvez-vous appeler un taxi ? プヴェヴ アプレ アン タクスィ
すみません,空いていますか.	Monsieur, vous êtes libre ? ムスィウ ヴゼットゥ リーブる
乗ってもいいですか.	Je peux monter ? ジュ プー モンテ
荷物をトランクに入れていただけますか.	Pouvez-vous mettre mes bagages dans le coffre ? プヴェヴ メットゥる メ バガージュ ダン ル コッフる
—はい,でも追加料金がかかりますよ.	— Oui, mais il y a un supplément. ウィ メ イリア アン スュプレマン
北駅まで行ってください.	Allez〔Conduisez-moi〕à la gare du Nord, s'il vous plaît. アレ 〔コンデュイゼムワ〕ア ラ ガーる デュ ノーる スィル ヴ プレ
ラファイエット通り6番地までお願いしま	6, rue La Fayette, s'il vous plaît. スィス リュ ラファイエットゥ スィル ヴ プレ

す.	
この住所までお願いします.	**Amenez-moi à cette adresse.** アムネムワ ア セッタドゥレス
早く行ってください. 急いでいますから.	**Faites vite. Je suis pressé(e).** フェートゥ ヴィットゥ ジュ スュイ
サントノレ通りを通っていただけますか.	**Pouvez-vous passer par la rue Saint-Honoré ?** プヴェヴ パセ パーる ラ リュ サントノれ
ここでちょっと待ってください. すぐもどります.	**Attendez-moi là un instant. Je reviens tout de suite.** アタンデムワ ラ アナンスタン ジュ るヴィアン トゥ ドゥ スュイットゥ
この辺で止めてください.	**Arrêtez-vous par ici.** アれテヴ パリスィ
ここで降ります. 車を止めてください.	**On descend là. Arrêtez la voiture.** オン デサン ラ アれテ ラ ヴワテューる
ありがとう. いくらですか.	**Merci. Ça fait combien ?** メるスィ サ フェ コンビアン
運賃はいくらですか.	**Combien je vous dois pour la course ?** コンビアン ジュ ヴ ドゥワ プーる ラ クるス
これが運賃で, これがチップです.	Voici le prix de la course et voici pour vous. ヴワスィ ル プリ ドゥ ラ クるス エ ヴワスィ プーる ヴ
領収書をいただけますか.	**Pouvez-vous me donner un reçu ?** プヴェ ヴ ム ドネ アン るスュ
おつりは取っておいてください.	**Gardez la monnaie.** ガるデ ラ モネ

第5章　買い物をする

❏77 売り場をさがす

町へ買い物に行きます．	**Je vais faire des courses en ville.** ジュ ヴェ フェール デ クルス アン ヴィル
デパートで買い物をしなければならない．	**J'ai des courses à faire au grand magasin.** ジェ デ クルス ア フェール オ グラン マガザン
ランジェリーのセールをしています．	La lingerie est en promotion. ラ ランジュリ エタン プロモスィオン ＊promotion は特定商品の販売促進セール．
化粧品売場はどこですか．	**Où est le rayon « toilette » ?** ウ エ ル れイヨン トゥフレットゥ
何かをお探しですか．	Vous cherchez quelque chose ? ヴ シェるシェ ケルク ショーズ
—折畳み傘を探しています．	**Je cherche un parapluie pliant.** ジュ シェるシュ アン パらプリュイ プリアン
見ているだけです．	**Je regarde seulement.** ジュ るガるドゥ スールマン
紳士用の靴売場はどこですか．	**Le rayon des chaussues pour hommes, s'il vous plaît ?** ル れイヨン デ ショスューる プーろム スィル ヴ プレ
—2階です．右側にエスカレーターがあります．	—C'est au premier étage. Vous avez un escalator à votre droite. セ オー プるミエれターじゅ ヴザヴェ アン ネスカラトゥーる ア ヴォトゥる ドゥるワトゥ
開襟シャツはありますか．	**Avez-vous des chemises à col ouvert ?** アヴェヴ デ シュミーズ ア コル ウヴェーる
夏物のワンピースを見たいの	**J'aimerais voir des robes d'été.** ジェムれ ヴワーる デ ろーブ デテ

上等の絹のネクタイを買いたいのですが.	Je désire acheter une cravate de soie de bonne qualité. ジュ デズィーる アシュテ ユヌ クらヴァットゥ ドゥ スワ ドゥ ボヌ カリテ
ご進物ですか.	C'est pour offrir ? セ プーる オフりーる
ショーウインドーの中のスカーフを見せてください.	Montrez-moi les foulards qui sont dans la vitrine. モントゥれムワ レ フーラーる キ ソン ダン ラ ヴィトゥりーヌ
これは気に入りません. 別のを見せてください.	Ça ne me plaît pas. Montrez-moi autre chose. サ ヌ ム プレ パ モントゥれムワ オートゥる ショーズ
これはとても気に入りました.	Ça me plaît beaucoup. サ ム プレ ボークー
すみませんが気に入ったものが何もないのです.	Excusez-moi, mais je ne trouve rien qui me plaise. エクスキュゼムワ メ ジュ ヌ トゥるーヴ りアン キ ム プレーズ
これはバーゲン品です.	C'est un article en solde. セ タンナるティクル アン ソルドゥ

❏ 78 値段をたずねる

いくらですか.	C'est combien ? / Ça coûte combien ? セ コンビアン / サ クートゥ コンビアン
このハンドバッグはいくらですか.	Combien ce sac coûte-t-il ? コンビアン ス サック クートゥティル
全部でいくらですか.	Ça fait combien en tout ? サ フェ コンビアン アン トゥ

これは高い.	**C'est cher.**
これは安い.	**Ce n'est pas cher. / C'est bon marché.**
私には高すぎます.	**C'est trop cher pour moi.**
もっと安いのはありませんか.	**Y en a-t-il de meilleur marché 〔de moins cher(s)〕?**
もっと高いのを見せてください.	**Montrez-moi quelque chose de plus cher.**
法外な値段だ.	**C'est un prix exagéré.**
その値段では買いません.	**A ce prix-là, je ne le 〔la〕 prends pas.**
考えさせてください. また来ます.	**Je vais réfléchir. Je reviendrai.**
値引きはできますか.	**Pouvez-vous faire une réduction ?**
少し値段をまけていただけませんか.	**Pouvez-vous baisser un peu le prix ?**
たくさん買えば値引きしていただけますか.	**Faites-vous une réduction pour une grosse quantité ?**

❏ 79 支払いをする

お支払いは何でなさいますか. 現金ですか.	Comment réglez-vous ? En espèces ou par carte ?

カードですか.	
—現金で払います.	— Je paie en espèces.
—ビザカードで払いたいのですが.	— J'aimerais régler avec la carte VISA.
トラベラーズチェックで支払えますか.	Acceptez-vous les chèques de voyage ?
分割払いで買いたいのですが.	Je voudrais acheter à crédit.
6か月払いにしていただけますか.	Pouvez-vous me faire un crédit sur six mois ?
3回払いにしたいのですが.	Je voudrais payer en trois fois.
お支払いはレジでお願いします.	Vous paierez à la caisse.
小銭をお持ちではありませんか.	Vous n'avez pas de monnaie ?
これを包装していただけますか.	Pouvez-vous me l'emballer〔me faire un paquet〕?
プレゼント用に包装していただけますか.	Pouvez-vous faire un paquet-cadeau ?
リボンをおかけしますか.	Je vous mets un ruban ?

値札をはずしてください.	**Pouvez-vous enlever le prix ?** プヴェヴ アンルヴェ ル プリ
レシートを下さい.	**Donnez-moi le ticket de caisse.** ドネムワ ル ティケ ドゥ ケース
配達はしていただけますか.	**Est-ce que vous faites des livraisons ?** エスク ヴ フェートゥ デ リヴれゾン
無料で宅配をしていただけますか.	**Est-ce que vous livrez à domicile gratuitement ?** エスク ヴ リヴれ ア ドミスィル グらテュイトゥマン

◆ 買い物の単語帳

商店（小） boutique 女
ブーティック

商店（大） magasin 男
マガザン

デパート grand magasin
グラン マガザン

スーパー supermarché 男
スュペーるマるシェ

市場 marché 男
マるシェ

小売商 commerçant, -e 名
コメるサン コメるサントゥ

売場（デパートなどの）

rayon 男
れイヨン

レジ caisse 女
ケース

店員 vendeur, -euse 名
ヴァンドゥール ヴァンドゥーズ

客 client, -e 名
クリアン クリアントゥ

売る vendre
ヴァンドゥる

販売 vente 女
ヴァントゥ

買う acheter
アシュテ

購入 achat 男
アシャ

バーゲン soldes 女 複
ソルドゥ

在庫一掃バーゲン

liquidation 女
リキダスィオン

販売促進セール

promotion 女
プろモスィオン

価格 prix 男
プリ

税金 taxe 女
タクス

付加価値税　T.V.A. (taxe sur la valeur ajoutée)	請求書　facture 女
免税価格　prix hors taxe	領収書　reçu 男
税込価格　prix T.T.C. (prix toutes taxes comprises)	レシート　ticket 男 de caisse
注文する　commander	保証　garantie 女
注文　commande 女	アフターサービス　S.A.V. 男 (service après-vente)
前払金　acompte 男	宅配　livraison 女 à domicile

❏ 80 衣料品店で

スーツが欲しいのですが.	**Je voudrais un costume.**
どんなスーツがお入り用ですか.	**Quel genre de costume désirez-vous ?**
―ものが良くてしゃれたものが欲しいのです.	**— Je désire quelque chose de sérieux et qui fasse moderne.**
―ふだん着のスーツが欲しいのです.	**— Je désire un costume pour tous les jours.**
―冬物のスーツ	**— Il me faut un costume pour l'hiver.**

が必要なのですが,おすすめのものがありますか.	**Qu'avez-vous à me proposer ?** カヴェヴ ア ム プロポゼ
このスラックスを試着したいのですが.	**Je voudrais essayer ce pantalon.** ジュ ヴドゥれ エセイエ ス パンタロン
試着室はどこですか.	**Où sont les cabines d'essayage ?** ウ ソン レ カビーヌ デセイアージュ
夏物の半袖シャツを探しています.	**Je cherche des chemises d'été à manches courtes.** ジュ シェるシュ デ シュミーズ デテ ア マンシュ クーるトゥ
白ですか,柄物ですか.	Blanches ou fantaisie ? ブランシュ ウ ファンテズィ
首まわりはいくつですか.	Quel est votre tour de cou ? ケレ ヴォトゥる トゥーる ドゥ クー
—40センチです.	— **Quarante centimètres.** カらントゥ サンティメートゥる
サイズはいくらですか.	Quelle taille portez-vous ? ケル ターユ ポるテヴ ＊taille は衣服のサイズ.靴のサイズは pointure と言う.
—40 が私に合うはずです.	— **Le quarante devrait m'aller.** ル カらントゥ ドゥヴれ マレ
この上の〔下の〕サイズがありますか.	**Avez-vous la taille au-dessus〔en dessous〕?** アヴェヴ ラ ターユ オー ドゥスュ〔アン ドゥスー〕
これが最新の型です.	Voilà le dernier modèle. ヴワラ ル デるニエ モデル
これはとても流行しています.	C'est très à la mode. セ トゥれ ア ラ モードゥ

第5章 買い物をする

これは流行遅れです．	C'est démodé.
私のドレスによく合うコートを探しています．	Je cherche un mateau qui aille bien avec ma robe.
これは派手すぎます．	C'est trop clair 〔éclatant, voyant〕.
もっと地味なのはありませんか．	N'en avez-vous pas de plus discret 〔foncé〕 ?
ほかの色の見たいのですが．	J'aimerais voir d'autres couleurs.
同じ品質の別のものを見せてください．	Montrez-moi une autre de même qualité.
この白いドレスはとてもよくお似合いです．	Cette robe blanche vous va très bien.
このセーターは私に似合うでしょうか．	Croyez-vous que ce pull m'aille bien ?
このワンピースの38サイズはありませんか．	Vous n'avez pas de 38 pour cette robe ?
このブラウスの，私に合うサイズが見つかりません．	Je ne trouve pas ma taille dans ces blouses.
このパンツの裾	Pouvez-vous faire un ourlet sur ce

上げをしていただけますか.	pantalon ? パンタロン
これは洗濯機で洗えますか.	Est-ce que je peux le〔la〕laver à la machine ? エスク ジュ プー ル〔ラ〕ラヴェ ア ラ マシーヌ
必ず水洗いしてください. そうしないと縮みます.	Il faut le〔la〕laver à l'eau froide, sinon il〔elle〕va se feutrer. イル フォー ル〔ラ〕ラヴェ ア ロー フるワードゥ スィノン イル〔エル〕ヴァ ス フートゥれ
洗濯機で40度のお湯で洗えます. 心配ありません.	Vous pouvez le〔la〕laver en machine à quarante degrés, sans problème. ヴ プヴェ ル〔ラ〕ラヴェ アン マシーヌ ア カらントゥ ドゥぐれ サン プろブレーム
この生地は色が落ちませんか.	Ce tissu ne va-t-il pas déteindre ? ス ティシュ ヌ ヴァティル パ デタンドゥる
この色は褪せませんか.	Cette couleur ne passera-t-elle pas ? セットゥ クールーる ヌ パスら テル パ
この生地は洗うと色が落ちます.	Ce tissu déteint au lavage. ス ティシュ デタン オー ラヴァージュ

◆ 衣料品の単語帳

(男性用)

紳士服　vêtements 男 複
　　　　ヴェートゥマン
　d'homme
　　ドム
スーツ　costume 男
　　　　コステューム
背広三つ揃い　complet 男
　　　　　　　コンプレ

上着　veston 男
　　　ヴェストン
ジャケット　veste 女
　　　　　　ヴェストゥ
ダブルの上着　veste
　　　　　　　ヴェストゥ
　croisée
　クるワゼ
シングルの上着　veste
　　　　　　　　ヴェストゥ

droite
ドゥルワートゥ

ワイシャツ　chemise 女
シュミーズ

セーター　pull-over 男
ピュロヴェール

ズボン　pantalon 男
パンタロン

半ズボン　culotte 女
キュロットゥ

ベスト　gilet 男
ジレ

オーバーコート　pardessus 男
パーるドゥスュ

コート　manteau 男
マントー

レインコート

　imperméable 男;
　アンペるメアーブル

　manteau 男 de pluie
　マントー　　ドゥ　プリュイ

タキシード　smoking 男
スモーキング

モーニング　jaquette 女
ジャケットゥ

ネクタイ　cravate 女
クらヴァートゥ

蝶ネクタイ　nœud 男
ヌー

　papillon
　パピヨン

ネクタイピン　épingle 女
エパングル

　de cravate
　ドゥ　クらヴァートゥ

カラー　col 男
コル

カフスボタン　boutons 男
ブートン

　複 de manchettes
　ドゥ　マンシェットゥ

ズボン吊り　bretelles 女 複
ブるテル

ハンカチ　mouchoir 男
ムシュワール

飾りハンカチ　pochette 女
ポシェットゥ

靴下　chaussettes 女 複
ショセットゥ

下着　sous-vêtements 男
スーヴェートゥマン
複

アンダーシャツ　maillot 男
マイオ

　de corps
　ドゥ　コーる

ランニングシャツ　maillot
マイオ

　de sport
　ドゥ　スポーる

ブリーフ　slip 男
スリップ

トランクス　caleçon 男
カルソン

ズボン下　caleçon long
カルソン　　ロン

ガウン　robe 女 de
ローブ　　ドゥ

　chambre
　シャンブる

(女性用)

婦人服　vêtements de
ヴェートゥマン　ドゥ

　femme
　ファム

◆ 衣料品の単語帳

ワンピース　robe 女
　　　　　　ろーブ
アンサンブル　ensemble 男
　　　　　　　アンサンブル
スーツ　tailleur 男
　　　　タイユーる
上着　veste 女 de tailleur
　　　ヴェストゥ ドゥ タイユーる
スカート　jupe 女
　　　　　ジューブ
タイトスカート　jupe
　　　　　　　　ジューブ
　droite
　ドゥるワートゥ
プリーツスカート　jupe
　　　　　　　　　ジューブ
　plissée
　プリセ
巻きスカート
　jupe-portefeuille 女
　ジューブ　ポるトゥフイユ
ミニスカート　minijupe 女
　　　　　　　ミニジューブ
キュロットスカート
　jupe-culotte 女
　ジューブ　キュロットゥ
スラックス　pantalon 男
　　　　　　パンタロン
ブラウス　blouse 女
　　　　　ブるーズ
シャツブラウス　chemisier
　　　　　　　　シュミズィエ
　男
半袖ブラウス　chemisette
　　　　　　　シュミゼットゥ
　女

ジレ　gilet 男
　　　ジレ
ショートパンツ　short 男
　　　　　　　　ショるトゥ
アフタヌーンドレス　robe
　　　　　　　　　　ろーブ
　女 d'après-midi
　　　ダプれミディ
イブニングドレス　robe de
　　　　　　　　　ろーブ ドゥ
　soirée
　スワれ
ローブデコルテ　robe
　　　　　　　　ろーブ
　décolletée
　デコルテ
ウェディングドレス　robe
　　　　　　　　　　ろーブ
　de mariée
　ドゥ マリエ
ランジェリー　lingerie 女
　　　　　　　ランジュリ
ブラジャー　soutien-gorge
　　　　　　スゥティアンゴるジュ
　男
ショーツ　slip 男
　　　　　スリップ
パンティストッキング
　collant 男
　コラン
ペチコート　jupon 男
　　　　　　ジュポン
フリル付きペチコート
　jupon à volants
　ジュポン ア ヴォラン

シュミーズ combinaison [女]
ボディースーツ gaine-combinaison [女]
ネグリジェ chemise [女] de nuit
婦人用部屋着 déshabillé [男]
ストッキング bas [男] [複]
ソックス chaussettes [女] [複]
スカーフ foulard [男]
ショール châle [男]
婦人用半手袋 mitaines [女] [複]
ハンドバッグ sac [男] à main

(その他・共通)

子供服 vêtements [男] [複] pour enfant
制服 uniforme [男]
ジャンパー blouson [男]
カーディガン cardigan [男]
ポロシャツ polo [男]
ジーパン jean [男]
ティーシャツ tee-shirt / T-shirt [男]
合服 vêtements de demi-saison
ふだん着 vêtements de tous les jours
夏〔冬〕服 vêtements d'été 〔d'hiver〕
晴れ着 vêtements du dimanche
スポーツウエアー vêtements de sport
作業服 vêtements de travail / bleu [男]
ベルト ceinture [女]
マフラー écharpe [女] /

cache-nez 男
カーシュネ

手袋 gants 男 複
ガン

ミトン moufles 女 複
ムーフル

(布地)

布地 tissu 男
ティスュ

木綿 coton 男
コトン

ウール laine 女
レーヌ

ツイード tweed 男
トゥイドゥ

絹 soie 女
スワ

フラノ flanelle 女
フラネル

ビロード velours 男
ヴルール

アルパカ alpaga 男
アルパガ

カシミヤ cachemire 男
カシュミール

フェルト feutre 男
フートゥル

タフタ taffetas 男
タフタ

サテン satin 男
サタン

合成繊維 synthétique 男
サンテティック

ポリエステル polyester 男
ポリエステる

ナイロン nylon 男
ニロン

レーヨン rayonne 女
れヨヌ

バイアス biais 男
ビエ

キルティング生地

matelassé 男
マトゥラセ

(柄)

柄 motif 男 / dessin 男
モティフ　　　　デッサン

花柄の à motifs de fleurs
ア　モティフ　ドゥ　フルーる

幾何学模様の à motif
ア　モティフ

géométrique
ジェオメトゥリック

水玉模様の à pois
ア　プワ

無地の uni(e) 形

ストライプ raie 女 /
れ

rayures 女 複
れイユーる

縞の ray(e) 形 / à rayures
れイエ　　　ア　れイユーる

縦縞の à rayures
ア　れイユーる

verticales
ヴェるティカル

横縞の à rayures
ア　れイユーる

horizontales
オリゾンタル

格子縞の à carreaux
ア　カろー

千鳥格子（の）

pieds-de-poule (形, 男)
ピエドゥプル

まだら模様の(帽子)	chiné(e)		paille
帽子(縁付き)	chapeau 男	スポーツ帽	casquette de sport
ソフト帽	chapeau mou	ベレー帽	béret 男
フェルト帽	(chapeau en) feutre	ボンネット	bonnet 男
山高帽	chapeau melon	ヘルメット	casque 男
麦わら帽	chapeau de	防寒頭巾(子供用)	cagoule 女

❏81 靴屋で

サイズ40の黒靴が欲しいのですが.	**Je désire des chaussures noires, pointure quarante.** ＊靴のサイズは pointure, 洋服のサイズは taille と言う.
サイズはおいくつですか.	**Quelle pointure chaussez-vous ?**
—40を履いています.	**— Je chausse du quarante.**
この靴を履いてみていいですか.	**Cette paire-ci, je peux l'essayer ?**
これはよく合います.	**Cette paire-ci, elle me convient.**
この靴は私にぴったりです.	**Ces chaussures me chaussent bien.**

この靴はきつすぎます.	Ces chaussures me serrent trop.
この靴はゆるすぎます〔大きすぎます〕.	Ces chaussures sont trop lâches〔trop grandes〕.
この靴は窮屈だ.	Ces chaussures me gènent.
―履いているうちに伸びる〔柔らかくなる〕でしょう.	— Elles s'élargiront〔s'assoupliront〕à l'usage.
この靴は足指が痛い.	Ces chaussures me font mal aux orteils.
靴先が狭すぎます.	La pointe est trop étroite.
この革は水を通しません.	Ce cuir supporte l'eau.
この靴はきゅうきゅう音がする.	Ces chaussures craquent.
この靴で足にまめができた.	Ces chaussures m'ont donné des ampoules aux pieds.
この靴を修理していただけますか.	Pouvez-vous réparer ces chaussures ?
この靴の底を張り替えていただけますか.	Pouvez-vous ressemeler ces chaussures ?

◆ 履物の単語帳

靴（短靴） chaussures 女 複
ショスュール

エナメル靴　chaussures
ショスュール
　vernies
　ヴェルニ

正装用の靴　chaussures
ショスュール
　habillées
　アビエ

タウンシューズ
　chaussures de ville
　ショスュール　ドゥ　ヴィル

ひも結びの短靴
　chaussures à lacets
　ショスュール　ア　ラセ

先の尖った短靴
　chaussures à bouts
　ショスュール　ア　ブー
　pointus
　プワンテュ

ブーツ　bottes 女 複 /
　ボットゥ
　chaussures montantes,
　ショスュール　モンタントゥ
　chaussures à tige
　ショスュール　ア　ティージュ

ゴム長靴　bottes en
　ボットゥ　アン
　caoutchouc
　カウトゥシュ

ハーフブーツ　bottines 女
　ボティーヌ
複

深靴　bottillons 男 複
　ボティヨン

ハイヒール　talons 男 複
　タロン
　hauts
　オー

ローヒール　talons plats
　タロン　プラ

モカシン　mocassin 男 複
　モカサン

バレリーナ　ballerines 女
　バルリーヌ
複

エスパドリーユ　espadrille
　エスパドリーユ
女 複

サンダル　sandales 女 複 /
　サンダル
　nus-pieds 男 複
　ニュピエ

ビーチサンダル　tong 女 複
　トング

バスケットシューズ
　baskets 男 複
　バスケットゥ

テニスシューズ　tennis 男
　テニス
複

スポーツシューズ
　chaussures 女 複 de sport
　ショスュール　ドゥ　スポール

ダンス靴　chaussures de
　ショスュール　ドゥ

dance
ダンス

登山靴 chaussures de montagne
ショスュール ドゥ モンターニュ

部屋履き pantoufles 女複
パントゥーフル

スリッパ babouches 女複
バブーシュ

靴ひも lacet 男
ラセ

靴底 semelle 女
スメル

靴べら chausse-pied 男
ショースピエ

靴クリーム cirage 男 / crème 女 à chaussures
スィラージュ　クレーム ア ショスュール

靴ブラシ brosse 女 à chaussures
ブロス ア ショスュール

靴磨き（人）cireur, -se 名
スィルール スィルーズ

靴修理屋 cordonnier 男
コルドニエ

靴を履く se chausser / mettre les chaussures
ス ショセ　メットゥル レ ショスュール

靴を脱ぐ se déchausser / ôter 〔enlever〕 les chaussures
ス デショセ　オテ 〔アンルヴェ〕 レ ショスュール

靴を磨く cirer 〔brosser〕 les chaussures
スィレ 〔ブロセ〕 レ ショスュール

□82 時計・装身具の店で

これはフランス製ですか.	**Est-ce de fabrication française 〔une marque française〕?** エース ドゥ ファブリカスィオン フランセズ 〔ユヌ マルク フランセズ〕
—いいえ，スイス製です.	— Non, c'est de fabrication suisse. ノン セ ドゥ ファブリカスィオン スュイス
これは21石の時計です.	C'est une montre à vingt et un rubis. セテュヌ モントゥル ア ヴァンテ アン リュビ
この時計の保証	**Pour combien de temps garantissez-vous** プール コンビアン ドゥ タン ガランティセヴ

期間はどれくらいですか.	cette montre ?
―2年保証です.	— Elle est garantie pour deux ans.
この時計は電池で動きます.	Cette montre fonctionne à pile.
電池を交換していただけますか.	Pouvez-vous changer la pile ?
時計の調子が悪いのです. 見ていただけますか.	Ma montre marche mal. Pouvez-vous l'examiner ?
私の時計は狂っています.	Ma montre est déréglée.
私の時計は時々止まります.	Ma montre s'arrête de temps en temps.
時計を修理していただけますか.	Pouvez-vous réparer ma montre ?
修理にはどのくらい時間がかかりますか.	Combien de temps vous faut-il pour la réparer ?
時計を掃除しなければなりません.	J'ai besoin de faire nettoyer ma montre.
この鎖は何でできていますか.	En quoi est-ce, cette chaîne ?
―金でできています.	— C'est en or.
この宝石は本物	Est-ce que ces pierres sont véritables ?

ですか.	
—いいえ，模造品です.	— Non, ce sont de fausses pierres.
この指輪にダイヤをはめ込んでほしいのですが.	Je voudrais faire monter un diamant sur cette bague.
このメダルに私のイニシャルを彫ってください.	Voulez-vous graver mes initiales sur cette médaille ?

◆ 時計と装身具の単語帳

腕時計　montre (-bracelet) 女

懐中時計　montre (de gousset)

置〔掛〕時計　pendule 女

壁掛時計　pendule murale

目覚まし時計　réveil 男

大時計　horloge 女

ストップウォッチ　chronomètre 男

クオーツ時計　montre 女 à quartz

砂時計　sablier 男

日時計　cadran 男 solaire

文字盤　cadran 男

長針　grande aiguille 女

短針　petite aiguille

秒針　trotteuse 女

竜頭　remontoir 男

ガラスぶた　verre 男 de

montre モントゥる

時計バンド bracelet 男 ブらスレ

時計を合わせる régler la montre れグレ ラ モントゥる

時計のネジを巻く remonter るモンテ

時計屋 horloger 男 オるロジェ

(装身具)

宝石〔装身具〕 bijou 男 ビジュ

模造宝石 fausse pierre 女 フォース ピエーる

貴石 pierre précieuse ピエーる プれスィウーズ

ダイヤモンド diamant 男 ディアマン

エメラルド émeraude 女 エムろードゥ

ルビー rubis 男 りュビ

サファイア saphir 男 サフィーる

準宝石 pierre 女 fine / pierre semi-précieuse ピエーる フィーヌ ピエーる スミプれスィウーズ

トパーズ topaze 女 トパーズ

オパール opale 女 オパル

トルコ石 turquoise 女 テュるクワーズ

ヒスイ jade 男 ジャードゥ

めのう agate 女 アガートゥ

貴金属 métaux 男 複 précieux メトー プれスィウー

金 or 男 オーる

銀 argent 男 アるジャン

プラチナ platine 男 プラティーヌ

純金 or 男 fin 〔pur〕 オーる ファン 〔ピューる〕

18金 or à dix-huit carats オーる ア ディスュイットゥ から

金めっき dorure 女 / ドりューる plaqué 男 or プラケ オーる

銀めっき argenture 女 / アるジャンテューる plaqué argent プラケ アるジャン

金銀細工品 orfèvrerie 女 オるフェヴるり

象牙 ivoire 男 イヴワーる

天然真珠 perle 女 naturelle ペるル ナテュれル

養殖真珠 perle de culture ペるル ドゥ キュルテューる

指輪 bague 女 バーグ

結婚指輪 alliance 女 アリアンス

ネックレス	collier 男 コリエ	真珠のネックレス	collier 男 de perles コリエ ドゥ ペルル
イヤリング	boucles 女 複 d'oreilles ブークル ドレーユ	ネクタイピン	épingle 女 de cravate エパングル ドゥ クらヴァトゥ
ブローチ	broche 女 ブろーシュ	カフスボタン	bouton 男 de manchette ブートン ドゥ マンシェットゥ
ブラスレット	bracelet 男 ブらスレ		
ペンダント	pendentif 男 パンダンティフ	模造品	imitation 女 イミタスィオン
メダル	médaille 女 メダーユ	宝石〔装身具〕商	bijoutier, -ère 名 ビジュティエ エーる
ロケット	médaillon 男 メダイオン		
ダイヤモンドのネックレス	rivière 女 (de diamants) りヴィエーる ドゥ ディアマン		

❏ 83 写真屋で

プリントをしていただけますか.	**Pouvez-vous faire des tirages〔des copies〕?** プヴェヴ フェーる デ ティらージュ 〔デ コピー〕
それぞれ3枚ずつプリントしていただけますか.	**Pouvez-vous faire trois tirages de chaque ?** プヴェヴ フェーる トゥろワ ティらージュ ドゥ シャック
サイズはどれが良いでしょうか.	Quel format préférez-vous ? ケル フォるマ プれフェれヴ

—このサイズにします.	— Je prends ce format-là. ジュ プラン ス フォルマラ
—6センチ×9センチに引き伸ばしてください.	— Faites-moi un agrandissement en six-neuf. フェートゥムワ アンナグらンディスマン アン スィスヌーフ
いつ取りに来たらいいでしょうか.	Quand est-ce que je pourrais passer les prendre ? カンテスク ジュ プれ パセ レ プらンドゥる
—写真は2日後にできあがります.	— Les photos seront prêtes dans deux jours. レ フォト スろン プれートゥ ダン ドゥー ジューる

❏ 84 写真を撮る

私の写真を撮ってくださいませんか.	Pouvez-vous me prendre en photo ? プヴェヴ ム プらンドゥる アン フォト
あなたの写真を撮らせてください.	Permettez-moi de vous prendre en photo. / Permettez-moi de prendre votre photo. ペるメテムワ ドゥ ヴ プらンドゥる アン フォト / ペるメテムワ ドゥ プらンドゥる ヴォトゥる フォト
ピント合わせは自動です. 私たち二人の写真を撮りましょう.	La mise au point est automatique. Faisons une photo de nous deux. ラ ミーズ オ プワン エ オートマティック フゾン ユヌ フォト ドゥ ヌー ドゥー
セルフタイマーを押しますよ.	Je vais appuyer sur le retardateur. ジュ ヴェ アピュイエ スューる ル るタるダトゥーる
シャッターを押してください	Pouvez-vous appuyer sur le déclencheur ? プヴェヴ アピュイエ スューる ル デクランシューる

ませんか．この小さなボタンを押すだけです．	**Vous n'avez qu'à appuyer sur ce petit bouton.** ヴ ナヴェ カ アピュイエ スューる ス プティ ブトン
私のデジタルカメラは800万画素です．	**Mon appareil numérique a une résolution de huit millions de pixels.** モンナパれーユ ニュメりック ア ユヌ れゾリュスィオン ドゥ ユイ ミリオン ドゥ ピクセル
もうバッテリーがほとんどありません．充電します．	**Je n'ai presque plus de batterie, je vais la recharger.** ジュ ネ プれスク プリュ ドゥ バットゥリ ジュ ヴェ ラ るシャるジェ
焦点合わせに一度軽くシャッターを押し，それからシャッターを押します．	**J'appuie une fois pour la netteté puis je déclenche.** ジャピュイ ユヌ フォワ プーる ラ ネトゥテ ピュイ ジュ デクランシュ
フラッシュは自動的に作動します．	**Le flash se déclenche automatiquement.** ル フラッシュ ス デクランシュ オートマティックマン
フラッシュを使ってもいいですか．	**Puis-je utiliser le flash ?** ピュイージュ ユティリゼ ル フラッシュ
一番良い写真をCDに焼き付けます．	**Je grave mes meilleures photos sur un CD.** ジュ グラーヴ メ メイユーる フォト スューる アン セデ
この写真はよく撮れています．	**Cette photo est bien réussie.** セットゥ フォト エ ビアン れユスィ

◆ 写真の単語帳

デジタルカメラ　appareil (-photo) numérique
アパレーユ　(フォト)　ニュメリック

デジタルビデオカメラ　caméscope numérique
カメスコープ　ニュメリック

ポラロイドカメラ　polaroïd [男]
ポラロイドゥ

使い捨てカメラ　appareil [男] jetable
アパレーユ　ジュターブル

シャッターボタン　déclencheur [男]
デクランシュール

セルフタイマー　retardateur [男]
るたるダトゥール

フラッシュ　flash [男]
フラッシュ

ストロボ　flash électronique
フラッシュ　エレクトゥろニック

電池　pile [女]
ピル

三脚　trépied [男] / pied [男]
トゥれピエ　ピエ

プリント　tirage [男]
ティラージュ

プリントする　tirer la photo
ティれ　ラ　フォト

引き伸ばし　agrandissement [男]
アグらンディスマン

引き伸ばす　agrandir la photo
アグらンディール　ラ　フォト

□85 書店で

今いちばんよく売れているのは何ですか.	**Quelles sont les meilleurs ventes actuelles ?** ケル　ソン　レ　メイユーる　ヴァントゥ　アクテュエル
イタリアのガイドブックを探しているのですが.	**Je cherche un guide sur l'Italie.** ジュ　シェるシュ　アン　ギードゥ　スューる　リタリー

英語版しかありません．	— Nous n'avons que l'édition en anglais.
『新フランス案内』という題名の本はありますか．	Avez-vous un livre intitulé « le Nouveau Guide France » ?
—はい，これが最新版です．	— Oui, monsieur. Voici la dernière édition.
—いいえ，ありません．でも1冊注文できますよ．	— Non, monsieur. Mais je peux vous en commander un.
それを1冊注文してください．いつ手に入りますか．	Veuillez m'en commander un. Quand est-ce que je peux l'avoir ?
注文した本が着いたかどうか知りたいのですが．	J'aimerais savoir si le livre que j'avais commandé est déjà arrivé.
その本はまだ出ていません．	Ce livre n'est pas encore paru.
その本はずっと前から売り切れです．	Ce livre est épuisé depuis longtemps.
新版はいつ出ますか．	Quand la nouvelle édition sera-t-elle publiée ?

◆ 書籍と雑誌の単語帳

書店 librairie [女]
書籍文具店 librairie-papeterie [女]
出版社（者） éditeur [男]
著者 auteur [男]
新刊書 nouveauté [女] / livre [男] nouveau
古本 livre d'occasion
初版 première édition [女] / édition originale
最新版 dernière édition
改訂版 édition revue et corrigée
豪華版 édition de luxe
限定版 édition à tirage limité
書名 titre [男]
装丁 reliure [女]
絵本 livre [男] d'images
料理の本 livre de cuisine
教科書 livre scolaire / livre de classe
ポケットブック livre de poche
美術書 livre d'art
辞書 dictionnaire [男]
旅行案内 guide [男] de voyage
観光案内 guide touristique
パリの地図 plan [男] de Paris
道路マップ carte [女] routière
地図帳 atlas [男]

（新聞・雑誌）

新聞 journal [男] / presse [女]

日刊紙	quotidien 男
週刊誌	hebdomadaire 男
月刊誌	mensuel 男
朝刊紙	journal 男 du matin
夕刊紙	journal du soir
月2回発行の	bimensuel,-elle 形
年4回発行の	trimestriel,-elle 形
新聞記事	article 男 de journal
新聞予約購読者	abonné, -e 名 à un journal
広告	annonce 女 publicitaire
三行広告	petites annonces
新聞の売店	kiosque 男 à journaux
定期刊行物	périodique 男
雑誌（文芸・科学などの）	revue 女
グラビア雑誌	magazine 男
モード雑誌	magazine de mode
女性誌	presse 女 féminine
スポーツ紙	presse sportive
日曜紙	presse du diamanche
政治紙	presse politique
青少年紙	presse des jeunes

第6章　郵便と電話

❏86　郵便局で

この手紙を日本へ航空便で送りたいのですが.	**Je voudrais envoyer〔expédier〕cette lettre au Japon par avion.** ジュ　ヴドゥれザンヴワイエ　〔エクスペディエ〕　セットゥ　レットゥる　オ　ジャポン　パーらヴィオン
日本あてのはがきの料金はいくらですか.	**Quel est le tarif des cartes postales pour le Japon ?** ケレ　ル　タリフ　デ　カるトゥ　ポスタル　プーる　ル　ジャポン
このはがきを日本へ送るのに切手を3枚下さい.	**Donnez-moi trois timbres pour envoyer ces cartes postales au Japon.** ドネムワ　トゥろワ　タンブる　プーる　アンヴワイエ　セ　カるトゥ　ポスタル　オ　ジャポン
この手紙の目方を計ってください.	**Voulez-vous me peser cette lettre ?** ヴレヴ　ム　プゼ　セットゥ　レットゥる
この手紙に貼ってある切手で足りますか.	**Cette lettre est-elle suffisamment affranchie ?** セットゥ　レットゥる　エテル　スュフィザマン　アフらンシ
―いいえ, 重すぎます. 20サンチームの切手を1枚足してください.	**— Non, elle est trop lourde. Il faut rajouter un timbre à vingt centimes.** ノン　エレ　トゥろ　ルードゥ　イル　フォ　らジュテ　アン　タンブる　ア　ヴァン　サンティーム
この小包は日本まで航空便でいくらしますか.	**Combien coûte ce paquet par avion pour le Japon ?** コンビアン　クートゥ　ス　パケ　パーらヴィオン　プーる　ル　ジャポン
―料金は2種類	**— Vous avez deux tarifs: en normal cinq** ヴザヴェ　ドゥー　タリフ　アン　ノるマル　サン

あります. 普通便で5ユーロ, 速達で10ユーロです.	euros et en exprès dix euros.
これを送るのにいちばん安い料金はいくらですか.	Quel est le tarif le plus économique pour cet envoi ?
この包みを小包郵便で送りたいのですが.	Je désire envoyer ce paquet par colis postal.
小包の制限重量はいくらですか.	Quel est le poids maximum pour les colis ?
この小包は制限重量を超えていますか.	Ce paquet dépasse-t-il le poids maximum ?
日本までエコノミー便で何日かかりますか.	Ça met combien de jours pour le Japon en économique ?
46サンチームの切手を10枚下さい.	Donnez-moi dix timbres à quarante-six centimes.
90サンチームの切手20枚のシートを1枚下さい.	Donnez-moi un carnet de vingt timbres à quatre-vingt-dix centimes.
趣味の切手はどこで売っていますか.	Où vend-on des timbres de collection ?

第6章 郵便と電話

これは速達にしてください.	**C'est pour un envoi urgent.** セ プール アン アンヴワ ユルジャン
書留郵便を出したいのですが.	**Je voudrais envoyer un recommandé.** ジュ ヴドゥれザンヴワイエ アン るコマンデ
—この用紙に記入して封筒に貼ってください.	— **Remplissez ce formulaire et mettez-le sur l'enveloppe.** らンプリセ ス フォるミュレーる エ メテ ル スューる ランヴロップ
この手紙を書留で送りたいのですが.	**Je voudrais envoyer cette lettre en recommandé.** ジュ ヴドゥれザンヴワイエ セットゥ レットゥる アン るコマンデ
書留にして受領証を下さい.	**En recommandé avec accusé de réception, s'il vous plaît.** アン るコマンデ アヴェック アキュゼ ドゥ れセプスィオン スィル ヴ プレ
この書留郵便が受取人に届いたという証明が欲しいのですが.	**Je voudrais recevoir la preuve que mon envoi recommandé a bien été remis au destinataire.** ジュ ヴドゥれ るスヴワーる ラ プるーヴ ク モナンヴワ るコマンデ ア ビアンネテ るミ オ デスティナテーる
—それでは受取通知を請求してください.	— **Demandez alors un avis de réception.** ドゥマンデ アローる アナヴィ ドゥ れセプスィオン
郵便物を転送していただくために住所変更をしたいのですが.	**Je voudrais faire un changement d'adresse pour faire suivre mon courrier.** ジュ ヴドゥれ フェーる アン シャンジュマン ダドゥれス プーる フェーる スュイーヴる モン クーりエ
郵便物を転送してください. これが新住所	**Veuillez faire suivre mon courrier. Voici ma nouvelle adresse.** ヴィエ フェーる スュイーヴる モン クーりエ ヴワスィ マ ヌーヴェル アドゥれス

です.	
小包を受け取りに来ました.	**Je viens retirer un colis.** ジュ ヴィアン るティレ アン コリ
—到着通知書と身分証明書を見せてください.	— Montrez-moi votre avis d'arrivée et une モントれムワ ヴォトゥる アヴィ ダリヴェ エ ユヌ pièce d'identité. ピエース ディダンティテ
日本へ送金したいのですが.	**Je voudrais envoyer de l'argent au Japon.** ジュ ヴドゥれザンヴワイエ ドゥ らルジャン オ ジャポン
500ユーロの郵便為替を組んでください.	**Faites-moi un mandat (postal) de cinq** フェートゥムワ アン マンダ (ポスタル) ドゥ サン(ク) **cents euros.** サンズーろ
500ユーロの送金料はいくらですか.	**Quels sont les frais pour un envoi de cinq** ケル ソン レ フれ プール アンナンヴワ ドゥ サン(ク) **cents euros ?** サン ズーろ

❑ 87 取集と配達

郵便配達は日曜日を除いて毎日来ます.	Le facteur passe tous les jours sauf le ル ファクトゥール パース トゥ レ ジュール ソーフ ル dimanche. ディマンシュ
今日は郵便配達はもう来ましたか.	Le facteur est-il déjà passé aujourd'hui ? ル ファクトゥール エティル デジャ パセ オジュールデュイ
—お昼前には来ませんよ.	— Il ne passe pas avant midi. イル ヌ パース パ アヴァン ミディ
朝,最初の取集は何時ですか.	A quelle heure fait-on la première levée ア ケルール フェトン ラ プるミエール ルヴェ le matin ? ル マタン
最後の取集は何時ですか.	A quelle heure est la dernière levée ? ア ケルール エ ラ デるニエール ルヴェ

郵便ポストはどこにありますか.	Où est-ce que je pourrais trouver une boîte aux lettres ?
この手紙を投函してください.	Mettez cette lettre dans la boîte aux lettres (de la poste).

◆ 郵便の単語帳

(郵便局)

中央郵便局　bureau 男 de poste central

差出局　bureau de dépôt 〔d'origine〕

名あて局　bureau de destination

郵便局員　employé(e) de poste

郵便配達人　préposé(e) / facteur 男

郵便ポスト　boîte 女 aux lettres (de la poste)

私書箱　boîte postale (略 B.P.)

窓口　guichet 男

郵便料金計器　machine 女 à affranchir

切手販売機　(appareil) 男 distributeur de timbres

(郵便物)

郵便物　courrier 男; envoi 男

書状　lettre 女

航空書状　lettre par avion

絵はがき　carte 女 postale

◆ 郵便の単語帳

郵便書簡	carte-lettre 女
航空書簡	aérogramme 男
封筒	enveloppe 女
便箋	papier 男 à lettre
切手	timbre (-poste) 男
切手シート	carnet 男 de timbres
国際返信切手券	coupon-réponse 男
記念切手	timbre 男 commémoratif
趣味の切手	timbre de collection
郵便小包	colis 男 (postal)
包装物	paquet 男
小型包装物	petit paquet
郵パック	carton 男
包装	emballage 男
サイズ	dimension 女
重量	poids 男
制限重量	poids maximum
重量超過	excédent 男 de poids
書留	recommandé 男
書留書状	lettre 女 recommandée
書留料金	tarif 男 du recommandé
書留郵便物受領証	récépissé 男 d'un envoi recommandé
申告価額	valeur 女 déclarée
税関申告用紙	formulaire 男 de déclaration en douane
発送明細書	bulletin 男 d'expédition
あて名	adresse 女

名あて人	destinataire 名
差出人	expéditeur, -trice 名
郵便番号	code 男 postal
消印	cachet 男 d'oblitération (de la poste)
郵便取集	levée 女
取集時刻	heure 女 de levée
所要日数	durée 女 d'acheminement

(表示)

- 「航空便」 « Par avion » / « Prioritaire »
- 「船便」 « Par bateau »
- 「速達」 « Exprès »
- 「書留」 « Recommandé »
- 「印刷物」 « Imprimés »
- 「定期刊行物」 « Périodique »
- 「商品見本」 « Echantillons »
- 「至急」 « Urgent »
- 「親展」 « Confidentiel »
- 「私信」 « Personnelle »
- 「局留」 « Poste restante »
- 「二つ折禁止」 « Ne pas plier »
- 「X 様気付」 « Aux bons soins de Monsieur 〔Madame〕X »
- 「受取人転居先不明」 « Parti, sans adresse »
- 「受取人尋ね当たらず」 « Inconnu »
- 「受取人転居」 « Le destinataire a changé d'adresse »
- 「…へご回送ください」

« Faire suivre à … »
「下記住所へご転送ください」 « Prière de réexpédier à l'adresse suivante »
「10日以内に配達不能の場合は差出人にご返送ください」 « En cas de non distribution dans le délai de 10 jours, prière de retourner à l'expéditeur »

(為替・振替)

郵便為替　mandat 男 (postal)
電信為替　mandat télégraphique
外国為替　mandat international
為替葉書　mandat-carte 男
封かん郵便為替　mandat-lettre 男
為替受取人　destinataire 名 du mandat
為替差出人　expéditeur 男 du mandat
為替料金　frais 男 複 du mandat
振出局　bureau 男 d'émission
支払局　bureau de paiement
居宅払　paiement 男 à domicile
郵便振替　virement 男 postal
郵便振替口座　compte 男 courant postal (略 C.C.P.)
郵便小切手　chèque 男 postal

支払通知書	avis 男 de paiement

❏ 88 電話をかける

電話帳を貸していただけますか.	**Pouvez-vous me prêter l'annuaire téléphonique ?**
120度数のテレフォンカードを1枚下さい.	**Donnez-moi une carte téléphonique à cent vingt unité.**
このカードの有効期間は初めて使った時から3か月です.	Cette carte a une durée limitée de trois mois après la première utilisation.
カードの期限が切れたらタバコ屋でカードが買えます.	Quand votre carte expire, vous pouvez en racheter une dans un bureau de tabac.
電話をお借りしていいですか.	**Je peux utiliser le téléphone ?**
日本へ電話したいのですが.	**Je voudrais appeler le Japon.**
コレクトコールで日本へ通話したいのですが.どうすれ	**Je voudrais avoir une communication avec le Japon en P.C.V. Comment dois-je faire ?**

ばいいのですか.	*P.C.V. は paiement contre vérification の略.
―コレクトコールはオペレーターがおつなぎします.	— Les P.C.V. sont établis par les opérateurs.
日本との通話は 1 分ごとに 3 ユーロかかります.	Une communication avec le Japon coûte trois euros la minute.
番号案内を呼ぶには 12 番をダイヤルします.	Pour appeler les renseignements, il faut taper le douze.
もしもし, 番号案内ですか. 加入者の電話番号を知りたいのですが.	**Allô, renseignements ? Je voudrais avoir le numéro d'un abonné.**
―加入者のお名前は何ですか.	— Quel est le nom de l'abonné ?
―ジャン・ルルーです. パリに住んでいます.	**— Il s'agit de Jean Leloup. Il habite à Paris.**
―この方の番号はお教えできません. 秘密番号です.	— Nous ne pouvons pas vous communiquer son numéro. Il est sur liste rouge.
この番号は現在使われており	Il n'y a pas d'abonné à ce numéro. / Ce

ません.	numéro n'est pas attribué.
外線はどのボタンを押せばいいのですか.	**Sur quel bouton dois-je appuyer pour la ligne extérieure ?**
—ゼロを押します.	— On fait le zéro.
間違った番号にかかりました.	**On m'a donné un faux numéro.**
先方が出ません.	Le correspondant ne répond pas.
お話し中です.	Le téléphone est occupé. / C'est occupé.
回線がふさがっています.	La ligne n'est pas libre.
おつなぎしました.お話しください.	Vous avez la ligne. Parlez !
電話が混線しています.	**Le téléphone est en dérangement.**
通話が切れました.	**La communication a été coupée.**
コールバックしてもらうように,彼の留守電にメッセージを入れておいた.	J'ai laissé un message sur son répondeur pour qu'il me rappelle.
私の留守電はメッセージでいっぱいだ.	**Ma boîte vocale 〔Ma messagerie〕 est saturée (de messages).**

こちらは加藤宅です．ピーという発信音の後でメッセージをお入れください．	**Bonjour ! Vous êtes bien chez Monsieur Kato. Laissez votre message après le bip.** ボンジューる ヴゼートゥ ビアン シェ ムスィゥ カトー．レセ ヴォートゥる メサージュ アプれ ル ビップ

❑ 89 携帯電話

私は寝る前に携帯の電源を切ります．	**Je débranche mon portable avant de me coucher.** ジュ デブらンシュ モン ポるターブル アヴァン ドゥ ム クーシェ
私の携帯は郊外では通じません．ネットワークがないのです．	**Mon portable ne capte pas hors de la ville. Il n'y a pas de réseau.** モン ポるターブル ヌ カプトゥ パ オーる ドゥ ラ ヴィル．イル ニ ア パ ドゥ れゾー
この電話会社は月30ユーロで50時間利用できる契約を売り出している．	**Cet opérateur propose des offres d'abonnements de cinquante heures à trente euros par mois.** セトペらトゥーる プろポーズ デゾッフる ダボヌマン ドゥ サンカントゥーる ア トゥらントゥーろ パーる ムワ
フランスに銀行口座を持っていないのでプリペイド式の携帯を買います．	**Comme je n'ai pas de compte bancaire en France, je vais prendre un portable sans abonnement.** コンム ジュ ネ パ ドゥ コントゥ バンケーる アン フらンス ジュ ヴェ プらンドゥる アン ポるターブル サンザボヌマン
プリペイド式携帯用のリチャ	**Avez-vous des cartes de recharge pour** アヴェヴ デ カるトゥ ドゥ るシャるジュ プーる

ージカードはありますか.	**téléphone à carte ?** テレフォーヌ ア かるトゥ
—はい, ご希望のメーカーと料金は?	— **Oui, quelle marque et quel tarif voulez-vous ?** ウィ ケル マるク エ ケル タりフ ヴレヴ

❏ 90 通話する

もしもし.	**Allô. / Allo.** アロー / アロー
—はいはい.	— **Oui, j'écoute. / Je vous écoute.** ウィ ジェクートゥ / ジュ ヴゼクートゥ
もしもし聞こえますか.	**Allô ! vous m'entendez ?** アロー ヴ マンタンデ
どなたさまですか.	**Qui est à l'appareil ?** キ エタ ラパれーユ
—佐藤です.	— **C'est Sato à l'appareil.** セ サト ア ラパれイユ
どちらさまですか.	**C'est de la part de qui ?** セ ドゥ ラ パーる ドゥ キ
—佐藤です.	— **C'est de la part de Sato.** セ ドゥ ラ パーる ドゥ サト
もしもし. 01-40-19-60-11 ですか.	**Allô. C'est bien le zéro un, quarante, dix-neuf, soixante, onze ?** アロー セ ビアン ル ゼろ アン カらントゥ ディズヌフ スワサントゥ オンズ
もしもし. ホテル・コンチネンタルですか.	**Allô. C'est bien l'Hôtel Continental ?** アロー セ ビアン ロテル コンティナンタル
—はい, そうです.	— **Oui, c'est ici.** ウィ セティスィ

—いいえ，違います．	— Non, ce n'est pas ici. ノン ス ネ パズィスィ
佐藤さんですか．	**C'est bien Monsieur Sato ?** セ ビアン ムスィウ サトー
—はい，そうです．	— Oui, c'est lui-même. ウィ セ リュイメーム
デュポンさんとお話ししたいのですが．	**Je voudrais parler à Monsieur Dupont, s'il vous plaît.** ジュ ヴドゥれ パるレ ア ムスィウ デュポン スィル ヴ プレ
デュポンさん．電話ですよ．	Monsieur Dupont. On vous demande au téléphone. ムスィウ デュポン オン ヴ ドゥマンドゥ オ テレフォヌ
デュポンさんはいらっしゃいますか．	**Est-ce que Monsieur Dupont est là ?** エスク ムスィウ デュポン エ ラ
—はい，おります．そのままお待ちください．	— Oui, il est là. Ne quittez pas. / Ne coupez pas. ウィ イレ ラ ヌ キテ パ / ヌ クーペ パ
—いいえ，おりません．外出中です．	— Non, il n'est pas là. Il est sorti en ce moment. ノン イル ネ パ ラ イレ ソるティ アン ス モマン
伝言いたしましょうか．	Puis-je lui faire une commision ? ピュイージュ リュイ フェーる ユヌ コミスィオン
—いいえ，それには及びません．あとでまた電話いたします．	— **Non, ce n'est pas la peine. Je le rappellerai plus tard.** ノン ス ネ パ ラ ペーヌ ジュ ル らペルれ プリュ タール
伝言をお願いで	**Pouvez-vous lui faire une commision** プヴェヴ リュイ フェーる ユヌ コミスィオン

きますか.	[transmettre un message] ? 〔トゥらンスメットゥる アン メサージュ〕
内線21番をお願いします.	Le poste vingt et un, s'il vous plaît. ル ポストゥ ヴァンテ アン スィル ヴ プレ
返事がありません.	Ça ne répond pas. サ ヌ れポン パ
よく聞こえません.もう少し大きな声で話していただけませんか.	J'entends très mal. Veuillez parler un peu plus fort. ジャンタン トゥれ マル ヴィエ パるレ アン プー プリュ フォーる
すみません.もう一度言ってください.お話がよくわかりませんでした.	Excusez-moi. Pouvez-vous répéter ? Je n'ai pas bien compris. エクスキュゼムワ プヴェヴ れペテ ジュ ネ パ ビアン コンプリ

◆ 電話の単語帳

電話会社　opérateur 男
　　　　　オペらトゥール
　　　　　téléphonique
　　　　　テレフォニック

固定電話　téléphone 男
　　　　　テレフォーヌ
　　　　　fixe
　　　　　フィクス

携帯電話　(téléphone)
　　　　　(テレフォーヌ)
　　　　　portable〔mobile〕
　　　　　ポるターブル〔モビール〕

電話ボックス　cabine 女
　　　　　　　カビーヌ
　　　　　　　téléphonique
　　　　　　　テレフォニック

カード式電話　téléphone à
　　　　　　　テレフォーヌ ア
　　　　　　　carte
　　　　　　　カるトゥ

テレフォンカード　carte 女
　　　　　　　　　カるトゥ
　　　　　　　　　téléphonique
　　　　　　　　　テレフォニック

◆ 電話の単語帳

通話 communication téléphonique 女

電話帳 annuaire téléphonique 男

内線 poste 男

交換台（内線の） standard 男

交換手（内線の） standardiste 名

電話機 appareil téléphonique 男

プッシュフォン téléphone à touches

受話器 combiné 男

受話器を取る décrocher le combiné

受話器を置く raccrocher le combiné

ダイヤル cadran 男

ダイヤルする faire〔composer〕le numéro

プッシュボタン盤 cadran à touches

留守番電話 répondeur 男 / boîte 女 vocale / messagerie 女 vocale

発信音 tonalité 女

コールサイン sonnerie 女

雑音 bruit 男

通話先 correspondant, -e 名

通話時間 durée 女

通話料金 frais 男 複 de communication

伝言をする faire une commission

伝言を残す laisser un message

第7章　盗難・紛失

❏91 助けを求める

どろぼうだ！つかまえてくれ！	**Au voleur ! Arrêtez-le !** オ　ヴォルール　　アレテル ＊周囲の人に呼びかけるには有効だが，とっさに叫ぶ時はむしろ日本語で叫ぶ方が迫力があり，人目も引いて効果的．
バッグを盗まれました．	**On m'a voler mon sac. / Je me suis fait volé mon sac.** オン　マ　ヴォレ　モン　サック　/　ジュ　ム　スュイ　フェ　ヴォレ　モン　サック
財布をひったくられました．	**On m'a arraché mon portefeuille.** オン　マ　アラシェ　モン　ポるトゥフイユ
スクーターに乗った２人の少年が彼（女）のバッグをひったくって逃げました．	**Deux garçons en scooter lui ont arraché son sac et se sont enfuis.** ドゥ　ガるソン　アン　スクテール　リュイ　オンタらシェ　ソン　サック　エ　ス　ソンタンフュイ
警察署はどこですか．	**Où est le commissariat ?** ウ　エ　ル　　　コミサリア

❏92 警察で

盗難届を出したいのですが．	**Je voudrais faire une déclaration de vol.** ジュ　ヴドれ　フェール　ユヌ　デクララスィオン　ドゥ　ヴォル
キャッシュカードを紛失しました．支払いを差し止めたいのですが．	**J'ai perdu ma carte bancaire. Je voudrais faire opposition.** ジェ　ぺるデュ　マ　カるトゥ　バンケール　ジュ　ヴドれ　フェール　オポズィスィオン

盗まれたクレジットカードの支払いを差し止めたいのですが.	Je voudrais faire opposition à une carte de crédit volée.
どんなバッグを盗まれたのですか.	Comment était ce sac volé ?
—黒の革製のバッグです.	— C'est un sac en cuir noir.
中に何が入っていましたか.	Qu'est-ce qu'il y avait dedans ?
—パスポートと現金とアクセサリー類が入っています.	— Il y a mon passeport, du liquide et des bijoux dedans.
この盗難〔紛失〕届に記入してください.	Remplissez cette déclaration de vol 〔de perte〕.
申告書の写しをいただけませんか. 保険のために必要なのです.	Pouvez-vous me donner le double de la déclaration ? C'est nécessaire pour mon assurance.

第3部　滞在編

第１章　住居を探す
第２章　毎日の買い物をする
第３章　留学生活
第４章　パソコンとインターネット
第５章　人とつきあう
第６章　冠婚葬祭
第７章　病気と医療
第８章　理容と美容
第９章　車を運転する
第10章　余暇を過ごす
第11章　スポーツ

第1章　住居を探す

❏ 93 不動産屋で

賃貸アパルトマンを探しています.	**Je cherche un appartement à louer.**
―どんな種類のマンションをお探しですか. 家具なしですか. 家具付きですか.	― **Quelle sorte d'appartement cherchez-vous ? Un appartement vide ou un appartemnt meublé ?**
都心に家具付きのワンルームマンションを探しています.	**Je cherche un studio meublé dans le centre-ville.**
ワンルームをご希望ですか, それとも2部屋ですか, 3部屋ですか.	**Vous voulez un studio [F1], un deux-pièces [F2], un trois-pièces [F3] ?** ＊1部屋, 2部屋, 3部屋の住居をそれぞれ F1 [エファン], F2 [エフドゥー], F3 [エフトゥロワ] とも言う. F は familial の略.
閑静な区域にじゅうぶん広い2Kのアパルトマンが欲しいのですが.	**Je voudrais un appartement type F2 assez grand dans un quartier calme.**
郊外に庭付きの小さい一戸建があります.	**Il y a une petite villa en banlieue.**

浴室とベランダ付きの2Kのアパルトマンがあります.	Nous avons un deux-pièces cuisine avec salle de bains et balcon.
エレベーター付きですか.	C'est équipé d'un ascenseur ?
管理人は住込みですか.	Est-ce que le concierge loge sur place ?
場所はどこですか.	Où est-il situé ?
―メトロのサンポール駅から100メートルのところです.	― Il est à cent mètres du métro Saint-Paul.
交通の便がとてもよく, メトロからもバス停からも5分です.	Il est très bien desservi par les transports : à cinq minutes du métro et du bus.
このアパルトマンの面積はどのくらいですか.	Quelle est la surface de cet appartement ?
もっと広いのはないのですか.	Vous n'avez pas quelque chose de plus grand ?
家賃はいくらですか.	**De combien est le loyer ?**

―管理費込みで月額400ユーロです.	― Il est de quatre cents euros par mois charges comprises.
管理費には何が入っていますか.	Que comprennent les charges ?
―ごみ収集費, 共有部分の清掃費, 管理人費用が含まれています.	― Elles incluent l'enlèvement des poubelles, le ménage des parties communes, le concierge.
電気, ガス, 水道はご自身の負担です.	L'électricité, le gaz et l'eau sont à votre charge.
いちばん近い交通機関は何ですか.	Quel est le moyen de transport le plus proche ?
近所は静かですか.	Le quartier est-il calme〔tranquille〕?
―はい, 住宅街ですよ.	― Oui, c'est un quartier résidentiel.
すぐ入居できますか.	Puis-je emménager tout de suite ?

❏ 94 物件を見る

いつアパルトマンを見に行くことができますか.	Quand est-ce qu'on peut visiter l'appartement ?

―ご訪問の予約をとりましょう．たとえば明日11時はご都合いかがですか．	― Prenons rendez-vous, par exemple demain à onze heures, ça vous conviendrait ?
貸してくださる部屋を見せていただけますか．	**Pourrais-je visiter la chambre que vous avez à louer ?**
通りがやかましいかどうか，窓を開けてみます．	Je vais ouvrir les fenêtres pour voir si la rue est bruyante.
―心配は要りません．建物全体が二重窓になっています．	― Ne vous inquiétez pas, il y a du double vitrage dans tout l'immeuble.
暖房は何ですか．	**Comment fonctionne le chauffage ?**
―電気〔ガス〕暖房です．	― C'est un chauffage électrique 〔au gaz〕.
―セントラルヒーティングです．サーモスタットを調節できます．	― Vous avez le chauffage central et vous pouvez régler le thermostat.
どの部屋にも電気のコンセントがあります．	Vous avez des prises de courant dans toutes les pièces.

建物全体にケーブルが敷かれていてインターネットに接続できます.	Tout l'immeuble est câblé et vous pouvez vous connecter sur internet.
キッチンには最新の器具がすべて備えられています.	La cuisine est toute équipée d'appareils récents.
このアパルトマンを借りることにします. とても気に入りました.	**Je vais prendre cet appartement. Il me plaît beaucoup.**
他に見せてもらえるものはないのですか.	Vous n'avez rien d'autre à me faire visiter ?
1か月後に空くことになっている, もっと広いアパルトマンがあります.	Il y a un appartement plus grand qui se libérera dans un mois.

❏ 95 契約する

賃貸契約書を作りましょう.	On va dresser le contrat de location.
敷金800ユーロをお預かりします.	Vous devez déposer une caution de huit cents euros.

敷金は賃貸終了時にお返しします.	La caution vous sera remise à la fin de location.
3月分の家賃の領収書を下さい.	**Donnez-moi la quittance de loyer pour le mois de mars.**
アパルトマンを出る時には退去3か月前に予告しなければなりません.	Pour quitter l'appartement, vous devez nous envoyer un préavis trois mois avant votre départ.

◆ 住まいの単語帳

- 家　maison 女
- マンション（ビル）　immeuble 男
- アパルトマン　appartement 男
- ワンルームマンション　studio 男
- 2K　un deux-pièces cuisine 男 / F2
- 3K　un trois-pièces cuisine / F3
- 一戸建　villa 女
- 別荘　maison 女 de campagne
- 1階　rez-de-chaussée 男
- 2階　premier étage 男
- 3階　deuxième étage 男
- 地階　sous-sol 男
- 中2階　entresol 男
- 玄関　vestibule 男 / entrée

（家の部分の名称）

女

廊下　couloir 男
クルワーる

部屋　pièce 女
ピエース

寝室　chambre 女
シャンブる

客用の寝室　chambre d'amis
シャンブる　ダミ

応接間　salon 男
サロン

書斎　bureau 男
ビュろー

リビングルーム　salle de séjour 女
サル　ドゥ　セジューる

ダイニングルーム　salle à manger
サラ　マンジェ

台所　cuisine 女
キュイズィーヌ

キチネット　kitchenette 女
キットゥシュネットゥ

浴室　salle 女 de bains
サル　ドゥ　バン

便所　toilettes 女 複 / WC
トゥワレットゥ　　　　　　ヴェセ

屋根裏部屋　mansarde 女 / grenier 男
マンサるドゥ　　　　　グるニエ

物置部屋　débarras 男
デバラ

地下倉庫　cave 女
カーヴ

押入れ　placard 男
プラカーる

衣裳戸棚　penderie 女
パンドゥりー

エレベーター　ascenseur 男
アサンスーる

階段　escalier 男
エスカリエ

天井　plafond 男
プラフォン

床　plancher 男
プランシェ

壁　mur 男
ミューる

ガレージ　garage 男
ガラージュ

バルコニー　balcon 男
バルコン

ベランダ　véranda 男
ヴェランダ

テラス　terrasse 女
テラス

ドア　porte 女
ポるトゥ

窓　fenêtre 女
フネートゥる

よろい戸　persienne 女
ペるスィエヌ

日よけ　store 男
ストーる

雨戸　volet 男
ヴォレ

プランター　jardinière 女
ジャるディニエーる

庭　jardin 男
ジャるダン

中庭　cour 女
クーる

◆ 調度品の単語帳

傘立て　porte-parapluies [男]
ポルトゥパラプリュイ

コート掛け　portemanteau [男]
ポルトゥマントー

椅子　chaise [女]
シェーズ

ソファ　sofa [男] / canapé [男]
ソファ　　　　カナペ

ひじ掛け椅子　fauteuil [男]
フォトゥーユ

長椅子　divan [男]
ディヴァン

スツール　tabouret [男]
タブレ

腰掛け　escabeau [男]
エスカボー

回転椅子　chaise tournante
シェーズ　トゥルナントゥ

テーブル　table [女]
タブル

小テーブル　guéridon [男]
ゲリドン

デスク　bureau [男]
ビュロー

棚　étagère [女]
エタジェール

書棚　bibliothèque [女]
ビブリオテーク

整理棚　casier [男]
カズィエ

脚立　marchepied [男]
マルシュピエ

たんす　commode [女]
コモードゥ

洋服だんす　armoire [女]
アルムワール

ベッド　lit [男]
リ

ソファベッド　convertible [男]
コンヴェるティーブル

ダブルベッド　grand lit [男]
グらン　リ

折畳み式ベッド　lit pliant
リー　プリアン

ベッドカバー　couvre-lit [男]
クーヴるリ

ナイトテーブル　table [女]
タブル
de nuit〔de chevet〕
ドゥ ニュイ　〔ドゥ シュヴェ〕

揺りかご　berceau [男]
べるソー

ベッドマット　descente [女]
デサントゥ
de lit
ドゥ リ

敷物　tapis [男]
タピ

壁紙　papier [男] peint
パピエ　　　　パン

カーテン　rideau [男]
りドー

◆ 家庭用品の単語帳

台所用品 ustensile 男 de
  ユスタンスィル ドゥ
  cuisine
  キュイズィーヌ

(台所の) 流し évier 男
  エヴィエ

(水道の) 蛇口 robinet 男
  ロビネ

洗い桶 (台所用) bassine 女
  バスィーヌ

レンジ fourneau 男
  フるノー

オーブン four 男
  フーる

ガスレンジ fourneau à gaz
  フるノー ア ガーズ

電子レンジ micro-ondes 男
  ミクロオンドゥ

電熱器 cuisinière 女 électrique
  キュイズィニエーる エレクトゥリック

冷蔵庫 réfrigérateur 男 /
  れフりジェらトゥーる
  《話》frigo 男
  フりゴ

湯わかし器 chauffe-eau 男
  ショフォ

皿温め器 chauffe-assiettes 男
  ショファスィエットゥ

皿洗い器 lave-vaisselle 男
  ラーヴヴェセル

シチューなべ casserole 女
  カスロル

圧力なべ cocotte-minute 女 (商標名)
  ココットゥ ミニュットゥ

なべ marmite 女
  マるミットゥ

大なべ chaudron 男
  ショードゥろン

フライパン poêle 女
  プワル

やかん bouilloire 女
  ブイヨワーる

ふきん torchon 男 de cuisine
  トるション ドゥ キュイズィーヌ

ラップ papier-film 男
  パピエフィルム

(掃除・洗濯)

電気掃除機 aspirateur 男
  アスピらトゥーる

ほうき balai 男
  バレ

モップ balai à franges
  バレ ア フらンジュ

バケツ seau 男
  ソー

ぞうきん torchon 男
  トるション

床ぞうきん serpillière 女
  セるピィエーる

ごみ箱　poubelle 女 / boîte
　　　　プーベル　　　プワートゥ
　女 à ordures
　ア　オルデュール
洗濯機　machine 女 à
　　　　マシーナ
　laver
　ラヴェ
洗濯ロープ　corde 女 à
　　　　　　コるドゥ　ア
　linge
　ランジュ
洗濯ばさみ　pince 女 à
　　　　　　パンス　ア
　linge
　ランジュ
アイロン　fer 男 à repasser
　　　　　フェーる　ア　るパセ

（浴室）

浴槽　baignoire 女
　　　ベニョワーる
バスタオル　serviette 女 de
　　　　　　せるヴィエットゥ　ア
　bain
　バン

シャワー　douche 女
　　　　　ドゥーシュ
洗面器　cuvette 女
　　　　キュヴェットゥ
石けん箱　boîte 女 à savon
　　　　　プワータ　　　　サヴォン
タオル掛け　porte-
　　　　　　ポるトゥ-
　serviettes 男
　せるヴィエットゥ
バスグローブ　gant 男 de
　　　　　　　ガン　　ドゥ
　toilette
　トゥワレットゥ
バスマット　descente 女
　　　　　　デサントゥ
　de bain
　ドゥ　バン
スポンジ　éponge 女
　　　　　エポンジュ
便座　siège 男 percé
　　　スィエージュ　ぺるセ
ビデ　bidet 男
　　　ビデ

第2章　毎日の買い物をする

❏ 96 市場・食料品店で

この地区では週に2回市が立ちます。	Dans ce quartier, il y a un marché deux fois par semaine.
食事の買い物に行ってきます。	Je vais faire le marché.
何がお入り用ですか。	Qu'est-ce que vous désirez ?
ーニンジン1キロ，ネギ2束，オレンジ3キロがほしいのです。	— Je désire un kilo de carottes, deux bottes de poireaux et trois kilos d'oranges.
ーパセリを1房，ネギを1束，マッシュルームを一つかみ下さい。	— Je vais prendre un bouquet de persil, une botte de poireaux et une poignée de champignons.
この栗は目方で売るのですか，升で売るのですか。	Vendez-vous ces châtaignes au poids ou à la mesure ?
ー目方です。1キロ5ユーロです。	— Au poids. C'est cinq euros le kilo.

❏ 97 値段をたずねる

このネギはいくらですか.	**C'est combien, ces poireaux ?** セ コンビアン セ プワろー
―1束2ユーロです.	— Deux euros la botte. ドゥーズーろ ラ ボットゥ
―1ついくら?	Combien l'un〔l'une〕? コンビアン ラン 〔リュヌ〕
1個いくら?	Combien la pièce ? コンビアン ラ ピエース
1箱いくら?	Combien la boîte ? コンビアン ラ ブワートゥ
1山いくら?	Combien le tas ? コンビアン ル タ
1セットいくら?	Combien le lot ? コンビアン ル ロ
1ダースいくら?	Combien la douzaine ? コンビアン ラ ドゥーゼーヌ
1キロいくら?	Combien le kilo ? コンビアン ル キロ
メロン2個でいくらですか.	C'est combien, les deux melons ? セ コンビアン レ ドゥー ムロン
―メロン2個で3ユーロです.3個買うのだったら,おまけしますよ.	— Trois euros, les deux melons. Si トゥろワズーろ レ ドゥ ムロン スィ vous en achetez trois, je vous fais un prix. ヴザンナシュテ トゥろワ ジュ ヴ フェ アン プり
以上でよろしいですか.他に何かお入り用ですか.	C'est tout ? Vous désirez autre chose ? セ トゥ ヴ デズィれ オートゥる ショーズ
他に何かお入り用は?	Avec ça ? / Avec ceci ? アヴェック サ アヴェック ススィ

186 第2章 毎日の買い物をする

(肉屋・魚屋で)

豚の骨付きあばら肉はどこで買えますか.	Où est-ce que je pourrais trouver des côtes de porc ?
―豚肉屋かスーパーにありますよ.	— Vous les trouverez dans une charcuterie ou dans une grande surface.
フォンデュを作るために肉を小さく切ってもらえますか.	Pouvez-vous couper la viande en morceaux pour faire une fondue ?
肉を薄切りにしてもらえますか.	Pouvez-vous couper la viande en tranches minces ?
ハムのように薄く切ってください.	Faites-moi des tranches très minces comme celles du jambon.
挽肉にしてください. ハンバーグ用です.	Hachez la viande. C'est pour un hamburger.
魚のはらわたを抜いていただけますか.	Pouvez-vous vider les poissons ?
この鯛のうろこを落としてもらえますか.	Pouvez-vous écailler cette daurade ?

(塩・砂糖ほか)

塩1キロと砂糖半キロを下さい.	Donnez-moi un kilo de sel et un demi-kilo de sucre.

それから紅茶1パックとイワシの缶詰1個とイチゴジャム1びんを下さい.	Donnez-moi aussi un paquet de thé, une boîte de sardines et un pot de confiture de fraises. ドネムワ オースィ アン パケ ドゥ テ ユヌ ブワートゥ ドゥ サるディーヌ エ アン ポ ドゥ コンフィテューる ドゥ フれーズ
バゲット1本とスライスした食パン1個下さい.	Donnez-moi une baguette et un pain de mie tranché. ドネムワ ユヌ バゲットゥ エ アン ペン ドゥ ミ トゥランシェ
エメンタールチーズ1切れと熟成カンタルチーズのこのブロックを下さい.	Donnez-moi une tranche d'emmental et ce morceau de vieux cantal. ドネムワ ユヌ トゥらンシュ デマンタル エ ス モるソー ドゥ ヴュ カンタル
レモンタルトを2個とチョコレートのルリジューズを3個下さい.	Donnez-moi deux tartes au citron et trois religieuses au chocolat. ドネムワ ドゥー タるトゥ オ スィトゥろン エ トゥろワ るリジューズ オ ショコラ

*「ルリジューズ」はシュークリームを二つ重ねて糖衣がけした菓子.

◆ 食品店名の単語帳

市場　marché 男
　　　マるシェ

卸売り市場　halle 女
　　　　　　アル

商店（大）　magasin 男
　　　　　　マガザン

商店（小）　boutique 女
　　　　　　ブティック

スーパー　supermarché 男 /
　　　　　スュペーるマるシェ
　　　　　grande surface 女
　　　　　グらンドゥ スュるファス

大型スーパー
　　　hypermarché 男
　　　イペーるマるシェ

コンビニ	supérette 女
セルフサービス店	self-service 男 / libre-service 男
共同組合	coopérative 女
行きつけの店	fournisseur 男
パン屋（人）	boulanger, -ère 名
パン屋（店）	boulangerie 女
肉屋（人）	boucher, -ère 名
肉屋（店）	boucherie 女
豚肉屋（人）	charcutier, -ère 名
豚肉屋（店）	charcuterie 女
鳥肉屋（人）	volailler, -ère 名
臓物屋（人）	tripier, -ère 名
臓物屋（店）	triperie 女
魚屋（人）	poissonnier, -ère 名
魚屋（店）	poissonnerie 女
八百屋（人）	marchand, -e 名 de légumes〔de primeurs〕
八百屋（店）	magasin 男 de légumes
果物屋（人）	fruitier, -ère 名
果物屋（店）	fruiterie 女
チーズ屋（人）	fromager, -ère 名
チーズ屋（店）	fromagerie 女
食料品屋（人）	épicier, -ère 名
食料品店	épicerie 女
ケーキ屋（人）	pâtissier,

-ère 名
スィエーる

ケーキ屋（店） pâtisserie 女
パティスり

キャンディ屋（人）

confiseur, -euse 名
コンフィズーる　ズーズ

キャンディ屋（店）

confiserie 女
コンフィズり

◆ 食品名の単語帳

（パン）

バゲット　baguette 女
バゲトゥ

バタール　bâtard 男
バターる

プチパン　petit pain 男
プティ　ペン

丸型パン　miche 女
ミーシュ

フィッセル　ficelle 女
フィセル

クロワサン　croissant 男
クるワサン

ブリオシュ　brioche 女
ブリオーシュ

食パン　pain 男 de mie
ペン　ドゥ　ミ

田舎パン　pain de campagne
パン　ドゥ　カンパーニュ

ライ麦パン　pain de seigle
パン　ドゥ　セーグル

全粒パン　pain complet
ペン　コンプレ

ラスク　biscotte 女
ビスコットゥ

バター付きパン　pain beurré
ペン　ブーれ

チョコレートパン　pain au chocolat
パン　オ　ショコラ

干ぶどう入りパン　pain aux raisins
パン　オ　れーザン

焼きたてのパン　pain frais
パン　フれ

固くなったパン　pain rassis
パン　らスィ

スライスしたパン　pain tranché
パン　トゥらンシェ

パンの皮　croûte 女
クるートゥ

パンの身　mie 女 de pain
ミ　ドゥ　ペン

パンくず　miette 女
ミエットゥ

(肉)

牛肉 bœuf 男
ブーフ

小牛の肉 veau 男
ヴォー

羊の肉 mouton 男
ムートン

小羊の肉 agneau 男
アニョー

馬肉 cheval 男
シュヴァル

兎の肉 lapin 男
ラパン

野兎の肉 lièvre 男
リエーヴる

猟肉 gibier 男
ジビエ

猪の肉 sanglier 男
サングリエ

鹿肉 chevreuil 男
シュヴるーユ

家禽の肉 volaille 女
ヴォラーユ

若鶏 poulet 男
プーレ

雄鶏 coq 男
コック

雌鶏 poule 女
プル

肥育鶏 poularde 女
プーらるドゥ

去勢鶏 chapon 男
シャポン

アヒル canard 男
カナーる

七面鳥（雄） dindon 男
ダンドン

七面鳥（雌） dinde 女
ダンドゥ

七面鳥（ひな） dindonneau 男
ダンドノー

ホロホロ鳥 pintade 女
パンタドゥ

ホロホロ鳥（ひな） pintadeau 男
パンタドー

ガチョウ oie 女
ワ

キジ faisan 男
フーザン

ウズラ caille 女
カーユ

山ウズラ perdrix 女
ぺるドゥリ

山ウズラ（ひな） perdreau 男
ぺるドゥろー

ツグミ grive 女
グリーヴ

(豚肉・豚肉製品)

豚肉 porc 男
ポーる

脂身 lard 男
らーる

ラード saindoux 男
センドゥー

ベーコン lard fumé / bacon 男
らーる フュメ　ベコヌ

ハム jambon 男
ジャンボン

ソーセージ（調理用）

ソーセージ(そのまま食べる) saucisse 女 / saucisson 男
サラミ salami 男
スペアリブ travers 男 de porc
ブーダン(豚の血と油身の腸詰) boudin 男
アンドゥイユ(臓物の腸詰) andouille 女
アンドゥイエット(小型のアンドゥイユ) andouillette 女

(魚介類)

魚 poisson 男
イワシ sardine 女
アンチョビー anchois 男
サバ maquereau 男
ニシン hareng 男
タラ morue 女
シロイトダラ colin 男
カレイ limande 女
ツノガレイ carrelet 男
スズキ bar 男
タイ daurade 女
シタビラメ sole 女
イシビラメ turbot 男
ボラ muge 男 / mulet 男
マグロ thon 男
サケ saumon 男
マス truite 女
イカ:ヤリイカ calmar 男
イカ:コウイカ seiche 女
カワカマス brochet 男
カワスズキ perche 女
甲殻類 crustacé 男
カニ crabe 男
イチョウガニ tourteau 男
小エビ crevette 女
ザリガニ écrevisse 女

イセエビ	langouste 女 (ラングストゥ)
ロブスター	homard 男 (オマーる)
アカザエビ	langoustine 女 (ラングスティーヌ)
カキ	huître 女 (ユイートゥる)
ブロンガキ	belon 男 (ブロン)
ムール貝	moule 女 (ムール)
ウニ	oursin 男 (ウるサン)

(野菜)

ニンニク	ail 男 (アーユ)
アーティチョーク	artichaut 男 (アるティショ)
アスパラガス	asperge 女 (アスペるジュ)
ナス	aubergine 女 (オーベるジーヌ)
アボカド	avocat 男 (アヴォカ)
ビート	betterave 女 (ベットゥらーヴ)
ニンジン	carotte 女 (カろットゥ)
セロリ	céleri 男 (セルり)
キャベツ	chou 男 (シュー)
芽キャベツ	chou de Bruxelles (シュー ドゥ ブリュセル)
カリフラワー	chou-fleur 男 (シューフルーる)
マッシュルーム	champignon 男 (シャンピニョン)
エンダイブ	chicorée 女 (シコれ)
キュウリ	concombre 男 (コンコンブる)
小キュウリ	cornichon 男 (コるニション)
クレッソン	cresson 男 (クれッソン)
エシャロット	échalote 女 (エシャろットゥ)
チコリ	endive 女 (アンディーヴ)
ホウレン草	épinard 男 (エピナーる)
インゲン豆	haricots 男 複 (アりコ)
サヤインゲン	haricots verts (アりコ ヴェーる)
レタース	laitue 女 (レテュ)
レンズ豆	lentilles 女 複 (ランティーユ)
ノヂシャ	mâche 女 (マーシュ)
カブ	navet 男 (ナヴェ)
タマネギ	oignon 男 (オニョン)
グリンピース	petits pois (プティ ポワ)

◆ 食品名の単語帳　193

男 複

長ネギ　poireau 男
　　　　ポワロー

ピーマン　poivron 男
　　　　　プワヴロン

ジャガイモ　pomme 女 de
　　　　　　ポム　　　ドゥ
　terre
　テール

カボチャ　potiron 男;
　　　　　ポティロン
　courge 女
　クルジュ

ズッキーニ　courgette 女
　　　　　　クルジェットゥ

ラディッシュ　radis 男
　　　　　　　ラディ

トマト　tomate 女
　　　　トマトゥ

トリュフ　truffe 女
　　　　　トリュフ

(果物)

アンズ　abricot 男
　　　　アブリコ

アーモンド　amande 女
　　　　　　アマンドゥ

パイナップル　ananas 男
　　　　　　　アナナ

バナナ　banane 女
　　　　バナーヌ

ピーナツ　cacaouète 女
　　　　　カカウエートゥ

サクランボ　cerise 女
　　　　　　スリーズ

クリの実　châtaigne 女
　　　　　シャテーニュ

クリ（調理済み）　marron
　　　　　　　　　マロン
　男

レモン　citron 男
　　　　スィトゥロン

ナツメヤシ　datte 女
　　　　　　ダットゥ

イチジク　figue 女
　　　　　フィーグ

イチゴ　fraise 女
　　　　フレーズ

キイチゴ　framboise 女
　　　　　フランブワーズ

ザクロ　grenade 女
　　　　グるナードゥ

スグリ　groseille 女
　　　　グろゼーユ

カキ（柿）　kaki 男
　　　　　　カキ

ミカン　mandarine 女
　　　　マンダリーヌ

クルミ　noix 女
　　　　ヌワ

ヘーゼルナッツ　noisette
　　　　　　　　ヌワゼットゥ
　女

オレンジ　orange 女
　　　　　オランジュ

グレープフルーツ
　pamplemousse 男
　パンプルムース

スイカ　pastèque 女
　　　　パステーク

モモ　pêche 女
　　　　ペーシュ

ナシ　poire 女
　　　プワール

リンゴ　pomme 女
　　　　ポム

プラム prune 女
ブドウ raisin 男

(乳製品)

牛乳 lait 男
全乳 lait entier
脱脂乳 lait écrémé
コンデンスミルク lait concentré〔condensé〕
粉ミルク lait en poudre
クリーム crème 女
生クリーム crème fraîche
(無塩)バター beurre 男
有塩バター beurre salé
無塩バター beurre sans sel
＊ただ beurre と言うだけでも無塩バターを意味する．
チーズ fromage 男
クリームチーズ fromage blanc
ヨーグルト yaourt 男
プレーンヨーグルト yaourt nature
アイスクリーム glace 女

(香辛料・甘味料)

スパイス épice 女
塩 sel 男
精製塩 sel fin
調理用食塩 sel gris〔de cuisine〕
あら塩 gros sel
コショウ poivre 男
粒コショウ poivre en grains
酢 vinaigre 男
油 huile 女
オリーブ油 huile d'olive
落花生油 huile d'arachide
マスタード moutarde 女
ガーリック ail 男
ナツメグ muscade 女

トウガラシ piment 男
   ピマン

赤トウガラシ piment rouge
   ピマン るージュ

ウイキョウ fenouil 男
   フヌーユ

サフラン safran 男
   サフらン

シナモン cannelle 女
   カネル

ミント menthe 女
   マントゥ

砂糖 sucre 男
   スュクる

グラニュー糖 sucre cristallisé
   スュクる クリスタリゼ

粉砂糖 sucre en poudre
   スュクる アン プードゥる

角砂糖 sucre en morceaux
   スュクる アン モるソー

氷砂糖 sucre candi
   スュクる カンディ

赤砂糖 sucre brun
   スュクる ブらン

蜂蜜 miel 男
   ミエル

(穀類)

パスタ pâtes 女 複
   パートゥ

スパゲッティ spaghetti 男 複
   スパゲティ

マカロニ macaroni 男
   マカろニ

バーミセル vermicelle 男
   ヴェるミセル

ヌードル nouilles 女 複
   ヌイユ

ラビオリ ravioli 男 複
   らヴィオリ

そば sarrasin 男
   サらザン

セモリナ semoule 女
   スムール

クスクス couscous 男
   クスクス

コーンフレーク flocons 男 複 de maïs / céréales 女 複
   フロコン   ドゥ マイス セれアル

オートミール flocons d'avoine
   フロコン ダヴワーヌ

小麦粉 farine 女
   ファりーヌ

澱粉 fécule 女
   フェキュール

パン粉 chapelure 女
   シャプリュール

缶〔びん〕詰 boîte 女 de conserve
   ブワートゥ ドゥ コンセるヴ

◆ 花屋の単語帳

花　fleur 女
　フルール

植物　plante 女
　プラントゥ

花屋（人）　fleuriste 名
　フルリストゥ

花屋（店）　boutique 女 de
　ブーティック　ドゥ
　fleuriste
　フルリストゥ

花市場　marché 男 aux
　マルシェ　オ
　fleurs
　フルール

花束　bouquet 男 de fleurs
　ブーケ　ドゥ　フルール

花輪　couronne 女 de
　クーロヌ　ドゥ
　fleurs
　フルール

花かご　corbeille 女 de
　コルベーユ　ドゥ
　fleurs
　フルール

花びん　vase 男 à fleurs
　ヴァーズ　ア　フルール

花の鉢　pot 男 de fleurs
　ポ　ドゥ　フルール

（花の名前）

アマリリス　amaryllis 女
　アマリリス

アネモネ　anémone 女
　アネモーヌ

ツツジ　azalée 女
　アザレ

ツバキ　camélia 男
　カメリア

キク　chrysanthème 男
　クリザンテーム

ヒナゲシ　coquelicot 男
　コクリコ

クロッカス　crocus 男
　クロキュス

シクラメン　cyclamen 男
　スィクラメヌ

ダリア　dahlia 男
　ダリア

フリージア　freesia 男
　フレズィア

ゼラニウム　géranium 男
　ジェラニオム

グラジオラス　glaïeul 男
　グライウル

アイリス　iris 男
　イリス

ヒヤシンス　jacinthe 女
　ジャサントゥ

リラ　lilas 男
　リラ

ユリ　lis 男
　リス

マーガレット　marguerite
　マルグリットゥ
　女

ミモザ　mimosa 男
　ミモザ

スズラン　muguet 男
　ミュゲ

ワスレナグサ　myosotis 男
　ミオゾティス

スイセン　narcisse 男
　ナルスィス

カーネーション　œillet 男
　ウィエ

パンジー	pensée 女	バラ	rose 女
ボタン	pivoine 女	チューリップ	tulipe 女
サクラソウ	primevère 女	スミレ	violette 女

◆ 洋品小物の単語帳

小間物屋（人）	mercier, -ère 名
小間物屋（店）	mercerie 女
糸	fil 男
縫い糸	fil à coudre
綿糸	fil de coton
絹糸	fil de soie
毛糸	fil de laine
毛糸玉	pelote 女 de laine
糸巻き	bobine 女
縫い針	aiguille 女 (à coudre)
針の穴	chas (trou) 男 d'une aiguille
留め針	épingle 女
編み棒	aiguille 女 à tricoter
かぎ針	crochet 男
指ぬき	dé 男 à coudre
はさみ	ciseaux 男 複
裁縫箱	boîte 女 à couture
ボタン	bouton 男
ホック	agrafe 女
ホックの受け金	porte 女 d'agrafe
スナップ	bouton-pression 男
ファスナー	fermeture 女

éclair
エクレール

リボン ruban 男
リュバン

編みひも lacet 男
ラセ

レース dentelle 女
ダンテル

◆ 金物・雑貨の単語帳

金物屋 quincaillier, -ère 名
カンカイエ、カイエール

金物店 quincaillerie 女
カンカユリ

大工道具店 magasin 男 de bricolage
マガザン ドゥ ブリコラージュ

ナイフ couteau 男
クートー

金づち marteau 男
マルトー

釘 pointe 女 / clou 男
プワントゥ クルー

釘抜き tire-clou 男
ティール クルー

ネジ釘 vis 女
ヴィス

ドライバー tournevis 男
トゥるヌヴィス

フック crochet 男
クろシェ

手引きのこぎり scie 女 / égoïne
スィ エゴイーヌ

ペンチ pince 女
パンス

やっとこ tenailles 女 複
トゥナーユ

自在スパナ clef 女 anglaise〔à molette〕
クレ アングレーズ 〔ア モレットゥ〕

かんな rabot 男
らボ

のみ ciseau 男
スィゾー

きり（ドリル） foret 男 / poinçon 男
フォれ プワンソン

（雑貨）

タワシ（台所用） lavette 女
ラヴェットゥ

洗剤 détergent 男 / lessive 女
デテるジャン レスィヴ

石けん savon 男
サヴォン

トイレットペーパー papier 男 à toilette
パピエ ア トゥワレットゥ

防臭剤 désodorisant 男
デゾドりザン

殺虫剤 insecticide 男
アンセクトゥスィードゥ

ハエ取り紙 papier 男
パピエ

tue-mouches テュムーシュ	ハエたたき　tapette 女 タペットゥ

❏ 98 クリーニング店で

これはクリーニングに出した方がいいでしょう.	Il vaut mieux apporter ça au pressing. イル　ヴォー　ミウ　アポるテ　サ　オ　プれスィング
シーツ 1 組（2枚）と枕カバーを洗ってほしいのですが.	Je voudrais faire laver une paire de draps et une taie d'oreiller. ジュ　ヴドゥれ　フェーる　ラヴェ　ユヌ　ペーる　ドゥ　ドゥら　エ　ユヌ　テ　ドれイエ
ワイシャツを 3 枚, 洗ってください.	Voici trois chemises à laver. ヴワスィ　トゥるワ　シュミーズ　ア　ラヴェ
このズボンをプレスしてください.	Pouvez-vous repasser ce pantalon ? プヴェヴ　るパセ　ス　パンタロン
このズボンにアイロンをかけてください.	Donnez un coup de fer à ce pantalon. ドネ　アン　クー　ドゥ フェーる ア ス　パンタロン
この上着をクリーニングしてください.	Pouvez-vous nettoyer à sec ce veston ? プヴェヴ　ネトゥワイエ　ア　セック　ス　ヴェストン
この染みは落ちますか.	Est-ce que cette tache va partir ? エスク　セットゥ　ターシュ　ヴァ　パるティーる
出来上がりはいつですか.	**Pour quand pouvez-vous finir ?** プーる　カン　プヴェヴ　フィニーる

土曜日に出来上がります.	— Je pourrais finir pour samedi.
土曜日の朝取りに来てください.	Vous pourrez venir chercher samedi matin.
いちばん近いコインランドリーはどこですか.	Où se trouve la laverie (automatique) la plus proche ?
コインランドリーには洗剤の自動販売機はありますか.	Y a-t-il un distributeur de lessive à la laverie ?
このセーターはどのくらいの温度で洗えば良いのですか.	A quelle température je peux laver ce pull ?
乾燥機はどうすれば動くのですか.	Comment fonctionne le sèche-linge ?
アイロン台はどこですか.	Où est la planche à repasser ?
このアイロンは調子が悪い.	Ce fer à repasser ne marche pas.
アイロン掛けが終わった.	J'ai fini le repassage.

第3章　留学生活

❏99　フランス語を話す

フランス語が話せますか.	**Parlez-vous français ?** パルレヴ　フランセ
—はい, ほんの少し.	**— Oui, un tout petit peu.** ウィ　アン　トゥ　プティ　プー
—はい, やっと理解してもらえるくらいに.	— Oui, juste assez pour me faire comprendre. ウィ　ジュストゥ　アセ　プール　ム　フェール　コンプランドゥル
フランス語で話しかけられた時, わかりますか.	Comprenez-vous quand on vous parle en français ? コンプルネヴ　カントン　ヴ　パルル　アン　フランセ
—ゆっくり話された時しか, わかりません.	— Je ne comprends que quand on me parle lentement. ジュ　ヌ　コンプラン　ク　カントン　ム　パルル　ラントゥマン
フランス語で話してください.	Parlez-moi en français. パルレムワ　アン　フランセ
そんなに早く話さないでください.	Ne parlez pas si vite. ヌ　パルレ　パ　スィ　ヴィットゥ
フランス語を習い始めたばかりです.	Je commence à peine à apprendre le français. ジュ　コマンス　ア　ペーヌ　ア　アプランドゥル　ル　フランセ
フランス語は日本で1年間しか学んでいません.	Je n'ai appris le français que pendant un an au Japon. ジュ　ネ　アプリ　ル　フランセ　ク　パンダン　アナン　オ　ジャポン

フランス語の個人教授をしてくださる先生をご存じですか.	Connaissez-vous un professeur qui puisse me donner des cours particuliers de français ?
フランス語で自分を表現するのに苦労しています.	J'ai du mal à m'exprimer en français.
私は満足に表現できません.	Je ne peux pas m'exprimer d'une manière satisfaisante.

❏ 100 外国人講座で学ぶ

フランス語を学ぶには，どんな学校に登録すればいいのでしょうか.	Dans quel établissement scolaire puis-je m'inscrire pour apprendre le français ?

＊大学・学校などへの入学手続きを「登録」inscription と言う. 動詞は「登録する」s'inscrire.

―大学の外国人学生のための講座をお勧めします.	— Je vous conseille les cours pour les étudiants étrangers de l'université.
―国際センターの事務室へ行ってください.	— Adressez-vous au secrétariat du centre international.
外国人講座ではどんな免状が	Quels diplômes peut-on obtenir au cours

取れますか.	des étrangers ?
登録の書類がほしいのですが.	Je voudrais un dossier d'inscription.
登録には最近の写真３枚が必要です.	Il faut trois photos récentes pour l'inscription.
登録料〔受講料〕はいくらですか.	**Quels sont les droits d'inscription ?**
授業料はいくらですか.	Quels sonts les frais de scolarité ?
登録は９月１日から受け付けられます.	L'inscription sera reçue à partir du 1er septembre.

101 授業で

この前はどこで終わりましたか.	Où nous sommes-nous arrêtés la dernière fois ?
―10ページの最後で終わりました.	― Nous nous sommes arrêtés à la fin de la page dix.
―5章を終わりました.	― On a fini le chapitre cinq.
新しい章に入りましょう.	On va commencer un nouveau chapitre.
今日は何ページからですか.	A quelle page commençons-nous aujourd'hui ?

今日の授業は10ページの2段落目からです．	La leçon d'aujourd'hui commence au deuxième paragraphe de la page dix.
本の15ページを開いてください．	Ouvrez vos livres page quinze.
書き取りをします．紙とペンを出してください．	Nous allons faire une dictée. Prenez une feuille et un stylo.
間違えないようにしてください．	Ne vous trompez pas.
わかりましたか．	Vous avez compris ?
授業の予習をする時間がありませんでした．	Je n'ai pas eu le temps de préparer la leçon.
本を忘れてきました．隣の人に見せてもらっていいですか．	J'ai oublié mon livre. Est-ce que je peux suivre avec mon voisin ?
宿題をするのを忘れました．	**J'ai oublié de faire mes devoirs.**
宿題が締切に間に合いませんでした．	Je n'ai pas pu rendre le devoir à temps.
黒板の字が見えません．席を	Je n'arrive pas à lire les mots au tableau.

移ってもいいですか.	Puis-je changer de place ?
すみません. もう少し大きな字で書いていただけませんか.	Excusez-moi. Pourriez-vous écrire un peu plus gros ?
質問をしたいのですが.	Je voudrais vous poser une question. / J'ai une question.
この文の意味がわかりません. 説明していただけませんか.	Je ne comprends pas le sens de ce passage. Voulez-vous me l'expliquer ?
今おっしゃったことがよく聞き取れませんでした.	Je n'ai pas bien saisi ce que vous venez de dire.
すみません. もう一度言っていただけませんか.	**Excusez-moi. Pourriez-vous répéter ?**
申し訳ありません. 遅刻しました.	Je suis désolé(e). Je suis en retard.
教室から出てもいいでしょうか. 気分が悪いのです.	Est-ce que je peux sortir ? Je ne me sens pas bien.

デュラン先生は病気なので，授業はありません．	Monsieur Durand étant malade, il ne fera pas son cours.
今日は休講だ．	Il n'y a pas de cours aujourd'hui.
10時からの授業は14時に繰り下がります．	Le cours de dix heures sera reporté à quatorze heures.
各授業の間に5分間の休憩があります．	Il y a cinq minutes de pause entre chaque cours.

❏ 102 大学で

学生さんですか．	Etes-vous étudiant(e) ?
―まだ高校生です．1か月後にバカロレアを受験します．	― Je suis encore au lycée. Je passerai le bac dans un mois.
	*bac は話し言葉で baccalauréat の略．
―文学部の学生です．	― Je suis étudiant(e) en lettres.
―法学部にいます．	― Je suis en fac de droit.
	*fac は faculté (学部) の略．
あなたは何年生ですか．	En quelle année êtes-vous ?
―1年生です．	― Je suis en première année de licence.
―3年生です．	― Je suis en troisième année 〔de licence〕.

一聴講生として授業を受けています.	— Je suis les cours en auditeur libre. ジュ スュイ レ クール アノディトゥール リーブる *この je suis は動詞 suivre の現在形. suivre le cours は「授業を受ける」.
彼は私と同級です.	Il est dans la même classe que moi. イレ ダン ラ メーム クラス ク ムワ
彼はフランス語がよくできる.	Il est fort en français. イレ フォーる アン フらンセ
クラスでいちばんよくできる生徒だ.	C'est le meilleur élève de la classe. セ ル メイユーれレーヴ ドゥ ラ クラス
とてもよくできる生徒だ.	C'est un élève très brillant. セタンネレーヴ トれ ブりアン
いちばんできない生徒だ.	C'est le plus faible des élèves. セ ル プリュ フェーブル デゼレーヴ
大学の年間の費用はいくらかかりますか.	Combien coûte une année d'université ? コンビアン クートゥ ユナネ デュニヴェるスィテ
一フランスでは大学教育は無償です. 登録料だけを払います.	— En France, l'enseignement universitaire アン フらンス ランセニュマン ユニヴェるスィテーる est gratuit. On ne paie que les frais エ グらテュイ オン ヌ ペ ク レ フれ d'inscription. ダンスクりプスィオン
一私は奨学金をもらっています.	— J'ai obtenu une bourse d'études. ジェ オプトゥニュ ユヌ ブるス デテュッドゥ

❏ 103 グランゼコールで

彼は高等商業学校の学生だ.	Il est étudiant à HEC. イレ エテュディアン ア アシュセ *HEC は Ecole des Hautes études commerciales

の略．大学（Université）とは別に設けられた高等教育機関 grandes écoles の一つ．

この学校の教育課程は4か年だ．	Dans cette école, l'enseignement s'étend sur quatre années.
この学校では全科目が必修だ．	Toutes les matières sont obligatoires dans cette école.
この学校へ入学するには，中等教育を終えていなければならない．	Pour être admis à cette école, on doit avoir achevé son enseignement secondaire.
私が通っている学校は有料です．親が学費を負担しています．	Mon école est payante. Mes parents financent mes études.
私は授業料免除になりました．	Je suis exempté(e) des frais de scolarité.
この学校へ入学するには試験がある．	L'admission à cette école a lieu sur examen.
入学試験はいつ行われるのですか．	Quand est-ce que le concours d'admission aura-t-il lieu ?

＊concours は受験者が一定の定員を競う選抜試験．

1000人の志願者に対して100の定員	Il n'y a que cent places pour mille candidats.

しかない.	
彼は選抜試験に合格した. 数少ない合格者の一人だ.	Il a réussi son concours. Il fait partie des rares admis.
卒業証書は100人の学生に授与された.	Les diplômes ont été accordés à cent étudiants.

❏ 104 試験・成績

試験を受けるには受験申込み〔登録〕をしなければならない.	Il faut s'inscrire pour pouvoir passer les examens.
試験の登録期日はいつですか.	**Quelles sont les dates d'inscription aux examens ?**
試験範囲はどこですか.	**Sur quoi portera l'examen ?**
―試験範囲は今までやったところ全部です.	― L'examen portera sur tout ce qu'on a fait jusqu'ici.
試験のためには何を復習したらいいのですか.	Qu'est-ce qu'il faut réviser pour l'examen ?
―練習問題を全部復習しなさ	― Révisez tous les exercices.

試験はどのように採点されますか.	Comment est-ce que les épreuves sont notées ?

*épreuve（試験）は examen または concours に含まれる個々のテスト（口頭試問，筆記試験など）を指す.

—試験は 20 点満点で採点されます.	— Les épreuves sont notées sur vingt.
合格点は何点ですか.	**Quelle est la note d'admission ?**
—10 点以上です.	— Au-dessus de dix.
合格するには少なくとも 10 点以上を取らなければならない.	Il faut avoir au moins dix pour être admis.
受験者は筆記試験と口述試験の全体で少なくとも満点の半分を取らなければならない.	Les candidats doivent obtenir au moins la moyenne à l'ensemble des épreuves écrites et orales.
この試験の時間はどのくらいですか.	**Nous aurons combien de temps pour cette épreuve ?**
—3 時間です.	— On vous accorde trois heures.

問題は何題出ますか.	Combien de questions seront proposées ?
—出題は 8 問で, 受験者はそのうち 4 問に回答しなければなりません.	— Huit questions sont proposées et les candidats doivent en traiter quatre.
次の文を 20 行に要約しなさい.	Résumez le texte en vingt lignes.
カンニングをしてはいけない.	Ne trichez pas.
試験に合格しましたか.	Avez-vous réussi à l'examen ?
—いいえ, 不合格でした. 20 点満点の 8 点しか取れませんでした.	— Non, j'ai échoué. Je n'ai eu que huit sur vingt.
—筆記試験は合格でしたが, 口述試験で落ちました.	— J'ai réussi à l'écrit, mais échoué à l'oral.
何点取りましたか.	Quelle note avez-vous obtenue ?
—合格点ぎりぎりでした.	— J'ai eu tout juste la moyenne.
—最高点を取りました.	— J'ai eu le maximum.

❏ 105 単位

学士号には何単位を取らなければなりませんか.	**Combien d'unités de valeur faut-il obtenir pour la licence ?**

*unité de valeur は大学の履修単位. 学生はしばしば略して UV と言う.

- 18単位を取らなければなりません.
  — Il faut obtenir dix-huit unités.

- 1年生で何単位取れますか.
  Combien d'UV peut-on passer en première année ?

- **これらの単位は必修ですか.**
  Ces unités de valeur sont-elles obligatoires ?

- 主要単位は必修ですが, 自由選択単位は学生が自由に選択します.
  — Les unités dominantes sont obligatoires, mais les unités d'option libre sont librement choisies par l'étudiant.

- これはとても取りやすい〔取りにくい〕単位だ.
  C'est une UV très facile 〔difficile〕.

- 歴史の単位を取った〔落とした〕.
  J'ai réussi 〔J'ai raté〕 l'UV d'histoire.

❏ 106 講義・演習

ラテン語の授業はどの教室ですか.	Le cours de latin, c'est dans quelle salle ?
1年生の講義は階段教室で行われる.	Les cours magistraux de première année se déroulent dans l'amphithéâtre.

*cours magistral は教授が一方的にしゃべる大教室での講義.

演習は20名ほどの学生の小グループで行われる.	Les travaux dirigés se déroulent en petits groupes d'une vingtaine d'étudiants.
これは定員制の授業だ.	C'est un cours à effectif limité.
このクラスはいつもいっぱいだ.	Cette classe est toujours pleine.
この授業はもう席がない.	Il n'y a plus de place dans ce cours.
トマ先生の授業はとても人気がある.	Le cours de Monsieur Thomas est très demandé.
この講義はとてもおもしろい.	Ce cours est très intéressant.
まったく退屈だ, あの先生は.	Il est mortellement ennuyeux, ce prof.

*prof. は professeur の略語で学生の話し言葉.

この講義は何もわからない.	On ne comprend rien à ce cours.

◆ 学制の単語帳

幼稚園　école [女] maternelle
　　　　エコル　　　マテるネル

小学校　école primaire
　　　　エコル　プりメール

公立小学校　école publique
　　　　　　エコル　ピュブリック

私立小学校　école privée 〔libre〕
　　　　　　エコル　プりヴェ　〔リーブる〕

中学校　collège [男]
　　　　コレージュ

高等学校　lycée [男]
　　　　　リセ

大学　université [女] / faculté [女]
　　　ユニヴェるスィテ　　ファキュルテ

国立大学　université d'Etat
　　　　　ユニヴェるスィテ　デタ

私立大学　université privée
　　　　　ユニヴェるスィテ　プりヴェ

学部　faculté [女]
　　　　ファキュルテ

文学・人文学部　faculté des lettres et sciences humaines
　　　　　　　　ファキュルテ　デ　レットゥる　エ　スィアンス　ズュメーヌ

法学部　faculté de droit
　　　　ファキュルテ　ドゥ　ドゥらワ

経済学部　faculté des sciences économiques
　　　　　ファキュルテ　デ　スィアンスゼコノミック

理学部　faculté des sciences
　　　　ファキュルテ　デ　スィアンス

医学部　faculté de médecine
　　　　ファキュルテ　ドゥ　メドゥスィーヌ

薬学部　faculté de pharmacie
　　　　ファキュルテ　ドゥ　ファるマスィ

学科　département [男]; section [女]
　　　デパるトゥマン　　セクスィオン

学士号　licence [女]
　　　　リサンス

修士号　maîtrise [女] / master [男]
　　　　メトゥりーズ　　マステーる

博士号　doctorat [男]
　　　　ドクトら

(教職員)

教員　enseignant, -e [名]
　　　アンセニャン　トゥ

小学校教諭　instituteur, -trice [名]
　　　　　　アンスティテュトゥール　トりス

先生　maître, -sse [名]
　　　メートゥる　トゥれス

教師　professeur [男]
　　　プろフェスーる

高校教師　professeur de lycée

大学教授　professeur d'université

校長　directeur, -trice 名

リセの校長　proviseur 名

大学長　recteur 男

学部長　doyen 男

(教科課程など)

学年度　année 女 scolaire

大学年度　année universitaire

新学年　rentrée 女

学期（2学期制）　semestre 男

前〔後〕期　premier〔second〕semestre

学期（3学期制）　trimestre 男

＊フランスの学校では trimestre を使う. premier trimestre は9月からクリスマスまで, second trimestre はクリスマスから復活祭まで, troisième trimestre は復活祭から夏休みまで.

カリキュラム　programme 男 d'enseignement

履修案内書　guide 男 de l'étudiant

時間割　emploi 男 du temps

授業　cours 男

講義　cours magistral

演習　travaux 男 複 dirigés

実習　travaux pratiques

ゼミナール　séminaire 男

必修科目　matière 女 obligatoire

選択科目　matière à option

随意科目　matière facultative

単位　unité 女 de valeur

試験 examen 男 / épreuve 女

競争試験 concours 男

期末試験 examen 男 final

平常〔小〕テスト contrôle 男

平常点評価 contrôle continu

試験答案 copie 女

研究報告 mémoire 男

研究発表 exposé 男

修士論文 mémoire 男

博士論文 thèse 女

成績 note 女

評点 mention 女

（評点）秀 très bien

（評点）優 bien

（評点）良 assez bien

（評点）可 passable

（評点）不可 note insuffisante

◆ 文具の単語帳

（筆記用具）

鉛筆 crayon 男

鉛筆削り taille-crayons 男

万年筆 stylo 男

カートリッジ式万年筆

　stylo à cartouche

ボールペン stylo à bille

シャープペンシル

　porte-mine 男

芯入れ étui 男 de mine

ペン plume 女

金ペン plume d'or

マジックペン feutre 男

マーカー marqueur 男

インク encre 囡
　アンクる
赤インク encre rouge
　アンクる　るージュ
吸取紙 buvard 男
　ビュヴァーる
修正液 correcteur 男
　コれクトゥーる
消しゴム gomme 囡
　ゴム
字消しナイフ grattoir 男
　グらトゥワーる
下敷き sous-main 男
　スーマン

(用紙類)

紙 papier 男
　パピエ
紙 1 枚 une feuille de papier
　ユヌ　フーユ　ドゥ　パピエ
便箋 papier à lettres
　パピエ　ア　レットゥる
封筒 enveloppe 囡
　アンヴロップ
ノート cahier 男
　カイエ
雑記帳 cahier de brouillon
　カイエ　ドゥ　ブるイヨン
手帳 carnet 男 / calepin 男
　カるネ　　　　カルパン
カード fiche 囡
　フィシュ
ルーズリーフ feuille 囡 volante
　フーユ　　　ヴォらントゥ
罫紙 papier 男 réglé
　パピエ　　れグレ
方眼紙 papier quadrillé
　パピエ　カドゥりーユ
五線紙 papier à musique
　パピエ　ア　ミュズィック
画用紙 papier à dessin
　パピエ　ア　デッサン
アート紙 papier couché
　パピエ　クーシェ
トレーシングペーパー papier-calque
　パピエカルク
カーボン紙 papier carbone
　パピエ　カるボヌ
油紙 papier huilé
　パピエ　ユイレ
壁紙 papier peint
　パピエ　ペン
包装紙 papier d'emballage
　パピエ　ダンバラージュ
再生紙 papier recyclé
　パピエ　るスィクレ
ボール紙 carton 男
　カるトン

(その他の文具類)

定規 règle 囡
　れーグル
目盛付き定規 règle graduée
　れーグル　グらデュエ

雲形定規	pistolet 男 à dessin
コンパス	compas 男
メートル尺	mètre 男
巻き尺	mètre à ruban
折り尺	mètre pliant
カッター	cutter 男
はさみ	ciseaux 男 複
画鋲	punaise 女
ピン	épingle 女
糊	colle 女
スティック糊	bâton 男 de colle
接着剤	adhésif 男
セロテープ	ruban 男 adhésif / scotch 男
ガムテープ	rouleau 男 de gros scotch
クリップ	trombone 男
ホッチキス	agrafeuse 女
ホッチキスの針	agrafes 女 複
穴あけ器	perforateur 男
細ひも	ficelle 女
計算器	machine 女 à calculer / calculateur 男
ポケット電卓	calculette 女
コピー機	photocopieuse 女

❏ 107 図書館で

図書館の開館時間をご存じですか.	Connaissez-vous les horaires d'ouverture de la bibliothèque ?
いま図書館は開いていますか.	Est-ce que la bibliothèque est ouverte maintenant ?
図書を閲覧するには, どんな手続きをしなければなりませんか.	**Quelles formalités dois-je remplir pour obtenir communication des ouvrages ?**
—閲覧室にお入りください. 自分で書棚から本を取り出せます.	— Entrez dans la salle de lecture. Vous pouvez prendre vous-même les livres sur les rayons.
—書庫に保管されている本を閲覧するには, 請求票を書かなければならない.	— Pour obtenir communication d'un volume conservé dans les magasins, vous devez rédiger un bulletin de demande.
この本を借りたいのですが. できますか.	**Je voudrais emprunter ce livre. C'est possible ?**
—はい, しかし, まず登録が必要です. 事務所へ行って	— Oui, mais il faut vous inscrire d'abord. Adressez-vous au secrétariat.

てください.
―いいえ，ここは貸出図書館ではありません.
―館内で本を見てください.
―閲覧室で一般の使用に供されている常備図書は貸出しできません.

図書館の登録料はいくらですか.

―年間20ユーロです.

図書館の貸出カードを紛失しました. 再発行してもらえますか.

―はい，写真と住所の証明が必要です.

本の貸出期間はどのくらいですか.

――度に5冊まで期間は3週

— Non, ce n'est pas une bibliothèque de prêt.

— Vous devez consulter les livres sur place.

— Les usuels mis à la disposition du public dans les salles de lecture sont exclus du prêt.

Combien coûte l'inscription à la bibliothèque ?

— C'est vingt euros pour l'année.

J'ai perdu ma carte de bibliothèque. Pouvez-vous me la refaire ?

— Oui, il faut une photo et un justificatif de domicile.

Combien de temps peut-on garder les livres ?

— Vous avez le droit d'emprunter au

間借りられます.	maximum cinq livres à la fois pour une durée de trois semaines.
ノートパソコンを接続できますか.	Est-ce que je peux brancher mon portable ?
—はい, それぞれの机にコンセントとLANの接続口があります.	— Oui, vous avez des prises de courant et des prises réseau sur chaque table.
目録を調べるにはどうするのですか.	**Comment fait-on pour consulter le catalogue ?**
—目録で検索をするために閲覧室全体にコンピューターの端末が配置されています.	— Vous avez des bornes [terminaux] réparti(e)s dans toute la salle pour faire vos recherches sur le catalogue.
図書館の目録はインターネットで見ることができます.	Le catalogue de la bibliothèque est consultable sur Internet.
このコピー機はどのようにして使うのですか.	Comment fonctionne cette photocopieuse ?
小銭がなければ受付で売って	Si vous n'avez pas de monnaie, vous

いる磁気カードを使えます. pouvez utiliser une carte magnétique qui est en vente à l'accueil.

◆ 図書館の単語帳

貸出図書館	bibliothèque de prêt
巡回図書館	bibliobus 男
図書館員	bibliothécaire 名
閲覧室	salle 女 de lecture
展示室	salle d'exposition
CDライブラリー	discothèque 女
図書目録	répertoire 〔catalogue〕男 de livres
著者名目録	répertoire par nom d'auteur
著者別カード	fiche 女 auteur
カードボックス	fichier 男
整理番号	cote 女
書庫	magasin 男
書架	casier 男 à livres
書名	titre 男
著者	auteur 男
閲覧	communication 女
館外貸出	prêt 男
貸出係	service 女 de prêt
「貸出禁止」	« Exclu du prêt »

第4章　パソコンとインターネット

❏ 108　パソコンを使う

パソコンができますか.	Savez-vous utiliser un ordinateur ? サヴェ　ヴ　ユティリゼ　アノルディナトゥール
家にデスクトップがありますが, 移動のためにノート型も持っています.	A la maison j'ai un ordinateur de bureau, ア　ラ　メゾン　ジェ　アノルディナトゥール　ドゥ　ビュロー mais j'ai aussi un ordinateur portable メ　ジェ　オスィ　アノルディナトゥール　ポるタ-ブル pour mes déplacements. プール　メ　デプラースマン
パスワードを3か月ごとに変更する必要があります.	Il faut que vous changiez votre mot de イル　フォ　ク　ヴ　シャンジエ　ヴォートゥる　モ　ドゥ passe tous les trois mois. パス　トゥ　レ　トゥろワ　ムワ
ノート型パソコンをどこにつないだらいいでしょうか.	**Où est-ce que je peux brancher** ウ　エスク　ジュ　プー　ブらンシェ **mon ordinateur portable ?** モノるディナトゥール　ポるタ-ブル
このコンピューターのメモリーはどのくらいありますか.	Combien cet ordinateur a-t-il de mémoire ? コンビアン　セットるディナトゥール　アティル　ドゥ　メムワーる
私のコンピューターには, このソフトを使うのに十分なメモリーがありません.	Mon ordinateur n'a pas assez de mémoire モノるディナトゥール　ナ　パ　アセ　ドゥ　メムワーる pour travailler avec ce logiciel. プール　トゥらヴァイエ　アヴェック　ス　ロジスィエル

ハードディスクには空き容量があまりありません．	Il ne reste pas beaucoup d'espace sur le disque dur.
ハードディスクのクリーンアップを忘れずにしていますか．	Est-ce que vous pensez à nettoyer votre disque dur ?
このコンピューターには CDR が付いています．	Cet ordinateur est équipé d'un graveur de CDR.
パソコンが固まってしまいました．	**L'ordinateur est bloqué.**
私のコンピューターはしょっちゅうフリーズします．	Mon ordinateur se plante sans arrêt.
どのようにして再起動するのですか．	Comment le remettre en marche [le redémarrer] ?
―電源ボタンを押してシャットダウンし，10秒待って再び電源を入れます．	― Il faut l'éteindre à l'interrupteur, attendre dix minutes et rallumer.
このプリンターは接続されて	Cette imprimante n'est pas connectée.

いません.	
プリンターのカラーインクがなくなりました. カートリッジを交換しないと.	La cartouche couleur de l'imprimante est épuisée. Il faut la remplacer. ラ カルトゥーシュ クールール ドゥ ランプリマントゥ エ テピュイゼ イル フォー ラ らンプラセ
このコンピューターから印刷できますか.	**Est-ce que je peux imprimer depuis ce poste ?** エスク ジュ プ アンプリメ ドゥピュイ ス ポストゥ
この原稿をA4サイズに印刷したいのですが.	J'aimerais imprimer ce texte au format commercial. ジェムれ アンプリメ ス テクストゥ オ フォるマ コメるスィアル
写真を下向きにしてスキャナーに置いてください.	Mettez〔Placez〕les photos dans le scanner face vers le bas. メテ 〔プラセ〕 レ フォト ダン ル スカネール ファース ヴェール ル バ
フリーウェアのソフトをインストールしました.	J'ai installé un logiciel gratuit. ジェ アンスタレ アン ロジスィエル ぐらテュイ
この画像編集のソフトのインストールの仕方をご存じですか.	**Savez-vous comment on installe ce logiciel de traitement d'image ?** サヴェヴ コマン オンナンスタル ス ロジスィエル ドゥ トゥれートゥマン ディマージュ
文書作成ソフトは何をお使いですか.	Quel logiciel de traitement de texte utilisez-vous ? ケル ロジスィエル ドゥ トゥれートゥマン ドゥ テクストゥ ユティリゼヴ

私は表計算ソフトが使えません.	Je ne sais pas me servir d'un tableur 〔une feuille de calcul〕.
私はドキュメントを保存するのに USB メモリーを使用しています.	J'utilise une clé USB pour sauvegarder mes documents.
私は外付けハードディスクに,たくさんのデータをストックしています.	Je stocke beaucoup de données sur un disque dur externe.
重要なファイルを消してしまった.	J'ai effacé un fichier important.
だれかがデータにアクセスした.	Quelqu'un a eu accès à nos données.
このフォルダー名の変更ができません.	Je n'arrive pas à modifier le nom de ce dossier.
毎回データの保存を忘れずにしてください.	N'oubliez pas de faire des sauvegardes régulièrement.
基本ソフトのアップデートをするところです.	Je vais faire la mise à jour de mon système d'exploitation.

スクリーンセーバーに私の猫の写真を入れました.	J'ai mis la photo de mon chat comme écran de veille.
ウィルスに感染している.	Il y a un virus.
有効なワクチンを入れているというのは確かですか.	Etes-vous sûr d'avoir un bon anti-virus ?

◆ パソコンの単語帳

パソコン
  micro-ordinateur 男 /
  ordinateur personnel /
  PC 男

デスクトップ型パソコン
  ordinateur de bureau

ノートパソコン　ordinateur portable

ハードウェア　matériel 男

ソフトウェア　logiciel 男

キーボード　clavier 男

キー　touche 女

ディスプレー　écran 男

数字テンキー　pavé 男 numérique

マウス　souris 女

マウスパッド　tapis 男 souris

アイコン　icône 女

プリンター　imprimante 女

パスワード　mot 男 de passe

クリックする　cliquer

USB メモリー　clé 女

USB
ハードディスク disque dur
メモリー mémoire [女]
ROM mémoire morte
RAM mémoire vive
スキャナー scanner [男]
インストールする installer
ファイル fichier [男]
添付ファイル fichier joint
テキストファイル fichier texte
フォルダー dossier [男]
ウィルス virus [男]

❏ 109 インターネットを使う

フランス国鉄のサイトはとても便利です．	Le site internet de la SNCF est très pratique.
私は自分のホームページを作りました．	J'ai créé ma propre page personnelle.
ホームページを更新しました．	J'ai mis à jour ma page personnelle.
ホームページにもどるには，このボタンをクリックしてください．	Cliquez sur ce bouton pour revenir à la page d'accueil.
これは私たちの会のサイトへのリンクです．	C'est un lien vers le site de notre association.

109 インターネットを使う

彼はインターネットサーフィンをして，毎日を過ごしている．	Il passe ses journées à naviguer 〔surfer〕 sur Internet.
私はインターネットで料理の作り方を探します．	Je cherche une recette de cuisine sur Internet.
どの検索エンジンがいちばん速いですか．	Quel moteur de recherche est le plus rapide ?
ヒット数を制限するには，詳しい検索をしなければならない．	Pour limiter le nombre de réponses, il faut faire des recherches détaillées.
私はよくインターネットで買い物をします．	Je fais souvent des achats en ligne 〔par Internet〕.
私はネット書店を全部知っています．	Je connais toutes les librairies électroniques 〔du web, de la toile〕.
この問題を解決するために掲示板を見てみよう．	Je vais consulter le forum de discussion pour résoudre ce problème.
私の考えをこの掲示板に書く	Je vais écrire 〔envoyer〕 ce que je pense à

つもりです.	ce forum de discussion.
出会い系サイトはとても人気がある.	Les sites de rencontres ont beaucoup de succès.
良いゲームソフトを見つけた.	J'ai trouvé un bon logiciel de jeu.
インターネットのおかげで,話し相手と直接交渉することができる.	Grâce à Internet, on peut dialoguer avec l'interlocuteur en direct.
彼は音楽や映画を毎日ダウンロードしている.	Il télécharge tous les jours de la musique et des films.
この資料を表示するには,専用のソフトをダウンロードしなければならない.	Pour visualiser ce document, il faut télécharger le logiciel adapté.
このサイバーカフェはオンラインゲーム専門だ.	Ce cybercafé〔café-Internet, webcafé〕est spécialisé dans les jeux en réseau.
インターネットにどうやって接続していますか.	Comment vous connectez-vous à Internet ?

—ケーブル回線〔電話回線, ADSL〕での接続を利用しています.	— J'utilise une connection par cable 〔par téléphone, ADSL〕.
セット価格が高すぎるのでプロバイダーを変えました.	J'ai changé de fournisseur d'accès (à Internet), le forfait étant trop cher.
無制限の契約をしています. とても便利です.	J'ai un abonnement illimité. C'est très pratique.
私のパソコンにはモデムがないので買わなければならなかった.	Mon ordinateur n'avait pas de modem, j'ai dû en acheter un.
私のパソコンはLANに接続しています.	Mon ordinateur est connecté sur un réseau local.

❏ 110 Eメールを使う

先週Eメールアドレスを取得しました.	J'ai une adresse e-mail 〔mél, courriel〕 depuis la semaine dernière.
メールを送ります.	**Je vais vous envoyer un e-mail.**
ポールからのメールを転送	**Je vais réexpédier l'e-mail de Paul.**

します.	
私のメールアドレスが変わりました.	Mon adresse e-mail 〔adresse électronique〕 a changé.
私の古いアドレスは1か月後に不通になります.	Mon ancienne adresse va expirer dans un mois.
今日はメールを3通受け取りました.	Aujourd'hui, j'ai reçu trois messages.
週末までに返事をいただけますか.	Pouvez-vous me répondre avant la fin de la semaine ?
あなたはいつもメールの件名を入れ忘れる.	Vous oubliez toujours de remplir l'objet de vos messages.
受信トレイがいっぱいです.	Ma messagerie électronique est pleine 〔saturée〕.
私の報告書を添付書類としてお送りします.	**Je vous envoie mon mémoire en pièce jointe.**
添付書類を保存なさりたいのですか.	Est-ce que vous voulez enregistrer les pièces jointes ?
これは圧縮書類です.読むには解凍しなければならない.	C'est un document compressé. Il faut le décompresser pour le lire.

文字化けのメールを受け取りました.	J'ai reçu un mail dans un format illisible.
文字化けしています.	**Le texte est déformé.**
怪しいメールは開かないでください. ウィルスを含んでいるかもしれません.	N'ouvrez pas les courriels suspects. Ils peuvent contenir des virus.
サーバーが休止しているのでメールを受け取ることができません.	Mon serveur est hors service, je ne peux pas recevoir de mails.
あなたのメールをチーフに転送します.	Je fais suivre votre mail au chef.
フリーメールをもう試してみましたか.	Avez-vous déjà essayé les serveurs de mail gratuits ?
メーリングリストに加入しました.	Je me suis inscrit(e) sur une liste de diffusion.

◆ インターネットとEメールの単語帳

メール　message 男
　　　　メサージュ

メールアドレス　adresse
　　　　　　　　アドゥれス
　女 e-mail / adresse mél /
　　イーメル　　アドゥれス　メル
　adresse électronique personnelle
　アドゥれス　エレクトゥロニック　ペるソネル

件名　objet 男
　　　オブジェ

サーバー　serveur 男
　　　　　セるヴーる

プロバイダー　fournisseur 男 d'accès
　　　　　　　フるニスーる　　　　　ダクセ

ウェブサイト　site 男
　　　　　　　スィットゥ

ホームページ　page 女 d'accueil / page
　　　　　　　パージュ　　ダクーユ　　パージュ

リンク　lien 男
　　　　リアン

検索　recherche 女
　　　るシェるシュ

検索する　rechercher
　　　　　るシェるシェ

ダウンロードする　télécharger
　　　　　　　　　テレシャるジェ

掲示板　forum 男 de discussion
　　　　フォろム　　　ドゥ　ディスキュスィオン

チャット　chat 男
　　　　　チャットゥ

LAN　réseau 男 local
　　　れゾー　　　ロカル

モデム　modem 男
　　　　モデム

第5章　人とつきあう

❏111 紹介する・される

友人を紹介します.	**Je vous présente un ami〔une amie〕.** ジュ ヴ プレザントゥ アナミ 〔ユナミ〕 ＊mon ami(e) と言うと「私の恋人」の意味になる.
山田さんを紹介させていただきます.	Permettez-moi de vous présenter Monsieur Yamada. ペルメテ ムワ ドゥ ヴ プレザンテ ムスィウ ヤマダ
こちらが山田さんです.	Voici〔C'est〕Monsieur Yamada. ヴワスィ 〔セ〕 ムスィウ ヤマダ
―はじめまして.	**― Enchanté(e), Monsieur〔Madame〕.** アンシャンテ ムスィウ 〔マダム〕 ＊日常の場面では,たんに Bonjour でもよい.
―お知り合いになれてうれしく存じます.	― Je suis très heureux〔heureuse〕 de vous connaître. ジュ スュイ トゥレズーるー 〔ズーるーズ〕 ドゥ ヴ コネートゥる ＊content(e), charmé(e), enchanté(e) なども用いる.
同僚の山田氏をご紹介申し上げます.	J'ai l'honneur de vous présenter M. Yamada, un de mes collègues. ジェ ロヌーる ドゥ ヴ プレザンテ ムスィウ ヤマダ アン ドゥ メ コレーグ
―お目にかかれて光栄です.	― C'est un honneur pour moi de vous rencontrer. セタノヌーる プーる ムワ ドゥ ヴ らンコントゥれ
―お知り合いになれて光栄に存じます.	― Je suis très honoré(e) de faire votre connaissance. ジュ スュイ トゥレゾノれ ドゥ フェーる ヴォトゥる コネサンス
―こちらこそうれしく存じます.	― Tout le plaisir est pour moi. / C'est moi qui suis heureux〔heureuse〕. トゥ ル プレズィーる エ プーる ムワ / セ ムワ キ スュイ ウーるー 〔ウーるーズ〕

前からお目にかかりたいと思っていました.	Je voulais vous voir depuis longtemps. ジュ ヴレ ヴ ヴワール ドゥピュイ ロンタン
お目にかかれるのを,お待ちしていました.	J'attendais avec impatience de vous voir. ジャタンデ アヴェッカンパスィアンス ドゥ ヴ ヴワール

❑ 112 人物を語る(良い評価)(→ p.49 も参照)

どんな人ですか.	**C'est quel genre d'homme ?** セ ケル ジャンる ドム ＊de personne とすれば,女性についても使える.
彼は親切で正直で良識がある.	Il est gentil, honnête et sensé. イレ ジャンティ オネートゥ エ サンセ
誠実で善良な人です.彼は信用できます.	C'est un homme loyal et bon. On peut lui セタノム ルワイヤル エ ボン オン プー リュイ faire confiance. フェーる コンフィアンス
彼は善良そのものだ.	Il est la bonté même. イレ ラ ボンテ メーム
彼は心がやさしい.	Il a bon cœur. / Il a du cœur. イラ ボン クーる / イラ デュ クーる
彼は思いやりのある人だ.	Il est charitable. イレ シャリタブル
彼は気前が良い.	Il est généreux. イレ ジェネるー
彼は金銭に無欲だ.	Il est désintéressé en matière d'argent. イレ デザンテれセ アン マティエーる ダるジャン
彼は度量が大きい.	Il est large〔ouvert〕d'esprit. イレ らるジュ 〔ウヴェーる〕 デスプり
信仰心のあつい人だ.	C'est un homme pieux〔dévot〕. セタノム ピィウー 〔デヴォ〕

112 人物を語る（良い評価）

良い人です．	C'est quelqu'un de bien.
高徳の人だ．	C'est un homme d'une haute valeur morale.
優れた人物です．	C'est un homme de valeur.
彼は頭が良い．	Il est intelligent.
偉大な才能の持ち主です．	C'est un homme d'un grand talent.
彼は音楽の才能があります．	Il a du talent pour la musique.
彼はインテリ〔学者，賢者〕だ．	Il est intellectuel〔savant, sage〕.
生き字引です．	C'est une encyclopédie vivante〔ambulante〕.
機知に富んだ人だ．	C'est un homme〔une femme〕d'esprit.
彼は頭の回転が早い．	Il a l'esprit vif.
彼は大いにやる気がある．	Il a beaucoup de bonne volonté.
決断力のある人だ．	C'est un homme décidé.
行動的な人だ．	C'est un homme entreprenant.
とても勤勉な人です．	C'est une personne très assidue.
彼は進取の気性に富んでいる．	Il a l'esprit d'initiative.
節操のある人だ．	C'est un homme de principes.

能力のある人だ.	C'est un homme compétent.
とても社交的な人だ.	C'est un homme très sociable.
常識のある人だ.	C'est un homme de bon sens.
彼は責任感がある.	Il a le sens des responsabilités.
全く実直で気さくな人だ.	C'est quelqu'un d'une grande simplicité, sans manières.
彼はとても控えめな人だ.	Il est très réservé.
彼は冗談好きだ.	Il est farceur.
彼女は愛想よく振る舞う.	Elle se montre affable.
魅惑的な女性だ.	C'est une femme séduisante.
彼女はとても洗練されている.	Elle est sophistiquée.

❑ 113 人物を語る（悪い評価）

彼はちょっと変わっている.	Il est un peu spécial.
彼はすぐに気を悪くする.	Il est très susceptible.
感じの悪い男だ.	C'est un homme antipathique.
彼は意地悪だ.	Il est méchant.
冷たい人だ.	C'est un homme indifférent.

113 人物を語る（悪い評価）

ぼんやり者だ.	C'est un homme distrait.
平凡な人だ.	C'est un médiocre.
無責任な人だ.	C'est un irresponsable.
抜け目のない男だ.	C'est un homme habile.
彼はうそつきだ.	Il est menteur.
彼〔彼女〕は詮索好きだ.	Il est 〔Elle est〕 inquisiteur 〔inquisitrice〕.
彼は気まぐれだ.	Il est lunatique.
彼は頑固で自分がいつも正しいと思っている.	Il est têtu, il veut toujours avoir raison.
彼は本心を隠す人だ〔隠し立てが好きだ〕.	Il est dissimulateur 〔cachottier〕.
彼は思っていることを面と向かっては言わない.	Il ne dit pas en face ce qu'il pense.
彼は仕事が雑でいい加減だ.	Il est brouillon et approximatif dans son travail.
彼は身なりがだらしない.	Il est négligé.
彼〔彼女〕は嫉妬深い.	Il est 〔Elle est〕 jaloux 〔jalouse〕.

彼〔彼女〕は疑い深い.	Il est〔Elle est〕soupçonneux〔soupçonneuse〕.
彼〔彼女〕は変わり者だ.	C'est un original〔une originale〕.
彼は気楽な人だ.	Il est sans-souci.
彼は常識がない.	Il manque de bon sens.
無知な男だ.	C'est un ignorant.
彼はすぐにいらいらする.	Il s'énerve facilement.
彼はひねくれている.	Il a l'esprit tordu.
彼〔彼女〕は見栄っぱりだ.	Il est〔Elle est〕frimeur〔frimeuse〕.
彼はばかだ.	Il est imbécile〔idiot, stupide, bête〕.
彼女はファッションのセンスがない.	Elle ne sait pas s'habiller.
彼はしみったれ〔けち〕だ.	Il est mesquin〔avare〕.
彼は浪費家だ.	Il est dépensier〔gaspilleur〕.

❏ 114 人物を語る（その他）

食通だ.	C'est un gourmet.
美食家だ.	C'est un gastronome〔un fin gourmet〕.

食いしんぼうだ.	C'est un gourmand.
大食漢だ.	C'est un gros 〔grand〕 mangeur.
彼女は食が細い.	Elle a un appétit d'oiseau.
愛飲家だ.	C'est un amateur de bon vin.
大酒飲み〔アル中〕だ.	C'est un gros buveur 〔un alcoolique〕.
彼は人柄が良い〔悪い〕.	Il a bon 〔mauvais〕 caractère.
彼はつきあいやすい〔にくい〕.	Il est facile 〔difficile〕 à vivre.
彼は内気な人〔引っ込み思案〕だ.	Il est timide.
彼は倹約家〔しまり屋〕だ.	Il est économe.

□115 仲・不仲

彼と仲良くやってますか.	**Vous vous entendez bien avec lui ?**
―はい, 彼とはとても仲良しです.	**― Oui, je m'entends très bien avec lui.**
私は同僚とうまくいってます.	J'ai de bonnes relations avec mes collègues.
彼は私に親切です.	Il est gentil avec moi.

私は彼を尊敬しています.	J'ai de l'estime pour lui.
あなたはポールと何かあるのですか.	Qu'est-ce que vous avez avec Paul ?
―仲たがいしています.	**— Nous sommes en froid.**
ポールとジャックの間に何かあったのですか.	Qu'est-ce qui se passe entre Paul et Jacques ?
―彼らは仲たがいしています.	— Ils sont fâchés.
彼のどこを責めているのですか.	Que lui reprochez-vous ?
―威圧的で横暴なところです.	— Son caractère autoritaire et dominateur.
私たちが仲たがいしたことは残念に思っています.	Je regrette que nous nous soyons brouillés.
私は彼と仲が良い〔悪い〕.	Je suis en bons 〔mauvais〕 termes avec lui.
彼と仲直りするのにどうしたらいいか, わかりません.	Je ne sais pas comment faire pour me réconcilier avec lui.
我慢しなければいけない.	Il faut tenir le coup.

彼はいつも私をがっかりさせる.	Il me déçoit toujours.
彼は私にとても厳しい.	Il est très dur avec moi.
彼が何を考えているのかわかりません.	On ne sait pas ce qu'il pense.
彼女は何でもないことで騒ぎ立てる.	Elle fait des histoires pour rien.
彼女には我慢できません.	Je ne peux pas la supporter.

❏ 116 お茶をする

お茶を飲みませんか.	Si (l')on allait prendre un petit thé ?
喫茶店〔ティールーム〕に入りましょう.	Allons dans le salon de thé.
紅茶はどのようにして召し上がりますか.	Comment prenez-vous votre thé ?
―ミルクと砂糖を入れたのが好きです.	— Je l'aime avec du lait et du sucre.
―砂糖だけで,いただきます.	— Je le prends avec du sucre seulement.
―レモンスライスを入れて,	— Je le prends avec une rondelle de

いただきます.	citron.
一何も入れずに〔砂糖なしで〕飲みます.	— Je le prends pur〔sans sucre〕.
砂糖を入れますか.	Prenez-vous du sucre ?
一はい, 角砂糖を1個お願いします.	— Oui, un morceau, s'il vous plaît.
紅茶はおいしく入っていますか.	Le thé est bien infusé ?
これは少し濃い〔薄い〕.	C'est un peu fort〔léger〕.
紅茶にもっとお湯を入れたいのですが.	Je voudrais plus d'eau chaude pour mon thé.
紅茶をもう少し足していただけますか.	Pouvez-vous me remettre un peu de thé ?

❑ 117 飲みに行く

一杯やりませんか.	**On va prendre un verre〔un pot〕?** *un verre (グラス) も un pot (つぼ) も「酒」を意味する.
何か飲みませんか.	On va prendre quelque chose ?
何か冷たいものが欲しいです.	Je voudrais quelque chose de frais.

ビールを一つ下さい.	**Une bière, s'il vous plaît.** ユヌ ビエール スィル ヴ プレ
一生ですか, ビンですか.	— Pression ou bouteille ? プレスィオン ウ ブーテーユ ＊pression は bière (à la) pression の略.
生ビールを一つ下さい.	**Un demi, s'il vous plaît.** アン ドゥミ スィル ヴ プレ ＊un demi は「2分の1」. 本来は「生ビール半リットル」の意味だが, 今では4分の1リットルぐらいしか入っていない.
もう一杯どうですか.	Vous voulez encore un verre ? ヴ ヴレ アンコール アン ヴェール
一けっこうです. 十分飲みました.	— Non, merci. J'ai assez bu. ノン メルスィ ジェ アセ ビュ
飲み過ぎた.	J'ai trop bu. ジェ トゥロ ビュ
酔っ払った.	Je suis ivre. ジュ スュイ イーヴる
ほろ酔い加減だ.	Je suis à moitié ivre. ジュ スュイ ア ムワティエ イーヴる
二日酔いだ.	J'ai la gueule de bois. ジェ ラ グル ドゥ ブワ
二日酔いで頭ががんがんする.	J'ai mal aux cheveux. ジェ マロー シュヴー
彼は酒に強い.	Il supporte bien l'alcool. イル スュポるトゥ ビアン ラルコール

❏ 118 アポイントを取る

明日お目にかかりたいのですが, いいでしょうか.	**Je voudrais vous voir demain.** ジュ ヴドゥれ ヴ ヴワール ドゥマン 　　**C'est possible ?** 　　セ ポッスィブル

—はい，いいですよ．明日は空いています．	— Oui, c'est possible. Je suis libre demain.
—残念ですが，明日は予定があります．	— Je suis désolé(e). Je suis pris(e) demain.
いつがお暇でしょうか．	Quand est-ce que vous êtes libre ?
アポイントをお願いできますか．	Pourriez-vous me donner un rendez-vous ? / Est-ce qu'on peut fixer un rendez-vous ?
アポイントを決めてください．	Fixez-moi un rendez-vous. / Fixons un rendez-vous.
日時はいつをご希望ですか．	A quelle date voulez-vous fixer le rendez-vous ?
つぎの土曜日3時はご都合よろしいでしょうか．	Est-ce que trois heures samedi prochain vous conviendrait ?
—では3時に私の事務所でお待ちします．	— Alors, je vous attendrai à mon bureau à trois heures.
—わかりました．メモをしておきます．	— C'est entendu. Je prends note.
遅れないでください．	Ne soyez pas en retard.

間違いなく参ります.	— Je n'y manquerai pas.
今晩8時に彼とアポがあります.	J'ai rendez-vous avec lui à huit heures ce soir.
急な事情で，約束したアポイントに行けません．お許しください.	**Un imprévu m'a empêché(e) de me rendre au rendez-vous que je vous avais donné. Je vous prie de m'excuser.**
あなたと約束したアポイントを取り消し〔延期〕したいのですが.	Je voudrais annuler〔reporter〕le rendez-vous que je vous ai donné.
アポイントを変更したいのですが.	Je voudrais changer〔modifier〕le rendez-vous.
彼はアポイントに来ませんでした.	Il n'était pas au rendez-vous.
彼の面会日は月曜日です.	Il reçoit le lundi.

❑ 119 人を訪問する

マルタンさんはこちらにお住まいですか.	Est-ce que Monsieur Martin habite ici ?

第5章 人とつきあう

マルタンさんのお宅でしょうか.	C'est la maison de Monsieur Martin ?
—はい，ここです.	— Oui, c'est ici.
—いいえ，違います.	— Non, (ce n'est) pas ici.
マルタンさんはご在宅ですか.	**Monsieur Martin est-il chez lui ?**
—いいえ，おりません．出かけたばかりです.	— Non, il n'est pas chez lui. Il vient de sortir.
間もなくもどります.	Il rentrera bientôt (d'ici peu).
4〜5分でもどります.	Il sera de retour dans quelques minutes.
何時ならご在宅でしょうか.	A quelle heure peut-on le trouver chez lui ?
伝言をいたしましょうか.	Puis-je lui transmettre un message pour vous ?
この伝言をお願いできますか.	Puis-je vous laisser ce message pour lui ?
ただちょっとお会いしたくて立ち寄ったのです.	Je suis simplement passé(e) le voir.
(客間で)	
お入りください.	Voulez-vous entrer ?

ここでお待ちください.	Voulez-vous l'attendre ici ?
主人はすぐ参ります.	Mon mari est à vous dans un instant.
どうぞお掛けください.	Asseyez-vous, s'il vous plaît.
お待たせしてすみません.	Excusez-moi de vous avoir fait attendre.
おじゃまじゃありませんか.	**Je ne vous dérange pas ?**
—いいえ. ちっとも. お目にかかれてうれしく思います.	— Pas du tout. Je suis ravi(e) de vous voir.
思いがけない喜びです.	Quelle bonne surprise !
お久しぶりです.	Ça fait longtemps !
ずいぶん久しくお会いしませんでしたね.	Il y a longtemps que je ne vous ai (pas) vu(e).
お楽になさってください.	Mettez-vous donc à l'aise !
ご自宅と同様にくつろいでください.	Faites comme chez vous.
遅くなりました. そろそろおいとまします.	**Il est tard, je vais me retirer.**
おいとましなければなりませ	Il faut que je parte. / Il faut que je

ん.	m'en aille.
そんなにお急ぎですか.	Êtes-vous si pressé(e) ?
もう少しいらっしゃってください.	Restez donc encore un peu.
お帰りにならないで. まだ早いですよ.	Ne partez pas ! Il est encore tôt.
うちで一緒に夕食をなさいよ.	Restez (à) dîner avec nous.
—ご親切ありがたいのですが, 今日は急ぎますので.	**— Vous êtes très aimable, mais je suis pressé(e) aujourd'hui.**
—もう一つ訪問がありますので.	— J'ai une autre visite à faire.
またの折にもっとゆっくりいたします.	Je resterai plus longtemps une autre fois.
来てくださってありがとうございました.	Je vous remercie d'être venu(e).
近いうちにまたお寄りください.	Repassez me voir un de ces jours.

❏ 120 人を食事に招く

土曜日の晩，拙宅へ夕食にいらっしゃいませんか．	**Voulez-vous venir dîner chez moi samedi soir ?**
—よろこんで．何時にうかがえばいいですか．	— Avec plaisir. A quelle heure faut-il venir ?
今度の日曜日に昼食にお招きしたいのですが．	J'aimerais vous inviter à déjeuner dimanche prochain.
土曜日の午後，家へお茶を飲みに来てください．	Passez prendre le thé chez moi samedi après-midi.
近いうちに午後，遊びに来ませんか．	Voulez-vous venir passer l'après-midi un de ces jours ?
何日が一番ご都合よろしいでしょうか．	Quelle date vous conviendrait le mieux ?
日にちは，あなたが選んでください．	Choisissez une date.
来られなくなったら，知らせてください．	Prévenez-moi si vous ne pouvez pas venir.

(食卓で)	
食事の用意ができました.	**C'est prêt. / C'est servi.** セ プレ / セ セルヴィ
たくさん召し上がってください.	**Bon appétit !** ボナペティ ＊Bon appétit ! は食事の前に交わすあいさつ.
スープのお代わりはいかがですか.	Voulez-vous reprendre de la soupe ? ヴレヴ るプランドゥる ドゥ ラ スープ
ーはい, 少しいただきます.	— Oui, j'en prendrai un peu. ウィ ジャンプらンドゥれ アン プー
ご自分でお取りください.	**Servez-vous.** セるヴェヴ
ご遠慮なさらずに.	**Ne vous gênez pas.** ヌ ヴ ジェネ パ
ーはい, ありがとう. 自分で取ります.	— Oui, merci. Je me sers moi-même. ウィ メルスィ ジュ ム セール ムワメーム
チキンはどの部分がお好きですか.	Quel morceau de poulet préférez-vous ? ケル モるソー ドゥ プレ プれフェれヴ
ー好みはありません.	— Je n'ai pas de préférence. ジュ ネ パ ドゥ プれフェランス
ー何でも構いません.	— Peu importe. プー アンポるトゥ
ーどの部分も好きです.	— J'aime tous les morceaux. ジェーム トゥ レ モるソー
ー白身を下さい.	— Donnez-moi du blanc. ドネムワ デュ ブラン
ーその切れを半分だけ下さい.	— Donnez-moi la moitié de ce morceau ドネムワ ラ ムワティエ ドゥ ス モるソー

	seulement. スルマン
このローストビーフをどう思われますか.	Comment trouvez-vous ce rôti de bœuf ? コマン トゥるヴェ ヴ ス ろティ ドゥ ブーフ
—おいしいです.	— Je le trouve délicieux. / C'est délicieux. ジュ ル トゥるーヴ デリスュー / セ デリスュー
お口に合ってうれしいです.	Je suis content(e) que ça vous plaise. ジュ スュイ コンタン(トゥ) ク サ ヴ プレーズ
もう少し肉はいかが?	Encore un peu de viande ? アンコーる アン プー ドゥ ヴィアンドゥ
—いいえ, けっこうです. たくさんいただきました.	— Non, merci, pas plus. J'en ai eu ノン メるスィ パ プリュス ジャネ ユ beaucoup. ボークー
—これ以上はけっこうです.	— Je préfère ne pas en prendre davantage. ジュ プれフェーる ヌ パザン プらンドゥる ダヴァンタージュ
—これで十分です.	— Ça suffit, merci. サ スュフィ メるスィ
塩を取ってください.	Passez-moi du sel. パセモワ デュ セル
ワインをついでいただけますか.	Pouvez-vous me servir du vin ? プヴェ ヴ ム セるヴィーる デュ ヴァン
ワインをおつぎしましょうか.	**Je peux vous servir du vin ?** ジュ プー ヴ セるヴィーる デュ ヴァン
トマさんの健康を祝して乾杯!	**A la santé de Monsieur Thomas !** ア ラ サンテ ドゥ ムスィウ トマ
乾杯!	A votre santé ! ア ヴォートゥる サンテ

254　第5章　人とつきあう

ありがとう．乾杯！	Merci, à la vôtre ! メルスィ　ア　ラ　ヴォートゥる
食後酒は何にしましょうか．	Qu'est-ce que vous voulez comme digestif ? ケスク　ヴ　ヴレ　コム　ディジェスティフ
夕食をいただきありがとう．	Merci pour ce dîner. メルスィ　プーる　ス　ディネ
たいへん楽しい夕べを過ごしました．	J'ai passé une très bonne soirée. ジェ　パセ　ユヌ　トゥれ　ボヌ　スワれ

❏ 121　家族と年齢

〈家族〉

兄弟姉妹は何人いらっしゃいますか．	Combien de frères et sœurs avez-vous ? コンビアン　ドゥ　フれール　エ　スール　アヴェ　ヴ
―兄弟は2人，姉妹は1人です．	― J'ai deux frères et une sœur. ジェ　ドゥー　フれール　エ　ユヌ　スール
お子さんはいらっしゃいますか．	Avez-vous des enfants ? アヴェヴ　デザンファン
―はい，3人います．男の子が2人と女の子が1人です．	― Oui, j'ai trois enfants : deux garçons et une fille. ウィ　ジェ　トゥるワザンファン　ドゥー　ガるソン　エ　ユヌ　フィーユ
ご両親はまだご健在ですか．	Avez-vous encore vos parents ? アヴェ　ヴ　アンコーる　ヴォ　パらン
―いいえ，もう片方しかいま	― Non, je n'ai plus qu'un de mes parents. ノン　ジュ　ネ　プリュ　カン　ドゥ　メ　パらン

121 家族と年齢

せん．父は3年前に亡くなりました．	Mon père est mort il y a trois ans.
10歳の時，父を亡くしました．	J'ai perdu mon père à dix ans.
母は高齢ですが元気です．	Ma mère est très âgée, mais elle se porte bien.
ご祖父母はご存命ですか．	Vos grands-parents vivent-ils encore ?
―はい，でも老人ホームにいます．	— Oui, mais ils sont en maison de retraite.
お兄さんはもう結婚しておられますか．	Votre frère est-il déjà marié ?
―はい，去年結婚しました．	— Oui, il s'est marié l'année dernière.
私は母によく似ています．	Je ressemble beaucoup à ma mère.
彼〔彼女〕は父親に生き写しだ．	C'est le portrait vivant〔craché〕de son père.
この2人の子どもは瓜二つだ．	Ces deux enfants se ressemblent comme deux gouttes d'eau.
彼には双子の兄弟〔姉妹〕がいます．	Il a un frère jumeau〔une sœur jumelle〕.
私はよく兄と間	On me prend souvent pour mon frère.

違えられます．

◆ 家族と親戚の単語帳

家族 famille 囡
両親 parents 男 複
父 père 男
母 mère 囡
兄弟 frère 男
姉妹 sœur 囡
兄 frère aîné / grand frère
弟 frère cadet / petit frère
姉 sœur aînée / grande sœur
妹 sœur cadette / petite sœur
息子 fils 男
一人息子 fils unique
長男 fils aîné
二男 fils cadet / second fils
三男 troisième fils
娘 fille 囡
一人娘 fille unique
長女 fille aînée
二女 fille cadette / seconde fille
三女 troisième fille
夫 mari 男 / époux 男
妻 femme 囡 / épouse 囡
祖父母 grands-parents 男 複
祖父 grand-père 男
祖母 grand-mère 囡
孫 petits-enfants 男 複
孫息子 petit-fils 男
孫娘 petite-fille 囡

◆ 家族と親戚の単語帳

おじ	**oncle** 男 (オンクル)
おば	**tante** 女 (タントゥ)
従兄弟	**cousin** 男 (クーザン)
従姉妹	**cousine** 女 (クーズィーヌ)
おい	**neveu** 男 (ヌヴー)
めい	**nièce** 女 (ニエース)
曾祖父母	**arrière-grands-parents** 男 複 (アリエール グラン パラン)
曾祖父	**arrière-grand-père** 男 (アリエール グラン ペール)
曾祖母	**arrière-grand-mère** 女 (アリエールグランメール)
大おじ	**grand-oncle** 男 (グラントンクル)
大おば	**grand-tante** 女 (グランタントゥ)
ひまご	**arrière-petits-enfants** 男 複 (アリエールプティ ザンファン)
ひまご息子	**arrière-petit-fils** 男 (アリエールプティフィス)
ひまご娘	**arrière-petite-fille** 女 (アリエールプティトゥフィーユ)
義父	**beau-père** 男 (ボーペール)
義母	**belle-mère** 女 (ベルメール)
娘むこ	**gendre** 男 (ジャンドゥル)
女婿	**beau-fils** 男 (ボーフィス)
息子の嫁	**belle-fille** 女 (ベルフィーユ)
義兄〔弟〕	**beau-frère** 男 (ボーフレール)
義姉〔妹〕	**belle-sœur** 女 (ベルスール)
異父〔母〕兄弟	**demi-frère** 男 (ドゥミフレール)
異父〔母〕姉妹	**demi-sœur** 女 (ドゥミスール)
養子〔養女〕	**adopté(e)** 名 (アドプテ)
養父	**père adoptif** (ペール アドプティフ)
養母	**mère adoptive** (メール アドプティヴ)
祖先	**ancêtres** 男 複 (アンセートゥル)
子孫	**descendant(e)** 名 (デサンダン(トゥ))
親類	**parent(e)** 名 (パラン(トゥ))
近親者	**proche parent** (プローシュ パラン)
遠縁の者	**parent éloigné** (パラン エルワニェ)
男やもめ	**veuf** (ヴーフ)

未亡人	veuve	未婚の母	mère célibataire
独身者	célibataire 名	孤児	orphelin(e) 名
内縁の夫〔妻〕	concubin(e) 名	捨て子	enfant trouvé 名

❏ 122 年齢を言う

年はおいくつですか.	Quel âge avez-vous ? / Quel est votre âge ?
—26 歳です. あなたは?	— J'ai vingt-six ans, et vous ?
—当ててください.	— Devinez.
—ほぼ当たりました.	— Vous avez presque deviné. / Vous êtes tout près de la vérité.
私は何歳に見えますか.	Quel âge me donnez-vous ?
あなたは年よりずっと若く見えますね.	Vous paraissez〔faites〕beaucoup plus jeune.
あなたはそんなお年には見えません.	Vous ne paraissez pas cet âge.
あなたは私と同年です.	Vous êtes de mon âge. / Nous avons le même âge.

あなたは私より1歳年上〔年下〕です．	Vous avez un an de plus〔de moins〕que moi.
トマさんは何歳だと思いますか．	Quel âge donnez-vous à Monsieur Thomas ?
彼は少なくとも40歳のはずです．	Il doit avoir au moins quarante ans.
弟はまだ15歳ですが，もっと年を取って見えます．	Mon frère n'a que quinze ans, mais il paraît plus âgé.
彼女は年の割りには背が高い．	Elle est grande pour son âge.
彼は若い盛りだ．	Il est dans la fleur de l'âge.
彼は20歳になったところだ．	Il vient de fêter ses vingt ans.
あなたは何年生まれですか．	En quelle année êtes-vous né(e) ? / Vous êtes de quelle année ?
―私は1990年生まれです．	— Je suis né(e) en mille neuf cent quatre-vingt-dix.
彼はとても年を取っているが，まだ頭はしっかりしています．	Il est très âgé mais il a encore toute sa tête.

🔲 123 職種をたずねる (→ p.11 も参照)

お仕事は何ですか.	**Qu'est-ce que vous faites dans la vie ?**
—会社〔銀行〕に勤めています.	— Je travaille dans un bureau 〔dans une banque〕.
—商業〔金融業, 不動産業, 販売〕に携わっています.	— Je suis dans le commerce 〔la finance, l'immobilier, la vente〕.
—ファッション業界〔美容業界, レストラン業界〕で働いています.	— Je travaille dans la mode 〔dans la coiffure, dans la restauration〕.
彼ははどんな職業を目指しているのですか.	**Vers quel métier se dirige-t-il ?**
—彼は官庁に入りたがっています.	— Il désire entrer dans l'administration publique.
—彼は電気技師になりたがっています.	— Il veut devenir ingénieur électricien.

(上部)

| 彼は老化が目立っています. | Il est marqué par la vieillesse. |
| 彼はそろそろ引退の年だ. | Il a l'âge de se retirer. |

私はこの職業に向いているとは思いません.	Je ne me sens pas de vocation pour cette profession.
日本ではフランス語科の学生には就職口はあまりありません.	Au Japon, les étudiants du département de français n'ont pas beaucoup de débouchés.

❏ 124 職階などをたずねる

彼はこの会社でどんな仕事をしているのですか.	Quelles fonctions exerce-t-il dans cette entreprise ? Quel est sa fonction dans cette entreprise ?
—彼はこの会社で要職についています.	— Il exerce des fonctions importantes dans ce bureau.
—彼は大きな責任を負っています.	— Il a beaucoup de responsabilités.
—彼はある建設会社の会計係の職にある.	— Il a une place de comptable dans une entreprise de construction.
—彼は販売部門を管理しています.	— Il dirige le secteur des ventes.
—彼は会社の有	— Il est chargé de la gestion du portefeuille

価証券の運用を担当しています.	de l'entreprise.
彼は会計主任です.	— Il est chef de comptabilité.
彼は社長です.	— Il est P. -D. G..
	*P.-D.G は Président-directeur général の略.
彼はあるホテルに見習いに入りました.	— Il est entré en apprentissage dans un hôtel.
彼はその道のプロだ.	C'est un homme qui sait son métier.
彼女はスーパーのレジのパートをしています.	Elle fait des heures comme caissière de supermarché.
彼女は時給8ユーロだ.	Elle touche huit euros l'heure.
彼は週35時間労働だ.	Il est aux trente-cinq heures.
彼は3週に一度, 土曜日が休みだ.	Il prend son samedi une semaine sur trois.
彼は試用期間中だ.	Il est en période d'essai.
彼は今月中に昇進〔昇給〕するだろう.	Il aura une promotion〔une augmentation〕 dans le courant du mois.

◆ 職業の単語帳

職業	profession 囡 / métier 男
ポスト	poste 男
雇用者	employeur, -euse
経営者（集合的）	patronat 男
会社員	employé(e) 名
従業員（集合的）	personnel 男
サラリーマン	salarié(e) 名
公務員	fonctionnaire 名
研修生	stagiaire 名
見習い	apprenti(e) 名
アルバイト	job 男
管理職	cadre 男
上級管理職	cadres supérieurs 男 複
中間管理職	cadres moyens
労働者	travailleur, -euse 名
工場労働者	ouvrier d'usine 男
熟練工	ouvrier qualifié
一般工	ouvrier spécialisé
肉体労働者	manœuvre 男
農業経営者	exploitant(e) agricole 名
農業労働者	ouvrier agricole
職人	artisan(e) 名
商人	commerçant(e) 名
フリーランサー	pigiste 名
バカンス	vacances 囡 複
有給休暇	congés payés 男 複
産休	congé de maternité
給料	salaire 男

第6章　冠婚葬祭

❏ 125　結婚する・離婚する

あなたは結婚なさっていますか.	**Etes-vous marié(e) ?** エトゥヴ　マリエ
—いいえ, まだ結婚していません.	— Non, je ne suis pas encore marié(e). ノン　ジュ　ヌ　スュイ　パザンコーる　マリエ
私は独身です.	**Je suis célibataire.** ジュ　スュイ　セリバテーる
今のところ結婚したくありません.	Je ne veux pas me marier pour le moment. ジュ　ヌ　ヴ　パ　ム　マリエ　プーる　ル　モマン
まだ気持ちがはっきりしていません.	Je ne suis pas encore sûr(e) de mes sentiments. ジュ　ヌ　スュイ　パザンコーる　スューる　ドゥ　メ　サンティマン
私たちは結婚することにしました.	Nous avons décidé de nous marier. ヌザヴォン　デスィデ　ドゥ　ヌ　マリエ
私たちは1か月前から婚約しています.	**Nous sommes fiancés depuis un mois.** ヌ　ソム　フィアンセ　ドゥピュイザン　ムワ
私の妹はお医者さんと婚約しました.	Ma sœur s'est fiancée avec un médecin. マ　スーる　セ　フィアンセ　アヴェッカン　メドゥサン
彼女は結婚相手を探しています.	Elle cherche à se faire épouser. エル　シェるシュ　ア　ス　フェーる　エプゼ
彼女は間もなくフランス人と	Elle va se marier avec〔va épouser〕un エル　ヴァ　ス　マリエ　アヴェック〔ヴァ　エプゼ〕アン

125 結婚する・離婚する

結婚します.	Français.
結婚式はサン・ポール教会で内輪で行われました.	Le mariage a été célébré dans l'intimité à l'église Saint-Paul.
彼は結婚式に際して盛大な祝宴を開きました.	Il a fait une grande fête pour son mariage.
仲良くやっています.	On s'entend bien.
彼らはとても幸せな生活を送っています.	Ils mènent〔Ils ont〕une vie très heureuse.
彼らはよくけんかする.	Ils se disputent souvent.
彼は奥さんと別居している.	Il est séparé de sa femme.
彼は奥さんと別れた.	Il a quitté sa femme.
彼らは離婚した.	**Ils ont divorcé.**
彼は結婚後 1 年で離婚した.	Il a divorcé un an après s'être marié.
彼らは別居しているが,まだ離婚はしていない.	Ils sont séparés mais ils n'ont pas encore divorcé.
彼女は離婚と,子どもの引き渡しを求めて	Elle demande le divorce et la garde

いる.	des enfants.
	デザンファン

◆ 結婚と離婚の単語帳

婚約　fiançailles 女 複
フィアンサーユ

婚約する　se fiancer avec qn
ス　フィアンセ　アヴェック

婚約者　fiancé(e) 名
フィアンセ

婚約指輪　bague 女 de fiançailles
バーグ　ドゥ　フィアンサーユ

結婚式　noce 女 / cérémonie 女 de mariage
ノース　セレモニ　ドゥ　マリアージュ

立会人　témoin 男
テムワン

結婚式を挙げる　célébrer le mariage
セレブれ　ル　マリアージュ

結婚通知状　faire-part 男 de mariage
フェーるパーる　ドゥ　マリアージュ

結婚披露宴　repas 男 de noces
るパ　ドゥ　ノース

結婚プレゼント　cadeau 男 de mariage
カドー　ドゥ　マリアージュ

新婚夫婦　nouveaux mariés 男 複
ヌーヴォー　マリエ

夫婦　époux 男 複
エプー

新婚旅行　voyage 男 de noces
ヴワイヤージュ　ドゥ　ノース

結婚生活　vie 女 de couple / vie conjugale
ヴィ　ドゥ　クープル　ヴィ　コンジュガル

離婚　divorce 男
ディヴォるス

離婚した人　divorcé(e) 名
ディヴォるセ

早婚　mariage précoce
マリアージュ　プれコース

晩婚　mariage tardif
マリアージュ　タるディフ

❏ 126 死去を知らせる

彼〔彼女〕は亡くなりました.	**Il〔Elle〕est mort(e).**
彼は肺がんで死亡しました.	Il est décédé d'un cancer du poumon. *décéder は公用語や改まった表現で使う.
彼はこの前の木曜日に60歳で亡くなりました.	Il est mort jeudi dernier à l'âge de soixante ans.
彼は昨夜容態が急変し, 3か月の病気のあと亡くなりました.	Son état s'étant brusquement aggravé la nuit dernière, il est décédé après une maladie de trois mois.
彼は最後まで病気と気丈に闘いました.	Il a lutté courageusement jusqu'au bout contre la maladie.
母は全身に広がったがんであの世に行きました.	Le cancer généralisé a emporté maman.

❏ 127 葬儀を知らせる

葬儀は3月11日土曜日9時に聖ペトロ教会で行われます.	Le service funèbre aura lieu à l'Eglise Saint-Pierre, le samedi 11 mars, à 9 heures.
教会にお集まり	On se réunira à l'Eglise.

ください. 弔花はご辞退申し上げます.	Ni fleurs ni couronnes. ニ フルール ニ クーロヌ
埋葬はブール・ラ・レーヌの墓地で行われます.	**L'enterrement〔L'inhumation〕aura lieu** ランテーるマン 〔リニュマスィオン〕 おら リウ **au cimetière de Bourg-la-Reine.** オー スィムティエール ドゥ ブーるラレーヌ
故人の強い意志により葬儀は近親者のみで執り行いました.	Selon la volonté expresse du défunt, スロン ラ ヴォロンテ エクス프れス デュ デファン les obsèques ont été célébrées dans la レゾプセーク オンテテ セレブれ ダン ラ plus stricte intimité. プリュス トりクト アンティミテ
ジャン・レジェ氏の火葬はペール・ラシェーズの墓地で行われました.	L'incinération du Monsieur Jean Léger a ランスィネらスィオン デュ ムィウ ジャン レジェ ア eu lieu au cimetière du Père-Lachaise. ユ リウ オー スィムティエール デュ ペーるラシェーズ

❏ 128 お悔やみを言う

お悔やみ申し上げます.	**Toutes mes condoléances.** トゥトゥ メ コンドレアンス
心からお悔やみ申し上げます.	Mes sincères condoléances. メ サンセーる コンドレアンス
ご悲嘆のほどお察し申し上げます.	Je vous exprime toute ma sympathie et ジュ ヴゼクスプリーム トゥートゥ マ サンパティ エ vous présente mes sincères ヴプれザントゥ メ サンセーる condoléances. コンドレアンス

129 主の祈り

*カトリックのミサの中で必ず唱えられる祈り.

天におられるわたしたちの父よ,	Notre Père qui es aux cieux,
み名が聖とされますように.	que ton nom soit sanctifié,
み国が来ますように.	que ton règne vienne,
みこころが天に行われるとおり地にも行われますように.	que ta volonté soit faite sur la terre comme au ciel.
わたしたちの日ごとの糧を今日もお与えください.	Donne-nous aujourd'hui notre pain de ce jour.
わたしたちの罪をおゆるしください.	Pardonne-nous nos offenses,
わたしたちも人をゆるします.	comme nous pardonnons aussi à ceux qui nous ont offennsés.
わたしたちを誘惑におちいらせず, 悪からお救いください.	Et ne nous soumets pas à la tentations, mais délivre-nous du Mal.
アーメン.	Amen. / Ainsi soit-il.

第7章 病気と医療

❏ 130 健康状態を言う

私はとても健康です.	**Je suis en très bonne santé.**
この上なく元気です.	Je suis en pleine forme.
とてもお元気そうですね.	Vous paraissez en très bonne santé.
顔色が良い〔悪い〕ですね.	Vous avez bonne〔mauvaise〕mine.
気分がよくないのです.	**Je ne me sens pas bien.**
気が,めいるのです.	Je me sens déprimée〔morose〕.
昨夜よく眠れませんでした.	J'ai mal dormi cette nuit.
病気ではないかと心配です.	J'ai peur d'être malade.
医者に行った方がいいでしょう.	Vous feriez mieux d'aller chez le médecin.
寝ている方がいいでしょう.	Vous feriez mieux de garder le lit.
彼は病気になりました.	**Il est tombé malade. / La maladie l'a frappé.**
彼はいつも何かの病気にかかっています.	Il souffre toujours d'une maladie ou d'une autre.

彼は原因がはっきりしない病気にかかっています.	Il souffre d'une maladie dont la cause n'est pas déterminée.
大した病気ではありません.	C'est une maladie bénigne〔sans gravité〕.
彼は寝込んでから2週間になります.	Ça fait deux semaines qu'il est alité.
彼は入院しています.	Il est hospitalisé.
病人は快方に向かっています.	Le malade est en convalescence.
1週間休めば彼は元気になるでしょう.	Une semaine de repos le rétablira.
健康を回復しました.	**J'ai récupéré.**
よくなりました.	Je me sens mieux.

❑ 131 医者にかかる

医者〔救急車〕を呼んでいただけますか.	**Pouvez-vous appeler un médecin 〔une ambulance〕?**
診察を受けたいのですが.	**Je voudrais avoir une consultation.**
トマ先生の治療を受けたいのですが.	Je voudrais être soigné(e) par le Docteur Thomas.

第7章 病気と医療

先生と予約を取りたいのですが.	Je voudrais avoir un rendez-vous avec le docteur. ジュ ヴドゥれザヴワール アン らンデーヴ アヴェック ル ドクトゥール
先生, 今朝電話で予約を取った者です.	Docteur, je vous ai téléphoné ce matin pour prendre rendez-vous. ドクトゥール ジュヴゼ テレフォネ ス マタン プール プらンドゥる らンデヴ
内科医の診察料はいくらですか.	Combien coûte la consultation d'un médecin généraliste ? コンビアン クートゥ ラ コンスュルタスィオン ダン メドゥサン ジェネらリストゥ
この医師の1回の診察料はいくらですか.	Quels honoraires demande ce médecin pour une consultation ? ケル ゾノれール ドゥマンドゥ ス メドゥサン プーりュヌ コンスュルタスィオン
先生, 診察料はおいくらですか.	**Docteur, combien je vous dois (pour cette consultation) ?** ドクトゥール コンビアン ジュ ヴ ドゥワ (プール セットゥ コンスュルタスィオン)
処方箋を書きましょう.	Je vais vous faire une ordonnance. ジュ ヴェ ヴ フェール ユノるドナンス
保険のために, この書類を書いていただけますか.	Pourriez-vous me remplir cette feuille pour l'assurance ? プゥりエヴ ム らンプリール セットゥ フーユ プール ラスュらンス

◆ 病院の単語帳

病院	hôpital 男 オピタル	女医	femme médecin ファム メドゥサン
私立病院	clinique 女 クリニック	主治医	médecin traitant 男 メドゥサン トゥれタン
産院	maternité 女 マテるニテ		
医師	médecin 男 メドゥサン	専門医	spécialiste 名 スペスィアリストゥ

◆ 病院の単語帳　273

看護師　**infirmier, -ère** 名
アンフィルミエ　ミエーる

助産婦　**sage-femme** 女
サージュファム

(科の区別)

内科医〔一般医〕　médecin
メドゥサン

　〔généraliste〕
　ジェネらリストゥ

外科　chirurgie 女
シりゅるジ

外科医　chirurgien, -ne 名
シりゅるジアン　エヌ

小児科　pédiatrie 女
ペディアトゥり

小児科医　pédiatre 名
ペディアートゥる

産科　obstétrique 女
オプステトゥりック

産科医　obstétricien, -ne 名
オプステトゥりスィアン　エヌ

婦人科　gynécologie 女
ジネコロジ

婦人科医　gynécologue 名
ジネコローグ

耳鼻咽喉科

　oto-rhino-laryngologie
　オトりノラれンゴロジ
　女

耳鼻科医　oto-rhino
オトりノ
(-laryngologiste) 名
られンゴロジストゥ

眼科　ophtalmologie 女
オフタルモロジ

眼科医　ophtalmologue 名
オフタルモローグ
/ ophtalmo 名《話》
オフタルモ

整形外科　orthopédie 女
オるトペディ

整形外科医　orthopédiste 名
オるトペディストゥ

皮膚科　dermatologie 女
デるマトロジ

皮膚科医　dermatologue 名
デるマトローグ

泌尿器科　urologie 女
ユロロジ

泌尿器科医　urologue 名
ユロローグ

精神科　psychiatrie 女
プスィキアトゥり

精神科医　psychiatre 名
プスィキアートゥる

神経科　neurologie 女
ヌーロロジ

神経科医　neurologue 名
ヌーロローグ

歯科　odontologie 女
オドントロジ

歯科医　dentiste 名
ダンティストゥ

口腔医　stomatologue 名
ストマトローグ

胃腸科専門医　spécialiste
スペスィアリストゥ
　des maladies de
　　　　ドゥ
　l'estomac et de l'intestin
　レストマ　エ　ドゥ　ランテスタン

呼吸器科専門医　spécialiste
スペスィアリストゥ

des maladies de l'appareil respiratoire

診察 consultation 女

外来 consultation externe

予約 rendez-vous 男

検査 examen 男

血液検査 analyse 女 du sang

尿検査 analyse d'urine

X線検査 radiographie 女

診断 diagnostic 男

症状 symptômes 男 複

自覚症状 symptômes subjectifs

他覚症状 symptômes objectifs

処方箋 ordonnance 女

診察料 honoraires 男 複 médicaux

入院 hospitalisation 女

入院する entrer à l'hôpital

救急車 ambulance 女

病室 salle 女 de malades

個室 chambre 女 particulière

入院費 frais 男 複 d'hospitalisation

退院する quitter l'hôpital

退院日 jour 男 de sortie

患者 malade 名

手術患者 patient, -e 名

入院患者 hospitalisé, -e 名

❏ 132 診察室で

| どうしたのですか. | Qu'est-ce que vous avez ? / |

Qu'avez-vous ?

どこが悪いのですか.	Qu'est-ce qui ne va pas ?
―悪寒がして気分がよくないのです.	**― J'ai des frissons et je ne me sens pas bien.**
いつからですか.	Depuis quand ?
―昨日の晩からです.	― Depuis hier soir.
どこが痛みますか.	Où avez-vous mal ?
―のどと背中が痛みます.	― J'ai mal à la gorge et au dos.
診察〔聴診〕をします.	Je vais vous examiner 〔ausculter〕.
体温を計ります.	Je vais prendre votre température.
血圧を計ります.	Je vous prends la tension (artérielle).
高血圧です.	Vous avez de l'hypertension.
血圧が高い〔低い〕ですね.	Vous avez la tension élevée 〔basse〕.
脈が速いですね.	Vous avez le pouls rapide.
脈が不規則です.	Le pouls n'est pas régulier.
肺のX線写真を撮ります.	Je vais vous faire une radiographie des poumons.
服を脱いでくだ	Déshabillez-vous.

さい.	
上半身だけ脱いでください.	Enlevez seulement le haut.
横になってください.	Allongez-vous.
口で大きく息をしてください.	Respirez bien fort par la bouche.
食欲はありますか.	Avez-vous de l'appétit ?
消化は正常ですか.	Est-ce que vous digérez bien ?
—いいえ, 脂肪分がよく消化できません.	— Non, je digère mal les graisses.
重い病気にかかったことがありますか.	Avez-vous eu des maladies graves ?
—はい, 6年前に胃潰瘍をしました.	— Oui, j'ai eu un ulcère à l'estomac il y a six ans.
手術を受けましたか.	Avez-vous subi une intervention chirurgicale ?
薬を飲んでいますか.	Prenez-vous des médicaments ?
便秘していますか.	Etes-vous constipée ?
アレルギーがありますか.	Etes-vous allergique ?
—魚アレルギー	— Je suis allergique au poisson, ça me

です．食べると発疹が出ます．	donne des boutons.
予防接種はちゃんと受けていますか．	Etes-vous à jour pour vos vaccins ?
エイズ検診の検査はもう受けましたか．	Avez-vous déjà fait un test de dépistage du sida ?
病気は重いのですか．	Est-ce que c'est grave ?
―何でもありません．3日たてば治るでしょう．	― Ce n'est rien. Dans trois jours, vous serez rétabli(e).
この処方に正しく従ってください．	Suivez ces prescriptions à la lettre.
アルコール類は絶対に避けてください．	Evitez l'alcool à tout prix.
固い食物は控えてください．	Abstenez-vous de manger des aliments solides.

❏ 133 症状を説明する（内科一般）

風邪を引きました．	**J'ai pris〔attrapé〕froid. / Je me suis enrhumé(e).**

昨日から風邪を引いています.	Je suis enrhumé(e) depuis hier.
インフルエンザにかかりました.	J'ai la grippe.
鼻風邪を引いています.	J'ai un rhume de cerveau.
風邪がなかなか抜けません.	Je ne parviens pas à me défaire de ce rhume.
すぐに風邪を引きます.	Je m'enrhume facilement.
頭痛がします.	J'ai mal à la tête. / J'ai des douleurs dans la tête.
ひどく頭が痛みます.	J'ai un mal de tête terrible.
間をおいて激痛が来ます.	J'ai des élancements.
ずきずきする痛みです.	C'est une douleur lancinante.
絶えず, せきが出ます.	Je tousse sans arrêt.
鼻がつまっています.	J'ai le nez bouché.
絶えずはな水が出ます.	J'ai le nez qui coule constamment.
熱があります.	J'ai de la fièvre. / Je suis fiévreux 〔fiévreuse〕.

133 症状を説明する（内科一般）

ひどい熱があります．	J'ai une forte fièvre. / J'ai beaucoup de fièvre.
熱っぽく感じます．	Je me sens fiévreux〔fiévreuse〕.
毎朝目を覚ますと汗でびっしょりです．	Je me réveille tous les matins en sueur〔en nage〕.
今は熱が下がっています．	J'ai moins de fièvre maintenant.
熱はほとんど下がりました．	La fièvre a presque disparu.
昨夜は眠れませんでした．	J'ai eu〔J'ai fait〕une insomnie la nuit dernière.
めまいがします．	La tête me tourne. / J'ai un étourdissement.
めまいがして，立っていられません．	J'ai des vertiges et je ne peux pas me tenir debout.
気が遠くなりそうです．	Je me sens défaillir.
すぐ息切れがします．	Je m'essouffle facilement.
動悸がします．	J'ai des palpitations.
胃〔お腹〕が痛みます．	**J'ai mal à l'estomac〔au ventre〕.**
お腹に鋭い〔鈍い〕痛みがあります．	J'ai des douleurs aiguës〔sourdes〕au ventre.

下痢をしています．	J'ai la diarrhée.
吐き気がします．	J'ai envie de vomir.
食べた後で吐き気を催します．	Je me sens nauséeux〔nauséeuse〕après avoir mangé.
お腹が張ります．	J'ai des ballonnements.
食欲がありません．	Je n'ai pas d'appétit.
胃がもたれます．	Je me sens lourd(e).
カキを食べて中毒を起しました．	J'ai attrapé une intoxication en mangeant des huîtres.
目が覚めたとき口が苦いのです．	J'ai la bouche amère quand je me réveille.
この3日間，通じがありません．	Je n'ai pas été aux toilettes ces trois derniers jours.
便秘しています．	Je suis constipé(e).
痔を病んでいます．	J'ai des hémorroïdes.

❑ 134 症状を説明する（けが，その他）

転んで両ひざにけがをしました．	**Je me suis blessé les genoux en tombant.** ＊Je me suis blessé aux genoux. とも言う．この場合 me は blesser の直接目的であり，主語 je が女性

	であれば Je me suis blessée. となる.
至るところに青あざができました.	J'ai des hématomes〔bleus〕partout.
手首を骨折しました.	Je me suis fracturé(e) le poignet.
くるぶしを捻挫しました.	Je me suis fait une entorse à la cheville.
彼は肩を脱臼しました.	**Il s'est démis l'épaule.**
彼は脚の骨を折った.	Il s'est cassé la jambe.
彼女は指にけがをしました.	Elle s'est blessé le doigt. / Elle s'est blessée au doigt.
彼女は夕食の用意をしていて, 指を切りました.	Elle s'est coupée au doigt en préparant le dîner.
手にやけどをしました.	Je me suis brûlé la main.
傷は治りました.	La plaie est cicatrisée.
スズメバチに刺されました.	Je me suis fait piquer par une guêpe.
彼は日射病にかかった.	Il a attrapé des coup de soleil 〔une insolation〕.
彼は腕を吊っています.	Il a attrapé〔Il porte〕le bras en écharpe.

第7章 病気と医療

彼は松葉杖をついて歩いています.	Il marche avec des béquilles.
彼は車椅子に乗っています.	Il est [Il se déplace] en fauteuil roulant.
彼はうつ状態だ.	**Il fait une dépression.**
彼女は拒食症〔大食症〕で精神科医に診てもらった.	Elle a consulté un psychiatre pour son anorexie [sa boulimie].
私は激しい不安の発作に襲われるので精神安定剤を処方してもらった.	J'ai des crises d'angoisse et on m'a prescrit des tranquillisants.
この睡眠薬は不眠症によく効く.	Ce somnifère est très efficace pour les insomnies.
事故に遭ってから彼は自閉症に陥った.	Depuis l'accident, il s'est enfermé dans l'autisme.
彼はそううつ病だ.	Il est maniaco-dépressif.
彼はうつ状態と多幸状態が交互に起こる.	Il alterne des phases dépressives et des phases euphoriques.
彼女は潔癖観念に取り付かれている. ノイ	Elle a l'obsession de la propreté. C'est une névrose.

ローゼだ.

❏ 135 病気の悪化・回復

彼はいま心筋梗塞で入院している.	Il est actuellement à l'hôpital pour un infarctus.
彼は風邪から肺炎になった.	Son rhume s'est transformé en pneumonie.
彼は呼吸が困難だ.	Il a du mal à respirer.
彼の容態は非常に不安定だ.	Il est dans une situation très précaire.
彼の容態はほとんど同じだ.	Il est à peu près dans le même état.
彼はこれまでよりも悪くなった.	Il est plus mal que jamais.
彼は点滴を受けている.	Il est mis sous perfusions.
彼は危険な状態にある.	Il est dans un état critique.
彼は少しよくなっている.	Il va un peu mieux.
彼はますますよくなっている.	Il va de mieux en mieux.
彼は回復途上にある.	Il est en voie de guérison.
大幅に回復しました.	Il y a une grande amélioration.

第7章 病気と医療

彼は病気から回復した.	Il s'est remis de la maladie. イル セ るミ ドゥ ラ マラディ
見舞いに来てくださってありがとう.	C'est gentil d'être venu(e) me visiter. セ ジャンティ デートゥる ヴニュ ム ヴィズィテ
度々お見舞いいただきありがとう.	Je vous remercie pour vos fréquentes visites. ジュ ヴ るメるスィ プーる ヴォ フれカントゥ ヴィズィトゥ
元気になられてうれしく思います.	Je suis heureux〔heureuse〕de vous voir guéri. ジュ スュイズーるー〔ズーるーズ〕 ドゥ ヴ ヴワーる ゲリ

◆ 病名の単語帳

(日本の法定伝染病)

伝染病　maladie contagieuse 囡
マラディー　コンタジューズ

コレラ　choléra 男
コレら

赤痢　dysenterie 囡
ディサントゥりー

腸チフス　fièvre typhoïde 囡
フィエーヴる　ティフォイドゥ

パラチフス　paratyphoïde 囡
パらティフォイドゥ

天然痘　variole 囡
ヴァりオル

発疹チフス　typhus exanthématique 男
ティフュス　エグザンテマティック

猩紅熱　scarlatine 囡
スカるラティヌ

ジフテリア　diphtérie 囡
ディフテり

流行性脳脊髄膜炎　méningite cérébro-spinale épidémique 囡
メナンジットゥ　セれブろスピナル　エピデミック

ペスト　peste 囡
ペストゥ

日本脳炎　encéphalite japonaise 囡
アンセファリットゥ　ジャポネーズ

(その他の伝染病)

◆ 病名の単語帳　285

小児麻痺　polio（= poliomyélite）[女]
ポリオ
（ポリオミエリット）

インフルエンザ　grippe [女]
グリップ

狂犬病　rage [女]
らージュ

炭疽　charbon [男]
シャルボン

百日ぜき　coqueluche [女]
コクリューシュ

はしか　rougeole [女]
るージョル

破傷風　tétanos [男]
テタノース

マラリア　malaria [女] / paludisme [男]
マラリア　　　　　　　パリュディスム

チフス　typhus [男]
ティフュス

黄熱　fièvre [女] jaune
フィエーヴる　　ジョーヌ

水ぼうそう　varicelle [女]
ヴァリセル

風疹　rubéole [女]
リュベオル

流行性耳下腺炎　oreillons [男][複]
オレイオン

アメーバ赤痢　dysenterie [女] amibienne
ディサントゥリ　　　　　　アミビエヌ

結核　tuberculose [女]
テュベるキュローズ

ハンセン病　lèpre [女]
レープる

梅毒　syphilis [女]
スィフィリス

エイズ　sida [男]（syndrome d'immunodéficience acquise の略）
スィダ　　　サンドゥろーム　ディミュノデフィスィアンス　アキーズ

（呼吸器系疾患）

風邪　rhume [男] / froid [男]
リュム　　　　　フるワ

気管支炎　bronchite [女]
ブろンシットゥ

肺炎　pneumonie [女]
プヌモニ

気管支肺炎　broncho-pneumonie [女]
ブろンコ　　プヌモニ

ぜんそく　asthme [男]
アスム

肺気腫　emphysème [男] pulmonaire
アンフィセーム　　ピュルモネーる

肺がん　cancer [男] du poumon
カンセる　　　　デュ　プーモン

塵肺　pneumoconiose [女]
プヌモコニオーズ

（消化器系疾患）

口腔炎　stomatite [女]
ストマティットゥ

胃炎　gastrite [女]
ガストゥリットゥ

消化不良　dyspepsie [女]
ディスペプスィ

胸やけ pyrosis 男
胃酸過多症 hyperasidité 女 gastrique
胃拡張症 dilatation 女 gastrique
胃下垂 ptose 女 gastrique
胃けいれん crampe 女 d'estomac
胃かいよう ulcère 男 gastrique
十二指腸かいよう ulcère duodénal
胃がん cancer 男 de l'estomac
直腸がん cancer du rectum
大腸炎 colite 女
腸捻転 torsion 女 d'intestin
腸結核 tuberculose 女 intestinale
虫垂炎 appendicite 女
腹膜炎 péritonite 女
肝硬変 cirrhose 女
胆のう炎 cholécystite 女
胆石症 cholélithiase 女
膵臓炎 pancréatite 女
ヘルニア hernie 女
黄疸 jaunisse 女
ウイルス性肝炎 hépatite 女 virale
痔核 hémorroïdes 女 複
下痢 diarrhée 女
嘔吐 nausée 女
寄生虫病 parasitoses 女 複
さなだ虫 ténia 男 / ver 男 solitaire

(神経系および循環器系疾患)

脳卒中 apoplexie 女 cérébrale

◆ 病名の単語帳　287

脳出血	hémorragie 女 cérébrale
脳貧血	anémie 女 cérébrale
脳しんとう	commotion 女 cérébrale
脳血栓	thrombose 女 cérébrale
脳梗塞	infarctus 男 cérébral
脳軟化症	ramollissement 男 cérébral
脳腫瘍	tumeur 女 cérébrale
くも膜下出血	hémorragie 女 sous-arachnoïdienne
てんかん	épilepsie 女
神経痛	névralgie 女
半身不随	hémiplégie 女
両麻痺	paraplégie 女
めまい	vertige 男
アルツハイマー病	maladie 女 d'Alzheimer
パーキンソン病	maladie de Parkinson
スモン病	subacute-myélo-optico-neuropathie 女
心臓病	maladie 女 du cœur
心臓麻痺	paralysie 女 cardiaque
狭心症	angine 女 de poitrine
心臓弁膜症	maladie valvulaire du cœur
弁不全	insuffisance 女 valvulaire
心不全	insuffisance cardiaque

心筋梗塞	infarctus 男 du myocarde
心臓発作	crise 女 cardiaque
失神	syncope 女 / évanouissement 男
血友病	hémophilie 女
白血病	leucémie 女
壊血病	scorbut 男
貧血症	anémie 女
白血球減少症	leucopénie 女
敗血症	septicémie 女
高血圧症	hypertension 女
低血圧症	hypotension 女
動脈硬化症	artériosclérose 女
動脈りゅう	anévrisme 男
静脈りゅう	varice 女
出血	hémorragie 女

(皮膚・泌尿器系疾患)

皮膚病	maladie 女 de peau / dermatose 女
吹き出物	bouton 男
にきび	acné 女
膿よう	abcès 男
良性腫瘍	tumeur 女 複 bénigne
悪性腫瘍	tumeur maligne
かいせん	gale 女
湿疹	eczéma 男
水虫	eczéma suintant
白せん	trichophytie 女
たむし	teigne 女
じんましん	urticaire 女
アトピー性皮膚炎	dermatite 女 atopique
腎炎	néphrite 女
腎臓結石	calcul 男 rénal
腎盂炎	pyélite 女

前立腺炎 prostatite 女
　　　　　プロスタティットゥ
前立腺肥大 hypertrophie
　　　　　　イペールトゥロフィ
　　女 prostatique
　　　　プロスタティック
尿毒症 urémie 女
　　　　ユレミ
膀胱炎 cystite 女
　　　　スィスティットゥ
性病 maladies 女 複
　　　マラディ
　　vénériennes
　　ヴェネリエヌ
梅毒 syphilis 女
　　　スィフィリス
淋疾 blennorragie 女
　　　　ブレノラジ

(内分泌線・栄養関係疾患)

糖尿病 diabète 男
　　　　ディアベートゥ
先端肥大症 acromégalie
　　　　　　アクロメガリ
　　女
バセドウ病 maladie 女 de
　　　　　　マラディ　　　　ドゥ
　　Basedow
　　バズドー
脚気 béribéri 男
　　　ベリベリ
栄養失調症 dénutrition 女
　　　　　　デニュトゥリスィオン
ビタミン欠乏症
　　avitaminose 女
　　アヴィタミノーズ
夜盲症 héméralopie 女
　　　　エメラロピ

痛風 goutte 女
　　　グットゥ
むくみ œdème 男
　　　　ウデーム

(婦人科系疾患)

子宮炎 métrite 女
　　　　メトゥリットゥ
子宮筋腫 myome 男
　　　　　ミオーム
　　utérin
　　ユテラン
卵巣嚢腫 kyste 男 de
　　　　　キストゥ　　　ドゥ
　　l'ovaire
　　ロヴェール
膣炎 vaginite 女
　　　ヴァジニットゥ
月経不順 menstrues 女 複
　　　　　マンストゥリュ
　　irrégulières
　　イレギュリエール

(耳鼻咽喉系疾患)

中耳炎 otite 女 moyenne
　　　　オティットゥ　　ムワイエヌ
外耳炎 otite externe
　　　　オティットゥ エクステルヌ
内耳炎 otite interne /
　　　　オティットゥ アンテルヌ
　　labyrinthite 女
　　ラビランティットゥ
耳痛 otalgie 女
　　　オタルジ
難聴 surdité 女
　　　スュルディテ
鼻炎 coryza 男
　　　コリザ
鼻痛 rhinalgie 女
　　　リナルジ

蓄膿症　sinusite 女
　　　　スィニュズィットゥ
鼻出血　hémorragie 女 nasale
　　　　エモラジ

喉頭炎　laryngite 女
　　　　ラランジットゥ
扁桃腺炎　amygdalite 女
　　　　　アミグダリットゥ
メニエル病　syndrome 男 de Ménière
　　　　　　サンドゥローム　ドゥ メニエール

(眼科系疾患)

眼炎　ophtalmie 女
　　　オフタルミ
結膜炎　conjonctivite 女
　　　　コンジョンクティヴィットゥ
角膜炎　kératite 女
　　　　ケラティットゥ
ものもらい　orgelet 男
　　　　　　オルジュレ
トラホーム　trachome 男
　　　　　　トゥらコム
白内障　cataracte 女
　　　　カタらクトゥ
緑内障　glaucome 男
　　　　グロコム
網膜はくり　décollement 男 de la rétine
　　　　　　デコルマン　　　ドゥ ラ レティーヌ
近視　myopie 女
　　　ミオピ
乱視　astigmatisme 男
　　　アスティグマティスム
斜視　strabisme 男
　　　ストゥらビスム

色盲　achromatopsie 女
　　　アクロマトプスィ
老眼　presbyopie 女
　　　プれスビオピ

(精神・神経科系疾患)

神経症　névrose 女
　　　　ネヴローズ
神経衰弱　neurasthénie 女
　　　　　ヌらステニ
精神分裂病　schizophrénie 女
　　　　　　スキゾフれニ
パラノイア　paranoïa 女
　　　　　　パらノイア
そう病　manie 女
　　　　マニ
うつ病　dépression 女
　　　　デプれスィオン
そううつ病　psychose 女 maniaco-dépressive
　　　　　　プスィコーズ　　マニアコデプれスィヴ
ヒステリー　hystérie 女
　　　　　　イステリ

(骨の病気)

骨炎　ostéite 女
　　　オステイットゥ
関節炎　arthrite 女
　　　　アるトゥりットゥ
関節症　arthrose 女
　　　　アるトゥローズ
関節リューマチ　rhumatisme 男 articulaire
　　　　　　　　リュマティスム　　アるティキュレーる
腰痛　lumbago 男
　　　ロンバゴ

◆ 病名の単語帳 291

脊髄炎	myélite 囡 (ミエリットゥ)
骨髄炎	ostéomyélite 囡 (オステオミエリットゥ)
くる病	rachitisme 男 (らシティスム)
骨粗しょう症	ostéoporose 囡 (オステオポローズ)
カリエス	carie 囡 (カリ)
骨折	fracture 囡 (フらクテューる)

(傷・その他の疾患)

外傷	blessure 囡 (ブレスューる) (externe) (エクステるヌ) / plaie 囡 (プレ)
内傷	blessure interne (ブレスューる アンテるヌ)
切り傷	coupure 囡 (クピューる)
やけど	brûlure 囡 (ブりュリューる)
打撲傷	contusion 囡 (コンテュズィオン)
虫刺され	piqûre 囡 (ピキューる) d'insecte (ダンセクトゥ)
咬み傷	morsure 囡 (モるズューる)
捻挫	entorse 囡 (アントるス)
筋違い	foulure 囡 (フリューる)
青あざ	bleu 男 (ブルー)

血腫	hématome 男 (エマトーム)
脱臼	luxation 囡 (リュクサスィオン)
むちうち症	coup 男 du (クー デュ) lapin (ラパン)
日射病	insolation 囡 (アンソラスィオン) / coup 男 de soleil (クー ドゥ ソレーユ)
しもやけ	engelure 囡 (アンジュリューる)
あかぎれ	gerçure 囡 (ジェるスューる)
こぶ	bosse 囡 (ボス)

(中毒・その他)

中毒	empoisonnement 男 (アンプワゾヌマン)
食中毒	intoxication 囡 (アントクスィカスィオン) alimentaire (アリマンテーる)
薬中毒	intoxication (アントクスィカスィオン) médicamenteuse (メディカマントゥーズ)
鉛中毒	saturnisme 男 (サテュるニスム)
アルコール中毒	alcoolisme 男 (アルコリスム)
麻薬中毒	toxicomanie 囡 (トクスィコマニ)
放射線障害	radiolésion 囡 (らディオレズィオン)

第7章 病気と医療

窒息	asphyxie 女 アスフィクスィ
けいれん	convulsion 女 コンヴュルズィオン
呼吸困難	difficulté à respirer 女 ディフィキュルテ ア れスピれ
脱水症状	déshydratation 女 デズィドらタスィオン
意識不明	perte de connaissance 女 ドゥ ペるトゥ コネサンス
職業病	maladies professionnelles 女 複 マラディ プろフェスィオネル
アレルギー	allergie 女 アレるジ

❏ 136 薬局で

この処方箋どおりの薬を下さい.	**Donnez-moi les médicaments correspondants à cette ordonnance.** ドネ ムワ レ メディカマン コれスポンダン ア セットるドナンス
この処方箋は調剤に時間がかかりますか.	Cette ordonnance sera-t-elle longue à préparer ? セットるドナンス スらテル ロング ア プれパれ
規定の服用量はどれくらいですか.	Quelle est la dose prescrite 〔la posologie〕? ケル レ ラ ドーズ プれスクりットゥ 〔ラ ポゾロジ〕
1日に何回この薬を飲むのですか.	Combien de fois par jour dois-je prendre ce remède ? コンビアン ドゥ フォワ パー ジューる ドゥワージュ プらンドゥる ス るメードゥ
―毎食後これを大さじ1杯ずつ飲んでください.	― Prenez-en une cuillère à soupe après chaque repas. プるネザン ユヌ キュイエーる ア スープ アプれ シャク るパ
消化不良に効く	Avez-vous quelque chose contre les アヴェヴ ケルク ショーズ コントゥる レ

薬は何かありますか.	troubles gastriques ?
風邪薬を何かいただけますか.	Pouvez-vous me donner quelque chose contre le rhume ?
この薬は私にはまったく効きません.	Ce médicament ne me fait aucun effet.

◆ 医薬品の単語帳

薬 **médicament** 男 / **remède** 男

(薬の)服用量 dose 女

局方製剤 médicament officinal

医師の処方薬 médicament magistral

内服薬 médicament interne

外用薬 médicament externe

粉薬 médicament en poudre

水薬 potion 女

錠剤 comprimé 男 / tablette 女 / cachet 男

座薬 suppositoire 男

丸薬 pilule 女

カプセル capsule 女 / gélule 女

トローチ pastille 女

シロップ sirop 男

頭痛薬 médicament contre la migraine

第7章 病気と医療

胃薬	médicament pour l'estomac
鎮痛剤	analgésique 男
抗生物質	antibiotique 男
点滴剤	gouttes 女複
点滴	goutte-à-goutte 男
軟膏	pommade 女 / onguent 男
体温計	**thermomètre 男 médical**
包帯	pansement 男 / bandage 男
バンドエイド	pansement instantané
ガーゼ	gaze 女
脱脂綿	coton 男 hydrophile
救急箱	boîte 女 à pansement
吸入器	inhalateur 男
注射器	seringue 女
氷のう	vessie 女 à glace
湯たんぽ	bouillotte 女
鎮痛剤	**analgésique 男**
解毒剤	antidote 男
解熱剤	fébrifuge 男 / antipyrétique 男
吐剤	émétique 男
下剤	purgatif 男
緩下剤	laxatif 男
抗炎剤	anti-inflammatoire 男
抗ヒスタミン薬	antihistaminique 男
誘導薬	révulsif 男
浄化剤	dépuratif 男
利尿剤	diurétique 男
麻酔剤	anesthésique 男
止血剤	hémostatique 男
発汗剤	sudorifique 男

収れん剤	astringent 男
精神安定剤	tranquillisant 男
抗うつ剤	antidépresseur 男
抗不安剤	anxiolytique 男
麻酔薬	narcotique 男
睡眠薬	somnifère 男
消毒剤	désinfectant 男
殺菌剤	antiseptique 男
点眼薬	collyre 男
うがい薬	gargarisme 男
かぜ薬	remède 男 contre le rhume
アンチピリン	antipyrine 女
アスピリン	aspirine 女
サルファ剤	sulfamide 女
ペニシリン	pénicilline 女
ストレプトマイシン	streptomycine 女
キニーネ	quinine 女
ワクチン	vaccin 男

❏ 137 歯科医院で

2時に診察予約をしています.	J'ai rendez-vous à deux heures.
歯が痛みます. 診ていただきたいのですが.	**J'ai mal aux dents. Je voudrais me faire examiner.**
一晩中激しく痛みました.	Toute la nuit, j'ai ressenti les élancements de la douleur. / La douleur m'a lancé(e) 《話》

第7章 病気と医療

歯痛はひどいものです.	Le mal〔La rage〕de dents est une chose atroce.
口を大きく開けてください. どこが痛みますか.	Ouvrez bien〔grand〕la bouche. Où avez-vous mal ?
―奥歯だと思います.	— Je pense que c'est une dent du fond.
ひどい虫歯です. 抜かなければなりません.	Elle est très cariée〔gâtée〕. Il faut l'arracher.
そのままにしておくと他の歯も悪くなります.	Si on la laisse telle quelle, les autres vont être touchées〔contaminées〕.
麻酔をかけるのですか.	Est-ce que vous faites une anesthésie ?
簡単な注射です. ちっとも痛くありません.	C'est une simple injection. Ça ne vous fait aucun mal.
口をすすいでください.	Rincez-vous la bouche.
この歯を抜いてほしいのですが.	**J'aimerais me faire arracher cette dent.**
歯石を取ってほしいのです.	Je désire me faire détartrer les dents.
この歯に歯冠を	Je désire me faire mettre une couronne à

かぶせてほしいのです.	cette dent. セットゥ ダン
セラミックの歯冠にしてほしいのですが.	J'aimerais une couronne en céramique. ジェムれ ユヌ クーろヌ アン セらミック
この歯を充填してほしいのですが.	Je désire me faire plomber cette dent. ジュ デズィーる ム フェーる プロンベ セットゥ ダン
歯の充填がとれました.	Le plombage est parti. ル プロンバージュ エ パるティ
入れ歯が壊れました. 新しく作り直していただけますか.	J'ai cassé mon dentier. Pouvez-vous en refaire un nouveau ? ジェ カセ モン ダンティエ プヴェ ヴ アン るフェーる アン ヌーヴォ
この歯は傷みすぎているので治療はできません.	La dent est trop creuse 〔abîmée〕 pour la soigner. ラ ダン エ トゥろ クるーズ 〔アビメ〕 プーる ラ スワニェ
毎食後に歯を磨いてください.	Nettoyez-vous les dents après chaque repas. ネトゥワイエヴ レ ダン アプれ シャック るパ

◆ 歯の単語帳

前歯　dent 女 de devant
　　　ダン　　　ドゥ　ドゥヴァン

奥歯　dent du fond /
　　　ダン　デュ　フォン
　grosse dent
　グろース　ダン

犬歯　canine 女
　　　カニーヌ

臼歯　molaire 女
　　　モレーる

永久歯　dent définitive
　　　　ダン　デフィニティヴ
　〔permanente〕
　〔ぺるマナントゥ〕

親知らず　dent de sagesse
　　　　　ダン　ドゥ　サジェス

乳歯 dents de lait	歯冠 couronne 女
上あごの歯 dents du haut	ブリッジ bridge 男
下あごの歯 dents du bas	抜歯 extraction 女 d'une dent
入れ歯 fausse dent / dent artificielle	虫歯 dent cariée〔gâtée〕
差し歯 dent à pivot〔tenon〕	歯槽のうろう pyorrhée 女 alvéolaire

❏ 138 産科医で

診察を受けたいのですが.	Je voudrais avoir une consultation.
妊娠反応テストをしました. 陽性〔陰性〕でした.	J'ai fait un test de grossesse. C'était positif〔négatif〕.
あなたは妊娠しています. 確かです.	**Vous êtes enceinte. J'en suis sûr(e).**
先生は私がおめでただと言いました.	Le docteur m'a annoncé une bonne nouvelle.
あなたは妊娠3か月です.	Vous êtes enceinte de trois mois.
出産前に何回診察を受けなけ	Combien de consultations dois-je avoir

ればなりませんか.	avant l'accouchement ? アヴァン ラクーシュマン
検診を3回受けてください. 妊娠3か月目, 6か月目, 8か月目です.	Vous aurez trois examens 〔séances〕, au troisième mois, sixième mois et huitième mois de la grossesse. ヴゾれ トゥるワゼグザマン 〔セアンス〕 オー トゥるワズィエーム ムワ スィズィエーム ムワ エ ユイティエーム ムワ ドゥ ラ グロセス
妊娠3か月になる前に, 医師に妊婦証明を請求してください.	Avant le troisième mois de votre grossesse, demandez au médecin un certificat de grossesse. アヴァン ル トゥるワズィエーム ムワ ドゥ ヴォトゥる グロセス ドゥマンデ オ メドゥサン アン せるティフィカ ドゥ グロセス
3月半ばに赤ちゃんが生まれる予定です.	**J'attends un bébé pour la mi-mars.** ジャタン アン ベベ プーる ラ ミマるス
この産院でお産をしたいのですが.	Je voudrais accoucher dans cette maternité. ジュ ヴドゥれザクシェ ダン セットゥ マテるニテ
この病院に部屋を予約したいのですが.	Je voudrais réserver une chambre dans cette clinique. ジュ ヴドゥれ れぜるヴェ ユヌ シャンブる ダン セットゥ クリニック
エコー断層撮影で赤ちゃんの頭が見えました.	On a vu la tête du bébé à l'échographie. オン ナ ヴュ ラ テートゥ デュ ベベ ア レコグらフィ

❏ 139 出産する

| 奥さんは昨夜男の子をお生みになりました. | Madame a mis au monde un garçon la nuit dernière. マダム ア ミ オ モンドゥ アン ガるソン ラ ニュイ デるニエーる |

第7章 病気と医療

彼女は女の子を出産しました.	Elle a accouché d'une fille.
彼女は正常分娩〔難産〕でした.	Elle a eu un accouchement normal〔difficile〕.
彼女は硬膜外麻酔で無痛分娩をしました.	Elle a accouché sous péridurale.
母子とも元気です.	La mère et l'enfant se portent bien.
彼女は流産しました.	Elle a fait une fausse couche.
彼女は女児を死産しました.	Elle a mis au monde une enfant mort-née.
彼女は帝王切開を受けました.	On lui a fait une césarianne.
子どもは予定日に〔予定日前に〕生まれました.	L'enfant est né à terme〔avant terme〕.

◆ 出産と育児の単語帳

助産婦	sage-femme 女		grossesse
妊婦	femme enceinte / future maman	妊婦用衣類	trousseau 男 de future maman
妊娠	grossesse 女	出産	accouchement 男
腹帯	ceinture 女 de	早産	accouchement

◆ 出産と育児の単語帳

prématuré

流産　fausse couche 女

人工妊娠中絶

　IVG : interruption 女 volontaire de grossesse

新生児　nouveau-né(e) 名

未熟児　prématuré(e) 名

双生児　jumeau 男, jumelle 女

生年月日　date 女 de naissance

出生証明書　certificat 男 de naissance

(ベビー用品)

おむつ　couche 女

紙おむつ　couche jetable / couche-culotte

よだれ掛け　bavoir 男

赤ちゃん用衣類　trousseau 男 de bébé

うぶぎ　langes 男 複

袖付き胴着　brassière 女

安全ピン　épingle 女 de sureté

たらい　cuvette 女

浴用温度計　thermomètre 男 de bain

脱脂綿　coton 男

タルカムパウダー　talc 男

哺乳びん　biberon 男

乳首　tétine 女

消毒器　stérilisateur 男

揺りかご　berceau 男

旅行用揺りかご　berceau de voyage

ベビーサークル　parc 男 à bébé

ベビーカー　poussette 女

乳児用体重計　pèse-bébé 男

◆ 人体部位の単語帳

(頭部)

頭 tête 女
　テートゥ

頭頂 sommet 男 de la tête
　　ソメ　　　　ドゥ ラ テートゥ

頭蓋 crâne 男
　　クラーヌ

髪 cheveu 男（複数は
　シュヴー
　cheveux）
　シュヴー

髪（総称）chevelure 女
　　　　　シュヴリューる

顔 figure 女 ; visage 男
　フィギューる　ヴィザージュ

額 front 男
　フロン

こめかみ tempe 女
　　　　　タンプ

耳 oreille 女
　オれーユ

耳たぶ lobe 男 de
　　　　ロブ　　ドゥ
　l'oreille
　ロれーユ

鼓膜 tympan 男
　　　タンパン

まゆ sourcil 男
　　　スるスィ

まつ毛 cil 男
　　　　スィル

まぶた paupière 女
　　　　ポピエーる

眼 œil 男（複数は
　ウュ
　les yeux）
　レズィウ

眼球 globe 男 oculaire
　　　グローブ　　オキュレーる

瞳孔 pupille 女
　　　ピュピーユ

ひとみ prunelle 女
　　　　プりュネル

虹彩 iris 男
　　　イりス

角膜 cornée 女
　　　コるネ

網膜 rétine 女
　　　れティーヌ

視神経 nerf 男 optique
　　　　ネる　　オプティック

ほお joue 女
　　　ジュー

ほお骨 pommette 女
　　　　ポメットゥ

えくぼ fossette 女
　　　　フォセットゥ

鼻 nez 男
　ネ

鼻の穴 narine 女
　　　　ナりーヌ

鼻毛 poil 男 de la narine
　　　プワル　　ドゥ ラ ナりーヌ

口 bouche 女
　ブーシュ

唇 lèvre 女
　レーヴる

舌 langue 女
　ラング

歯 dent 女
　ダン

歯茎 gencive 女
　　　ジャンスィーヴ

口蓋 palais 男
　　　パレ

◆ 人体部位の単語帳 303

あご　menton 男；
　　マントン
　mâchoire 女
　　マシュワール

口ひげ　moustache 女
　　　　ムスターシュ

あごひげ　barbe 女
　　　　　バルブ

頬ひげ　barbe；favoris 男 複
　　　　バルブ　　ファヴォリ

やぎひげ　barbiche 女；
　　　　　バルビシュ
　bouc 男
　ブーク

もみあげ　pattes 女 複 (de lapin)
　　　　　パットゥ

首　cou 男
　　クー

喉　gorge 女
　　ゴルジュ

うなじ　nuque 女
　　　　ニュク

（胴体と四肢）

上半身　torse 男
　　　　トルス

胴　tronc 男
　　トゥロン

背　dos 男
　　ド

肩　épaule 女
　　エポール

胸　poitrine 女
　　プワトゥリーヌ

乳房　sein 男；mamelle 女
　　　サン　　　　マメル

乳首　mamelon 男
　　　マムロン

脇腹　flanc 男
　　　フラン

脇の下　aisselle 女
　　　　エセル

腰　hanches 女 複；reins 男 複
　　アンシュ　　　　らン

腹　ventre 男
　　ヴァントゥる

横腹　côté 男
　　　コテ

へそ　nombril 男
　　　ノンブリ(ル)

尻　derrière 男；fesse 女
　　デりエール　　フェス

四肢　**membres** 男 複
　　　　マンブる

腕　**bras** 男
　　　ブら

ひじ　coude 男
　　　クードゥ

前腕　avant-bras 男
　　　アヴァンブら

手　**main** 女
　　　マン

手首　poignet 男
　　　プワニェ

手のひら　paume 女
　　　　　ポーム

手の甲　dos 男 de la main
　　　　ド　　　ドゥ ラ　マン

こぶし　poing 男
　　　　プワン

指　doigt 男
　　ドゥワ

親指　pouce 男
　　　プース

人差し指 index 男
アンデクス

中指 majeur 男; doigt du milieu
マジュール　ドゥワ　デュ　ミリウ

薬指 annulaire 男
アニュレール

小指 auriculaire 男; petit doigt
オリキュレール　プティ　ドゥワ

つめ ongle 男
オングル

脚 jambe 女
ジャンブ

もも cuisse 女
キュイス

ひざ genou 男
ジュヌー

むこうずね tibia 男
ティビア

ふくらはぎ mollet 男
モレ

足 pied 男
ピエ

かかと talon 男
タロン

足の裏 plante 女 du pied
プラントゥ　デュ　ピエ

土踏まず voûte 女 plantaire
ヴートゥ　プランテール

足の指 orteil 男
オルテーユ

足の親指 gros orteil
グロゾルテーユ

第2指 deuxième orteil
ドゥーズィエーム　オルテーユ

第3指 troisième orteil
トゥるワズィエーム　オルテーユ

第4指 quatrième orteil
カトゥリエーム　オルテーユ

足の小指 petit orteil
プティトゥルテーユ

（内臓）

内臓 organes 男 複 internes
オルガヌ　アンテるヌ

喉頭 larynx 男
ラらンクス

咽頭 pharynx 男
ファらンクス

気管支 bronche 女
ブロンシュ

肺 poumon 男
プモン

横隔膜 diaphragme 男
ディアフらグム

心臓 cœur 男
クール

心臓弁膜 valvule 女 du cœur
ヴァルヴュル　デュ　クール

血管 vaisseaux 男 複 sanguins
ヴェソォ　サンガン

動脈 artère 女
アるテール

静脈 veine 女
ヴェーヌ

頸動脈 carotide 女
カろティドゥ

食道 œsophage 男
エゾファージュ

胃	estomac 男 (エストマ)
腸	intestin 男 (アンテスタン)
十二指腸	duodénum 男 (デュオデノム)
小腸	intestin grêle (アンテスタン グれール)
大腸	gros intestin (グろ ザンテスタン)
盲腸	cæcum 男 (セコム)
虫垂	appendice 男 (アパンディス)
直腸	rectum 男 (れクトム)
肛門	anus 男 (アニュス)
肝臓	foie 男 (フォワ)
胆のう	vésicule 女 biliaire (ヴェズィキュル ビリエール)
膵臓	pancréas 男 (パンクれアス)
ひ臓	rate 女 (らットゥ)
腎臓	rein 男 (らン)
尿管	uretère 男 (ユるテール)
膀胱	vessie 女 (ヴェスィ)
尿道	urètre 男 (ユれートゥる)
睾丸	testicule 男 (テスティキュル)
子宮	utérus 男 (ユテりュス)
卵巣	ovaire 男 (オヴェール)
膣	vagin 男 (ヴァジャン)

（脳・神経・筋肉）

脳	encéphale 男 (アンセファル)
大脳	cerveau 男 (セるヴォ)
小脳	cervelet 男 (セるヴレ)
脳漿	cervelle 女 (セるヴェル)
骨髄	moelle 女 (ムワル)
脊髄	moelle épinière (ムワル エピニエーる)
延髄	moelle allongée (ムワル アロンジェ)
神経	nerf 男 (ネーる)
神経節	ganglion 男 nerveux (ガングリオン ネるヴー)
筋肉	muscle 男 (ミュスクル)
アキレス腱	tendon 男 d'Achille (タンドン ダシール)
腺	glande 女 (グランドゥ)
リンパ腺	glande lymphatique (グランドゥ ランパティック)
リンパ節	ganglion 男 lymphatique (ガングリオン ランパティック)

（骨）

骨 os 男（複数は les os）

骨格 squelette 男 ;
　ossature 女

頭蓋 crâne 男

脊柱 colonne 女 vertébrale

椎骨 vertèbre 女

胸椎 vertèbre dorsale

腰椎 vertèbre lombaire

肩甲骨 omoplate 女

鎖骨 clavicule 女

肋骨 côte 女

座骨 ischion 男

骨盤 bassin 男

大腿骨 fémur 男

脛骨 tibia 男

関節 articulation 女

（老廃物・排泄物など）

あか crasse 女

ふけ pellicule 女 (de la tête)

目やに chassie 女

涙 larme 女

耳あか cérumen 男

鼻血 saignement 男 de nez

鼻汁 morve 女

鼻くそ crottes 女 複 de nez

くしゃみ éternuement 男

あくび bâillement 男

げっぷ rot 男

しゃっくり hoquet 男

せき toux 女

よだれ bave 女

つば salive 女

たん crachat 男

尿 urine 女

大便 selles 女 複

第8章　理容と美容

❏ 140 床屋で

すぐにしてもらえますか.	Est-ce que vous pouvez me prendre tout de suite ?
髪を切って欲しいのですが.	**Je voudrais me faire couper les cheveux.**
カットとシャンプーをお願いします.	Une coupe et un shampooing, s'il vous plaît.
髪型を変えたいのですが.	J'aimerais changer de coiffure〔de coupe, de tête《話》〕.
ひげを剃って欲しいのですが.	Je voudrais me faire raser. / Voulez-vous me faire la barbe ?
このガウンの袖に手を通してください.	Mettez vos bras dans les manches de ce peignoir.
髪はどんなふうにお刈りしますか.	**Comment voulez-vous qu'on vous coupe les cheveux ?**
― 少し刈ってください.	― Faites-moi une petite coupe.
― いつものように刈ってください.	― Coupez comme d'habitude.
― 横を短く刈ってください.	― Coupez court〔Rasez-moi〕sur les

	côtés, s'il vous plaît. コテ スィル ヴ プレ
耳が少しだけ出るように刈ってください.	— Dégagez seulement un peu les oreilles. デガジェ スルマン アン プ レゾれーユ
まん中で〔左で, 右で〕分けるように刈ってほしいのです.	— Je veux une coupe avec une raie au milieu〔à droite, à gauche〕. ジュ ヴー ユヌ クープ アヴェッキュヌ れ オ ミリウ 〔ア ドゥるワートゥ ア ゴーシュ〕
髪の先だけ切ってください. 長髪にしたいのです.	— Coupez juste les pointes. Je veux avoir les cheveux longs. クーペ ジュストゥ レ プワントゥ ジュ ヴーザヴワーる レ シュヴー ロン
うしろ〔うなじ〕を短く刈ってください.	— Coupez court derrière〔sur la nuque〕. クーペ クーる デリエーる〔スューる ラ ニュク〕
うしろ〔うなじ〕はバリカンを使ってください.	— Vous pouvez utiliser la tondeuse pour derrière〔pour la nuque〕. ヴ プヴェ ユティリゼ ラ トンドゥーズ プーる デリエーる〔プーる ラ ニュク〕
そんなに短く刈らないでください.	Ne coupez pas si court. ヌ クーペ パ スィ クーる
肌を切らないように気をつけてください.	Faites attention à ne pas me couper. フェートゥ アタンスィオン ア ヌ パ ム クーペ
痛いです. そっとやってくだ	Doucement, s'il vous plaît. Vous me faites ドゥースマン スィル ヴ プレ ヴ ム フェートゥ

140 床屋で

さい.	mal.
前〔後〕髪をカールしてください.	Frisez-moi les cheveux de devant 〔de derrière〕.
パーマをかけてください.	Faites-moi une permanente.
口ひげはそのままにしておいてください.	Laissez les moustaches comme elles sont.
髪を染めてほしいのですが.	Je voudrais me faire teindre.
どんな色にしましょうか.	Quelle couleur désirez-vous ?
色のリストを見せてください.	Montrez-moi la liste de vos couleurs.
洗髪をしましょうか.	Voulez-vous un shampooing ?
—いいえ,くしでざっと,とかすだけにしてください.	— Non, merci. Donnez-moi juste un coup de peigne.
整髪料を少しおつけしますか.	Voulez-vous un peu de gel (pour les cheveux) ?
おいくらですか.	Combien je vous dois ?

◆ 床屋の単語帳

理容師　coiffeur, -euse 名
　　　　クワフーる、フーズ

理髪店へ行く　aller chez le
　　　　　　　アレ　シェ　ル
　coiffeur
　クワフーる

ケープ〔クロス〕　peignoir 男
　　　　　　　　ペニョワーる

カット　coupe 女
　　　　クープ

シザーカット　coupe aux
　　　　　　　クープ　オ
　ciseaux
　スィゾー

レザーカット　coupe au
　　　　　　　クープ　オ
　rasoir
　らズワーる

バリカン　tondeuse 女
　　　　　トンドゥーズ

はさみ　ciseaux 男 複
　　　　スィゾー

ひげ剃り　rasage 男
　　　　　らザージュ

かみそり　rasoir 男
　　　　　らズワーる

シェービングフォーム
　mousse 女 à raser
　ムース　　ア　らゼ

ひげ剃り用ブラシ
　blaireau 男
　ブレろー

アフターシェーブローション　après-rasage 男
　　　　　　　　　　　　　アプれらザージュ

シャンプー　shampooing 男
　　　　　　シャンプワン

リンス　rinçage 男
　　　　らンサージュ

ヘアーブロー　brushing 男
　　　　　　　ブらシング

頭髪用ブラシ　brosse 女 à
　　　　　　　ブろス　　ア
　cheveux
　シュヴー

くし　peigne 男
　　　ペーニュ

ドライヤー　séchoir 男
　　　　　　セシュワーる

コスメチック　cosmétique 男
　　　　　　　コスメティック

整髪用ジェル　gel 男
　　　　　　　ジェル

ポマード　pommade 女
　　　　　ポマードゥ

ヘアローション　lotion 女
　　　　　　　　ロスィオン
　capillaire
　カピレーる

オーデコロン　eau 女 de
　　　　　　　オー　　ドゥ
　Cologne
　コローニュ

香水　parfum 男
　　　パるファン

姿見　glace 女
　　　グラース

鏡　miroir 男
　　ミるワーる

141 美容院で

カットとセット〔ブロー〕をお願いしたいのですが.	**Je voudrais une coupe et une mise en plis 〔un brushing〕.**
どんなふうにセットしましょうか.	**Comment voulez-vous être coiffée ?**
―シニョンにしてほしいのですが.	― Je voudrais un chignon.
―自然な感じになるようにしてください.	― Pouvez-vous me faire quelque chose qui fasse naturel 〔qui ait l'air naturel〕 ?
―髪を少しふくらませてほしいのですが.	― Je voudrais un peu de volume dans les cheveux.
髪をカールにするためにカーラーを使いましょうか.	Je vous mets des bigoudis pour friser les cheveux ?
枝毛をカットしてください.	Coupez les cheveux fourchus.
先〔前髪〕だけカットしてください.	Coupez juste les pointes 〔la frange〕.
うしろは段カットにしてください.	Faites-moi un dégradé derrière.
とても短くボー	Pouvez-vous couper très court à la

イッシュにカットしてもらえますか.	garçonne? ガルソヌ
前髪は切らないでください.	Ne coupez pas les cheveux de devant. ヌ クーペ パ レ シュヴー ドゥ ドゥヴァン
全体に約2センチ短くカットしてください.	Coupez-moi les cheveux d'environ deux centimètres partout. クーペムワ レ シュヴー ダンヴィロン ドゥ サンティメートゥル パルトゥ
全体に切りそろえるのですか.	Est-ce que je vous les égalise? エスク ジュ ヴ レ ゼガリーズ
―はい, 全体に2センチ切りそろえてください.	― Oui, égalisez-les-moi de deux centimètres. ウィ エガリゼレムワ ドゥ ドゥー サンティメートゥル
毛髪が濃すぎるので, そいでもらえますか.	J'ai les cheveux trop touffus. Pouvez-vous me les alléger? ジェ レ シュヴー トゥロ トゥフュ プヴェヴ ム レザレジェ
パーマをかけてほしいのですが.	Je voudrais me faire faire une permanente. ジュ ヴドゥれ ム フェール フェール ユヌ ペるマナントゥ
パーマをゆるくお願いします.	Une légère permanente, s'il vous plaît. ユヌ レジェール ペるマナントゥ スィル ヴ プレ
ヘアスプレー〔ジェル〕で整髪をしてください.	Fixez-moi les cheveux avec de la laque〔du gel〕. フィクセムワ レ シュヴ アヴェック ドゥ ラ ラック〔デュ ジェル〕
髪を染めてもらえますか.	Pouvez-vous me teindre les cheveux〔me faire une couleur〕? プヴェヴ ム タンドゥる レ シュヴ〔ム フェール ユヌ クルール〕
髪をメッシュに	J'aimerais que vous me fassiez des mèches. ジェムれ ク ヴ ム ファスィエ デ メーシュ

してほしいの
ですが．

◆ 美容と化粧の単語帳

美容　soins 男 複 de beauté
スワン　ドゥ　ボーテ

美容院　salon 男 de coiffure ; institut 男 de beauté
サロン　ドゥ　クワフュール　アンスティテュ　ドゥ　ボーテ

美容師　esthéticien, -enne 名
エステティスィアン　スィエヌ

ヘアドレッサー　coiffeur, -euse 名 pour dames
クワフール　フーズ　プール　ダーム

セット　mise 女 en plis ; brushing 男
ミーザンプリ　ブラシング

パーマ　permanente 女
ペルマナントゥ

毛染め　teinture 女
タンテュール

脱色　décoloration 女
デコロらスィオン

整髪用スプレー　laque 女
ラック

整髪用ジェル　gel 男
ジェル

三つ編み髪　tresse 女
トゥれス

編み髪　natte 女
ナットゥ

巻き毛　boucle 女
ブークル

前髪　frange 女
フらンジュ

シニヨン〔おだんご〕　chignon 男
シニョン

かつら　postiche 男 / perruque 女
ポスティシュ　ペリューク

ビューティーケア　soins 男 複 de beauté
スワン　ドゥ　ボーテ

マニキュア　manucure 女
マヌキュール

マニキュア師　manucure 名
マヌキュール

ペディキュア　pédicure 女
ペディキュール

ペディキュア師　pédicure 名
ペディキュール

マッサージ　massage 男
マサージュ

顔面マッサージ　massage
マサージュ

facial

マッサージ師　masseur, -euse 名

化粧　**toilette** 女

化粧する　faire la toilette

化粧を落とす　se démaquiller

化粧品　produits 男 複 de beauté ; cosmétiques 男 複

脱毛　épilation 女

爪やすり　lime 女 à ongles

軽石　pierre ponce 女

マニキュア液　vernis 男 à ongles

除光液　dissolvant 男 / solvant 男

ファンデーション　fond 男 de teint

美顔クリーム　crème 女 de beauté

クレンジングクリーム　démaquillant 男

パウダー　poudre 女 (de riz)

おしろい　fard 男

頰紅　fard à joues

アイシャドー　fard à paupières

コンパクト　poudrier 男

口紅　rouge 男 à lèvres

リップスティック　bâton 男 de rouge

アイブロウ　crayon 男 à sourcils

香水スプレー　vaporisateur 男

第9章 車を運転する

❏ 142 運転

運転できますか.	Savez-vous conduire ?
―はい, できます.	― Oui, je sais conduire.
いつ免許を取ったのですか.	Quand est-ce que vous avez obtenu le permis (de conduire) ?
―5年前です.	― Il y a cinq ans.
保険に入っていますか.	Etes-vous assuré(e) ?
―もちろんです. 私の車は全損害保険に入っています.	― Bien sûr ! Ma voiture est assurée tous risques.
フランスでは右走行だが, 日本では左走行だ.	En France, on roule à droite et au Japon à gauche.
カーブでは追越し禁止だ.	Il est interdit de dépasser dans un virage.
ここに駐車できますか.	On peut stationner [se garer] ici ?
地下駐車場は有料だ.	Les parkings souterrains sont payants.
この通りで駐車するには, パーキングメー	Dans cette rue, il faut payer à l'horodateur pour pouvoir se garer.

ターでお金を払わなければならない.	
私が優先だよ.	C'est moi qui ai la priorité.
通行料を払うのに小銭がありますか.	Avez-vous de la monnaie pour payer le péage ?
国道・県道を行く方がいい. 高速よりも安いよ.	Je préfère prendre les nationales et les départementales, c'est moins cher que l'autoroute.

❏ 143 給油と修理

ガス欠だ.	Je n'ai plus d'essence. / Je suis tombé(e) en panne d'essence.
ガソリンを20リットル下さい.	Donnez-moi〔Mettez-moi〕vingt litres d'essence.
満タンにしてください.	Faites-moi le plein.
缶入りガソリンを1個下さい.	Donnez-moi un bidon d'essence.
このスタンドではハイオクはいくらですか.	A combien est le super dans cette station-service ?
洗車してください.	Faites-moi un lavage.

エンジンオイルを補充してください.	Remettez-moi de l'huile dans le moteur.
オイル交換をしてください.	Faites-moi la vidange.
エンジンオイルのレベルを確認してください.	Vérifiez mon niveau d'huile.
前〔後ろ〕のタイヤに空気を入れてください.	Gonflez mon pneu avant〔arrière〕.
タイヤの空気圧を見てください.	Vérifiez la pression des pneus.
私の車がここから1キロのところで故障しています.	Ma voiture est en panne à un kilomètre d'ici.
軽くくぼんだこのフェンダーを修理してほしいのですが.	J'aimerais faire réparer cette aile qui est légèrement enfoncée.
バッテリーを充電してもらえますか.	Pouvez-vous recharger la batterie ?
ライトの調整がよくありません.	Les feux sont mal réglés.
マフラーに穴があいています.	Mon pot d'échappement est percé.

エンジンがよくかかりません. 調べてもらえますか.	Mon moteur ne fonctionne pas bien. Pouvez-vous l'examiner ?
ブレーキの効きを点検してほしいのですが.	J'aimerais faire vérifier les freins.
ラジエーターに水を入れてください.	Mettez de l'eau dans le radiateur.
キャブレターが詰まりました.	Le carburateur est bouché.
車の全点検をしてもらえますか.	Pouvez-vous faire une révision complète de ma voiture ?

◆ 自動車の単語帳

自動車　voiture 女 / véhicule 男
乗用車　voiture de tourisme
自家用車　voiture particulière
ライトバン　commerciale 女
ステーションワゴン　familiale 女 / break 男
営業車　utilitaire 男
スポーツカー　voiture de sport
ワンボックスカー　monospace 男
四輪駆動車　quatre-quatre

男	/ voiture 女 tout terrain	ディーゼル車	diesel 男
オートマチック車	voiture automatique
新車	voiture neuve
中古車	voiture d'occasion

（車の内部）

フロントガラス	pare-brise 男
サンバイザー	pare-soleil 男
ハンドル	volant 男
アクセル	accélérateur 男
シフトレバー	levier 男 de changement de vitesse
ブレーキペダル	pédale 女 du frein
ハンドブレーキ	frein 男 à main
クラッチ	embrayage 男
計器盤	tableau 男 de bord
スターター	démarreur 男 / starter 男
イグニッションキー	clef 女 de contact
速度計	compteur 男 de vitesse
クラクション	avertisseur 男 / klaxon 男
グローブボックス	boîte 女 à gants
前照灯スイッチ	commande 女 des phares
ウインカースイッチ	commande du clignotant
前部〔後部〕座席	siège 男 avant〔arrière〕

チャイルド・カーシート

siège-auto 男
スィエージュオート

シートベルト ceinture 女 de sécurité
サンテュール　ドゥ セキュリテ

ヘッドレスト appui-tête 男
アピュイテートゥ

車内灯 plafonnier 男
プラフォニエ

カーラジオ autoradio 男
オートらディオ

(車の外部)

車体 carrosserie 女
カろスリ

シャーシ châssis 男
シャスィ

屋根 toit 男
トゥワ

サンルーフ toit ouvrant
トゥワ ウヴらン

ボンネット capot 男
カポ

フェンダー aile 女
エール

ドア portière 女
ポるティエール

トランク coffre 男
コフる

バンパー pare-chocs 男
パーるショック

ラジエーターグリル calandre 女
カランドゥる

ヘッドライト phare 男
ファーる

ロービーム feux 男複 de croisement
フー　ドゥ くるワーズマン

ハイビーム feux de route
フー ドゥ るートゥ

ウインカー clignotant 男
クリニョタン

テールランプ feu 男 arrière
フー　アりエーる

フォグランプ antibrouillard 男
アンティブるイヤーる

マフラー pot 男 d'échappement
ポ デシャップマン

前〔後〕輪 roue 女 avant〔arrière〕
るー アヴァン 〔アりエーる〕

ホイール jante 女
ジャントゥ

ホイールキャップ enjoliveur 男
アンジョリヴーる

タイヤ pneu 男
プヌー

スペアタイヤ pneu de rechange / roue 女 de secours
プヌー ドゥ るシャンジュ／るー ドゥ スクーる

スノータイヤ	antidérapant 男
ナンバープレート	plaque 女 d'immatriculation

(エンジン・機械系統)

エンジン	moteur 男
シリンダー	cylindre 男
燃料タンク	réservoir 男 à essence
キャブレター	carburateur 男
ラジエーター	radiateur 男
バッテリー	batterie 女
サスペンション	suspension 女

(その他)

ガソリンスタンド	station 女 d'essence / pompe 女 à essence
サービスステーション	station-service 女
ガソリン販売機	distributeur 男 d'essence
修理工場	garage 男
整備士	mécanicien, -enne 名
給油係	pompiste 名
燃料	combustible 男
ガソリン	essence 女
ハイオク	super 男
無鉛ガソリン	essence sans plomb
軽油	gazole 男
オイル	huile 女
潤滑油	lubrifiant 男
不凍液	antigel 男
タイヤチェーン	chaîne 女 (antidérapante)
道路マップ	carte 女 routière

高速道路	autoroute 女 オートるートゥ		bus ビュス
有料高速道路	autoroute à péage オートるートゥ ア ペアージュ	自転車レーン	piste 女 cyclable ピストゥ スィクラブル
サービスエリア	aire 女 d'autoroute (de repos) エール ドートるートゥ (ドゥ るポ)	渋滞	embouteillage 男 / bouchon 男 アンブーティヤージュ ブーション
バスレーン	couloir 男 de クルワーる ドゥ	罰金	amende 女 アマンドゥ

◆ 道路標識の単語帳

「駐車場」

　«Parc de stationnement»
　パルク ドゥ スタスィオヌマン
　«Parking»
　パるキング

「駐車禁止」

　«Stationnement interdit»
　スタスィオヌマン アンテるディ
　«Défense de stationner»
　デファンス ドゥ スタスィオネ

「通行禁止」

　«Passage interdit»
　パサージュ アンテるディ

「車両進入禁止」

　«Sens interdit»
　サンス アンテるディ

「一方通行」

　«Sens unique»
　サンス ユニーク

「追越し禁止」

　«Défense de doubler»
　デファンス ドゥ ドゥブレ

「クラクション禁止」

　«Défense de klaxonner»
　デファンス ドゥ クラクソネ

「静かに，病院あり」

　«Silence, hôpital»
　スィランス オピタル

「交差点」 «Croisement»;
　　　　　クるワーズマン
　«Carrefour»
　カるフール

「ロータリー」

　«Rond-point»
　ろンプワン

「横断歩道」

　«Passage pour piétons»
　パサージュ プール ピエトン

「徐行せよ，学校あり」

«Ralentir, école»
ラランティール　エコル

「工場出口あり」

«Sortie d'usine»
ソルティ　デュズィーヌ

「鉄道の踏切あり」

«Passage à niveau»
パサージュ　ア　ニヴォー

「制限時速50km」 «Vitesse
ヴィテス

limitée 50 km/h»
リミテ

「注意！ 危険！」

«Attention ! Danger !»
アタンスィオン　ダンジェ

「カーブ」 «Virage»
ヴィラージュ

「危険なカーブ」

«Virage dangereux»
ヴィラージュ　ダンジュるー

「急な下り坂」

«Descente rapide»
デサントゥ　らピードゥ

「路面凹凸あり」

«Cassis»; «Dos d'âne»
カスィ　ド　ダーヌ

「通行止め」

«Route barrée»
るートゥ　バれ

「工事中」

«Travaux en cours»
トゥらヴォー　アン　クール

「迂回路」 «Détour»
デトゥーる

「自動車専用道路」

«Voie rapide»
ヴワ　らピッドゥ

「登坂車線」

«Véhicules lents»
ヴェイキュル　ラン

「料金所」 «Péage»
ペアージュ

「私有地」

«Propriété privée»
プろプリエテ　プリヴェ

❑ 144 レンタカーを借りる

週末に車を借りたいのですが.	**Je voudrais louer une voiture pour le week-end.** ジュ　ヴドゥれ　ルゥエ　ユヌ　ヴワテューる　プーる　ル　ウィケンドゥ
どんな車種をご	Quelle catégorie de véhicule voulez-vous ? ケル　カテゴリ　ドゥ　ヴェイキュル　ヴレウ

希望ですか.	
—4人用の小さいのがいいのですが.	— Je voudrais une petite pour quatre personnes.
—営業車がほしいのです. 引っ越しのためです.	— Je voudrais un utilitaire. C'est pour un déménagement.
走行距離は無制限ですか.	Est-ce que le kilométrage est illimité ?
—いいえ, 500キロの均一料金制です.	— Non, c'est un forfait de cinq cents kilomètres.
距離無制限のパッケージがあります.	Nous avons une formule avec kilométrage illimité.
車を受け取ってから48時間, ご自由にお使いいただけます.	Vous pourrez disposer de la voiture pendant quarante-huit heures à partir de la prise en charge.
車を返却する前に満タンにしてください.	Il faut faire le plein avant de rendre la voiture.
保険料は値段に含まれていますか.	Est-ce que l'assurance est comprise dans le prix ?
—もちろんです. オールリスク保険です.	— Evidemment ! C'est une assurance tous risques.

他の町で車を返すことはできますか．	**Est-il possible de rendre la voiture dans une autre ville ?**
晩は何時まで車をもどしに来ることができますか．	Jusqu'à quelle heure du soir peut-on ramener la voiture ?
—20時までです．その後はキーを郵便箱に入れていただきます．	— Jusqu'à vingt heures, et après il faudra laisser la clef dans la boîte aux lettres.

❏ 145 故障と事故

もしもし，車が故障です．故障修理車をお願いします．	**Allô ! Je suis en panne. Envoyez-moi une dépanneuse.**
ロープで引いてもらえませんか．	Pouvez-vous me remorquer à l'aide d'une corde ?
タイヤがパンクしました．	Le pneu a crevé〔éclaté〕.
交通事故に遭いました．	**J'ai eu un accident de la circulation〔de la route〕.**
けが人がいます．救急車をお願いします．	Il y a des blessés. Envoyez-moi une ambulance.

事故がありました。消防隊か救急医療救助サービスを呼ぶ必要があります。	Il y a eu un accident. Il faut appeler les pompiers ou le SAMU. *SAMU は Service d'aide médicale d'urgence の略.
調書のために警官を呼びましょう。	Appelons un agent 〔un policier〕 pour le constat.
被害がありましたか。	Y a-t-il des dégâts ?
―はい、しかし物的被害だけです。	— Oui, mais seulement des dégâts matériels.
スリップしました。	J'ai dérapé.
小型トラックと接触しました。	J'ai eu un accrochage avec une camionnette.
トラックを追い越す時に少し接触しました。	J'ai un peu accroché en dépassant un camion.
車が互いにかすったのです。	Nos voitures se sont accrochées.
彼の車がぶつかってきたのです。私のミスではありません。	Il m'est rentré dedans. Ce n'est pas de ma faute.

彼はもう1台の別の車と衝突しました.	Il est entré en collision avec une autre voiture.
彼は歩行者をはねました.	Il a renversé un piéton.
彼の車は立木にぶつかって壊れました.	Son auto s'est écrasée contre un arbre.
激しい衝突でドライバーは地面に投げ出されて重傷を負いました.	Sous la violence du choc, l'automobiliste a été projeté sur le sol et grièvement blessé.
彼の車は横転しました.	Sa voiture a fait un tonneau.

146 保険会社で

この会社は自動車保険を扱っていますか.	Est-ce que cette compagnie s'occupe des assurances automobiles ?
保険に入りたいのですが.	**Je voudrais prendre une assurance.**
どんな危険に対して,車に保険をかけられますか.	Contre quels risques peut-on assurer la voiture ?
車に盗難保険をかけたいのですが.	Je voudrais assurer ma voiture contre le vol.

全損害自動車保険に入りたいのですが.	Je voudrais prendre une assurance automobile tous risques.
私の車に，外国での事故をカバーする保険をかけたいのですが.	Pour ma voiture, je voudrais prendre une assurance couvrant les risques d'accidents à l'étranger.
保険料はいくらですか.	**Quel est le montant de la prime ?**
甚大な損害を受けました.	J'ai subi des dégâts importants.
保険金請求にはどんな手続きをするのですか.	Quelles formalités dois-je remplir pour la demande de l'indemnité ?
車の左フェンダーが事故で壊れました.	L'aile gauche de ma voiture a été détériorée dans l'accident.
車体のペンキが事故ではげました.	La peinture de la carrosserie a été éraflée dans l'accident.
これが修理見積書です.	Voici le devis de réparations.
保険金を請求できますか.	**Puis-je vous demander une indemnité ?**
この損害は保険でカバーできます.	Ces dommages sont couverts par l'assurance.

事故の詳細を私あてに手紙に書いてください.	Ecrivez-moi une lettre contenant tous les détails de l'accident.

◆ 自動車保険の単語帳

保険会社　compagnie 女 d'assurance

自動車保険　assurance 女 automobile

対人対物保険　assurance au tiers

保険証券　police 女 d'assurance

保険約款　conditions 女 複 de l'assurance

保険料　prime 女

割増保険料　malus 男

保険金　indemnité 女

保険加入証明　attestation 女 d'assurance

保険対象災害　risques 男 複 couverts

事故証明　constat 男 d'accident

保険価額　valeur 女 assurée

保険金額　montant 男 de garantie

保険期間　durée 女 de l'assurance

事故申告　déclaration 女 d'un accident

第10章 余暇を過ごす

❏ 147 映画に行く

映画に行きませんか.	**Si on allait au cinéma ?**
映画は何を見たいですか.	Qu'est-ce que vous voulez voir comme film ? *film は「映画作品」
—探偵もの〔スリラー, 喜劇〕を見たい.	— J'aimerais aller voir un polar〔un thriller, une comédie〕.
SF〔サスペンス, アニメーション〕映画を見に行こう.	Allons voir un film de science-fiction〔à suspense, d'animation〕.
今どんな映画をやっていますか.	Qu'est-ce qu'il y a comme films en ce moment ?
シャンポリオン座で日本映画を上映しています.	Au Champolion, ils passent un film japonais.
これはフランス語に吹き替えの日本映画です.	C'est un film japonais doublé en français.
フランス語への吹き替え版です.	**C'est en version française〔en V.F.〕.**

原語版です.	C'est en V.O.
	*V.O. は version originale の略.
フランス語の字幕付きです.	C'est sous-titré en français.
この映画にはだれが出演していますか.	Qui est-ce qui joue dans ce film ?
この映画の監督はだれですか.	Qui est le réalisateur de ce film ?
どこの映画館で上映していますか.	**Ça se passe à quel cinéma ?**
この映画は封切られたばかりだ.	Ce film vient de sortir.
この映画はこの館でロードショー公開中だ.	Ce film passe en exclusivité dans cette salle.
古い映画の再上映だ.	C'est une reprise d'un vieux film.
ゴダールの最新作の試写会を見に行きました.	Je suis allé(e) voir le dernier Godard en avant-première.
上映は何時に始まりますか.	**A quelle heure commence la séance ?**
上映開始は8時ですが映画は20分後です.	La séance commence à huit heures et le film vingt minutes après.

映画の前にコマーシャルと予告編があります.	Avant le film, il y a des publicités et des bandes-annonces.
上映時間はどのくらいですか.	Combien de temps dure ce film ?

◆ 映画の単語帳

- 映画館　cinéma [男]; salle [女] de cinéma
- アートシアター　cinéma d'art et d'essai
- カラー映画　film [男] en couleur
- 白黒映画　film en noir et blanc
- 無声映画　film muet
- 原語版　version [女] originale ; V.O.
- フランス語版　version française ; V.F.
- 字幕　sous-titre [男]
- 字幕付き映画　film [男] sous-titré
- 吹き替え版　film doublé
- 長編映画　long métrage [男]
- 中編映画　moyen métrage
- 短編映画　court métrage
- コマーシャル　publicité [女]
- 予告編　bande-annonce [女]
- 記録映画　documentaire [男]
- 恋愛映画　film [男] sentimental
- アニメ映画　film d'animation ; dessin [男] animé

冒険映画　film d'aventure	西部劇　western 男
ホラー映画　film d'épouvante〔d'horreur〕	回顧特集　rétrospective 女
	映画製作者　producteur 男
サスペンス映画　film à suspense	映画監督　réalisateur 男
	スクリーン　écran 男
探偵映画　film policier	上映　séance 女
チャンバラ映画　film de cape et d'épée	試写会　avant-première 女
	ロードショー　exclusivité 女
大スペクタクル映画　film à grand spectacle	

❏ 148 コンサートに行く

今晩プレイエルホールで室内楽のコンサートがあります．
Ce soir, il y aura un concert de musique de chambre à la salle Pleyel.

A席を2枚下さい．
Donnez-moi deux places de série A.

―すみません，満員です．
Désolé(e), tout est complet.

12月5日のコンサートの席は残っていますか．
Il reste des places pour le concert du 5 décembre ?

1階席を二つ予約したいのですが.	Je voudrais réserver deux fauteuils d'orchestre.
2階バルコニー席の前列を二つ下さい.	Donnez-moi deux premiers balcons au premier rang.
プログラムを買いましょう.	Achetons le programme.
アンコールに応えて彼らはラヴェルを1曲演奏した.	Au rappel, ils ont joué un morceau de Ravel.

◆ コンサートの単語帳

歌　chant 男

歌謡　chanson 女

歌う　chanter

歌手　chanteur 男, chanteuse 女

オペラ歌手（女）　cantatrice 女

独唱　solo 男

独唱する　chanter en solo

二重唱　duo 男

三重唱　trio 男

四重唱　quatuor 男

ユニゾン　unisson 男

合唱団　chœur 男

コーラスで歌う　chanter en chœur

男性合唱団　chœur à voix d'hommes

女性合唱団　chœur à voix de femmes

◆ コンサートの単語帳　335

混声合唱団　chœur à voix mixtes

二部合唱　chœur à deux voix〔parties〕

テノール　ténor 男

バリトン　baryton 男

バス　basse 女

ソプラノ　soprano 男

アルト　alto 男

伴奏者　accompagnateur, -trice 名

歌手の伴奏をする　accompagner le chanteur

演奏会　**concert** 男

リサイタル　récital 男

コンサートホール　salle de concert 女

野外演奏会　concert en plein air

アマチュア演奏会　concert d'amateurs

管弦楽団　orchestre 男

交響楽団　orchestre symphonique

室内管弦楽団　orchestre de chambre

弦楽合奏団　orchestre à cordes

吹奏楽団　harmonie 女

合奏　ensemble 男

合奏曲　musique d'ensemble 女

室内楽　musique de chambre

管弦楽　musique d'orchestre

吹奏楽　musique d'harmonie

合奏する　jouer de concert

独奏する　jouer en solo

第10章 余暇を過ごす

コンサートマスター	指揮者　chef 男
premier violon de l'orchestre	d'orchestre
*「第1バイオリン」の意味もある.	指揮する　diriger
	指揮棒　baguette 女
	「アンコール！」Bis, bis !

❏ 149 楽器を楽しむ

私は暇な時にアコーデオンを弾きます.	Je joue de l'accordéon à mes heures perdues.
1日に2時間，バイオリンの練習をしています.	Je travaille le violon deux heures par jour.
私は初見では演奏できません.	Je ne sais pas déchiffrer (les partitions musicales).
アンヌは子どもたちに，ピアノのレッスンをしている.	Anne donne des leçons de piano aux enfants.
私は国立音楽院で週に一度，チェロのレッスンを受けています.	Je prends des leçons de violoncelle une fois par semaine au Conservatoire.

□149 楽器を楽しむ

彼はソルフェージュができずに,トランペットを吹いている.	Il joue de la trompette sans connaître le solfège.
なぜこの前の練習に来なかったのですか.	Pourquoi vous n'êtes pas venu(e) à la dernière répétition ?
毎朝1時間,音階とアルペッジオの練習をしています.	Chaque matin, je fais des gammes et des arpèges pendant une heure.
彼は初心者だ.いつまでも調子外れの音を出している.	C'est un débutant. Il n'arrête pas de faire des fausses notes〔des canards〕.
彼はリズム感が良い.	Il a du rythme.
彼はリズム感が悪い.	Il manque de rythme.
テクニックに欠けるピアニストだ.	C'est un pianiste qui manque de technique.
彼は音感が良い.	Il a l'oreille sure〔musicale〕.

◆ 楽器の単語帳

弦楽器 instrument 男 à cordes
アンストゥリュマン ア コルドゥ

バイオリン violon 男
ヴィオロン

チェロ violoncelle 男
ヴィオロンセル

コントラバス contrebasse 女
コントゥるバス

ビオラ alto 男
アルト

リュート luth 男
リュトゥ

マンドリン mandoline 女
マンドリーヌ

ハープ harpe 女
アるプ

ギター guitare 女
ギターる

弦楽器の胴 caisse 女
ケース

棹（サオ） manche 男
マンシュ

弦 corde 女
コるドゥ

弓 archet 男
アるシェ

木管楽器 instrument 男 à vent en bois
アンストゥリュマン ア ヴァン アン ブワ

フルート flûte 女
フリュトゥ

リコーダー flûte à bec
フリュトゥ ア ベック

オーボエ hautbois 男
オブワ

クラリネット clarinette 女
クラリネットゥ

サクソホーン saxophone 男
サクソフォヌ

ピッコロ piccolo 男
ピコロ

ファゴット basson 男
バソン

イングリッシュホルン cor 男 anglais
コる アングレ

バグパイプ cornemuse 女
コるヌミューズ

金管楽器 instrument 男 à vent en cuivre
アンストゥリュマン ア ヴァン アン キュイーヴる

トランペット trompette 女
トゥろンペットゥ

ホルン cor 男
コる

フレンチホルン cor d'harmonie
コる ダるモニ

トロンボーン trombone 男
トゥろンボヌ

チューバ tuba 男
テュバ

コルネット cornet 男 (à piston)
コるネ ア ピストン

楽器の単語帳

鍵盤楽器 instrument (男) à clavier

ピアノ piano (男)

アップライトピアノ piano droit

グランドピアノ piano à queue

中型グランドピアノ piano demi-queue

小型グランドピアノ piano quart de queue

クラヴサン clavecin (男)

オルガン harmonium (男)

パイプオルガン orgue (男)

(教会の) 大オルガン grandes orgues (男)(複)

チェレスタ célesta (男)

打楽器 instrument (男) à percussion

ティンパニー timbale (女)

ドラム tambour (男)

小太鼓 caisse (女) claire

大太鼓 grosse caisse

シンバル cymbales (女)(複)

カスタネット castagnettes (女)(複)

木琴 xylophone (男)

ヴィブラフォン vibraphone (男)

トライアングル triangle (男)

タンブリン tambour (男) de basque

マリンバ marimba (男)

タムタム tam-tam (男)

その他

譜面台 pupitre (男)

メトロノーム métronome (男)

❏ 150 テレビを見る

私はテレビでスポーツしか見ない.	Je ne regarde que le sport à la télé.
テレビはあまり見ません.	Je ne regarde pas beaucoup la télé.
テレビをつけてください.	**Voulez-vous allumer la télé〔le poste〕?**
テレビをつけて, ニュースの時間だ.	Mettez la télé, c'est l'heure des informations.
テレビを消してください.	Eteignez la télé, s'il vous plaît.
第1チャンネルにしてください.	**Voulez-vous mettre la première chaîne ?**
第2チャンネルに変えましょう.	Passons à la deuxième chaîne.
しょっちゅうチャンネルを変えないでください.	Arrêtez de zapper tout le temps.
テレビのボリュームを上げて〔下げて〕ください.	**Pouvez-vous augmenter〔baisser〕le son de la télé ?**
リモコンをどこへ置いたのですか.	Où est-ce que vous avez mis la télécommande ?

150 テレビを見る

今晩の番組を調べてください.	Pouvez-vous consulter les programmes de ce soir ?
今日, 何かおもしろい番組がありますか.	Est-ce qu'il y a quelques émissions intéressantes aujourd'hui ?
―今晩9時にフランス2で良い映画があります.	― Ils passent un bon film sur France 2 ce soir à 9 heures.
このインタビューは何チャンネルで放送されますか.	Sur quelle chaîne cette interview sera-t-elle diffusée ?
―8時に第2チャンネルで放送されます.	― Elle sera diffusée à huit heures sur la deuxième chaîne.
この放送は生放送ですか, 録画ですか.	Cette émission est-elle en direct ou en différé ?
この放送は家にいるお母さん向けです.	Cette émission s'adresse aux mères de famille restant à la maison.
私はそのニュースをテレビで知りました.	J'ai appris la nouvelle à la télé.
とてもおもしろい放送を見ました.	J'ai assisté à une émission très intéressante.

これは視聴率が高い放送だ.	C'est une émission qui a une grande audience.
彼は明日テレビに出る.	Il passera à la télé demain.
フランスのテレビ視聴者は五つの一般チャンネルを受信できる.	Le téléspectateur français dispose de cinq chaînes généralistes.
私はケーブルテレビに加入したので，10チャンネル余計に受信できる.	Je me suis abonné(e) au câble et je reçois dix chaînes supplémentaires.

第11章 スポーツ

❏ 151 スポーツをする

スポーツをなさっていますか.	**Faites-vous du sport ? / Vous pratiquez un sport ?**
スポーツは何をなさっていますか.	Qu'est-ce que vous faites comme sports ?
—テニスをしています.	— Je fais du tennis. / Je pratique le tennis.
—水泳をしています.	— Je fais de la natation.
コンディションは良いですか.	Etes-vous en forme ?
—はい, とても好調です.	— Oui, je suis en pleine forme.
—いいえ, 不調です. 練習不足です.	— Non, je ne suis pas en forme. Je manque d'entraînement.
サッカーは好きですか.	**Vous aimez le football ?**
—はい, 試合を見るのが好きです.	— Oui, j'aime bien regarder les matches.
フランスで一番人気のあるスポーツは何ですか.	Quel est le sport le plus populaire en France ?
—ペタンクです	— C'est la pétanque, j'en suis sûr(e).

> よ. 間違いありません.
> ラグビーはとくに南仏で行われている.
> フランスではたくさんの若者が柔道をしている.

Le rugby est surtout pratiqué dans le Midi.
ル リュグビ エ スュルトゥ プらティケ ダン ル ミディ

En France, beaucoup de jeunes pratiquent le judo.
アン フらンス ボークー ドゥ ジューヌ プらティック ル ジュド

◆ 競技名の単語帳

団体競技　sport d'équipe [男]
スポーる デキップ

個人競技　sport individuel
スポーる アンディヴィデュエル

陸上競技　athlétisme [男]
アトゥレティスム

格闘技　sport de combat
スポーる ドゥ コンバ

水上スポーツ　sport nautique
スポーる ノーティック

ウインタースポーツ　sport d'hiver
スポーる ディヴェーる

山岳スポーツ　sport de montagne
スポーる ドゥ モンターニュ

球技　sport de ballon
スポーる ドゥ バロン

モータースポーツ　sport mécanique
スポーる メカニック

国技　sport national
スポーる ナスィオナル

（競技種目）

サッカー　football / foot [男]
フットゥボル / フットゥ

ラグビー　rugby [男]
リュグビ

バレーボール　volley(-ball) [男]
ヴォレ (ボル)

バスケットボール　basket(-ball) [男]
バスケットゥ (ボル)

バドミントン　badminton [男]
バドゥミントン

競技名の単語帳

テニス	tennis 男
卓球	ping-pong 男
ハンドボール	handball 男
ホッケー	hockey 男 (sur gazon)
アイスホッケー	hockey sur glace
クリケット	cricket 男
野球	base-ball 男
ゴルフ	golf 男
ボクシング	boxe 女
レスリング	lutte 女
プロレス	catch 男
スケート	patinage 男
スキー	ski 男
ジャンプ競技	saut en〔à〕skis
リュージュ	luge 女
スノーボード	surf 男 des neiges
水泳	natation 女
ボート競技	aviron 男
ヨット競技	course 女 de voiliers
カヌー競技	canoë 男
水上スキー	ski nautique
サーフィン	surf 男
ウインドサーフィン	planche 女 à voile
登山	alpinisme 男
サイクリング	cyclisme 男
スカイダイビング	parachutisme 男
カーレース	course 女 automobile
競馬	courses 女 複 de chevaux
ボウリング	bowling 男
狩猟	chasse 女
魚釣り	pêche 女

□ 152 オリンピックと陸上競技

夏季オリンピック大会は4年に一度開催される.	Les Jeux olympiques d'été ont lieu tous les quatre ans.
初日のプログラムは何ですか.	**Quel est le programme du premier jour ?**
—陸上競技の予選です.	— Ce sont des épreuves éliminatoires d'athlétisme.
日本の田中選手は一次予選で落ちた.	Le Japonais Tanaka a été éliminé aux premières épreuves〔aux séries〕.
彼は決勝〔準決勝〕進出の資格を得た.	Il s'est qualifié pour la finale〔les demi-finales, la demi-finale〕.
フランスの女子選手サイヤンは棄権した.	La Française Saillant a abandonné l'épreuve.
準々決勝は今日の午後行われる.	Les quarts de finale auront lieu cet après-midi.
彼は決勝戦出場選手だ.	Il est finaliste.
彼は100メートルで優勝した.	Il a gagné〔Il a remporté〕la finale du cent mètres.
彼は決勝で負け	Il a perdu la finale.

た.	
彼はロシアのカルポフ選手に勝った.	Il a battu le Russe Karpov.
フランス対イギリスの試合は明日行われる.	Le match France-Grande-Bretagne se disputera demain.
オランダ選抜チームが試合に負けた.	La sélection des Pays-Bas a perdu le match.
日本チームは20対8で勝った.	L'équipe japonaise a gagné par vingt à huit.
彼は2分10秒6のタイムを出した.	Il a fait〔réalisé〕un temps de deux minutes dix secondes six dixièmes.
彼は1万メートルを28分9秒で走った.	Il a couvert dix mille mètres en vingt-huit minutes neuf secondes.
彼は100メートル競走の決勝で3着だった.	Il est arrivé troisième dans〔à〕la finale de la course du cent mètres.
彼は3位だった.	Il s'est classé troisième. / Il a pris la troisième place.
彼は世界記録を破った.	Il a battu le record mondial〔du monde〕.
彼はヨーロッパ新記録を立てた.	Il a établi un nouveau record d'Europe.

◆ 競技種目の単語帳

競走 course 女
徒競走 course à pied
100メートル競走 course sur〔de〕cent mètres
短距離競走 course de vitesse
長距離競走 course de fond
中距離競走 course de demi-fond
リレー course de relais
400メートルリレー quatre cents mètres relais 男
マラソン競技 marathon 男
ハードル競技 course de haies
110メートルハードル cent dix mètres haies
走り幅跳び saut 男 en longueur
走り高跳び saut en hauteur
棒高跳び saut à la perche
三段跳び triple saut
円盤投げ lancement 男 du disque
砲丸投げ lancement du poids
槍投げ lancement du javelot
ハンマー投げ lancement du marteau
重量挙げ poids 男 et haltères 男 複
近代5種競技 pentathlon 男 moderne
体操 gymnastique 女 ; exercices 男 複

gymnastiques
ジムナスティック

機械体操 exercices aux agrès
エグゼるスィス オザグれ

自由問題 exercices libres
エグゼるスィス リーブる

規定問題 exercices imposés
エグゼるスィス アンポゼ

床運動 exercices au sol
エグゼるスィス オ ソル

腕立て伏せ appui [男] tendu facial
アピュイ タンデュ ファスィアル

倒立 appui tendu renversé
アピュイ タンデュ らンヴェるセ

鉄棒 barre [女] fixe
バーる フィクス

平行棒 barres parallèles
バーる パラレル

段違い平行棒 barres à deux hauteurs
バーる ア ドゥオトゥーる

つり輪 anneaux [男][複]
アノー

あん馬 cheval [男] d'arçons
シュヴァル ダるソン

跳馬 saut [男] de cheval
ソォ ドゥ シュヴァル

平均台 poutre [女]
プートゥる

◆ 競技大会の単語帳

競技場 stade [男]
スタードゥ

オリンピックスタジアム stade olympique
スタードゥ オランピック

体育館 gymnase [男]
ジムナーズ

スタンド gradins [男][複]
グらダン

メインスタンド gradins centraux
グらダン サントゥろー

グランド terrain [男] de jeu
テらン ドゥ ジュ

トラック piste [女]
ピストゥ

コース couloir [男]
クルワーる

スタートライン ligne [女] de départ
リーニュ ドゥ デパーる

ゴールライン ligne d'arrivée
リーニュ ダりヴェ

ゴールテープ fil [男] d'arrivée
フィル ダりヴェ

審判員	arbitre 名; juge 名	金メダル	médaille 女 d'or
得点記録員	marqueur 男	銀メダル	médaille d'argent
スターター	starter 男	銅メダル	médaille de bronze
コーチ	entraîneur 男, entraîneuse 女	国歌	hymne 男 national
キャプテン	capitaine 名	開会式	cérémonie 女 d'ouverture
スコア	score 男		
スコアボード	tableau 男 d'affichage	閉会式	cérémonie de clôture
表彰台	podium 男		

❏ 153 サッカーを見る

明日フランス競技場でイタリア対日本の試合がある.	Demain, il y a un match au stade de France entre l'Italie et le Japon.
私の好きなチームはモンペリエ・クラブだ.	Mon équipe préférée est le Club de Monpellier.
メンバーはすでに位置についている.	Les joueurs〔Les équipiers〕sont déjà placés.
審判がホイッスルを吹いた.	L'arbitre a sifflé.

キックオフはイギリス側だ.	Le coup d'envoi est donné par les Anglais.
ほら，好位置にいる選手にボールが行った.	Le voilà arrivé à un joueur bien placé.
それ，シュートだ！	Voilà qu'il tire !
ゴールキーパーがボールをパンチングで打ち返した.	Le gardien de but a renvoyé le ballon d'un coup de poing.
フランス側が敵のゴールへボールを入れた.	Les Français ont envoyé le ballon dans le but ennemi.
フランスチームがコーナーキックをする.	L'équipe française tire un corner.
イギリスチームは，ペナルティとしてフリーキックを取られた.	L'équipe anglaise a été pénalisée par un coup franc.
イギリス選手の一人が相手に足を掛けた〔タックルをした〕.	Un des joueurs anglais a fait un croche-pied 〔un tacle〕 à un adversaire.
審判がイエロー〔レッド〕カー	L'arbitre a donné un carton jaune 〔rouge〕.

ドを出した.	
選手交代がある. 交代選手が準備運動をしている.	Il y a un changement de joueurs. Les remplaçants s'échauffent.
彼らはシュートを決めて試合に勝った.	Ils ont gagné le match aux tirs au but.
彼はあらゆる相手をうまくかわす.	Il trompe bien tous ses adversaires.
イタリアチームのゴールキーパーが奇跡を起こした.	Le goal 〔Le gardian〕 de l'équipe italienne a fait des miracles.
彼は年間最多のポイントゲッターだ.	C'est le meilleur butteur de l'année.
フランスチームは2対0でリードしている.	L'équipe française mène deux buts à zéro.
前半が終わった.	La première mi-temps est finie.
イギリス勢が2対1で勝った.	Les Anglais ont gagné par deux buts à un.
日本チームはこれまで1勝2敗1引き分けだ.	L'équipe japonaise a eu jusqu'ici une victoire, deux défaites et un match nul.
(応援する)	
行け, フランス!	Allez les Bleus !

アレジ, 行け, お前が一番だ!	Vas-y, Alesi ! C'est toi le meilleur ! ヴァズィ アレズィ セ トゥワ ル メイユーる
勝った!	On a gagné ! オン ナ ガニェ
スコア逆転だ!	On a renversé le score ! オナ らンヴェるセ ル スコーる
バルテズ, 退場!	Dehors Barthez ! ドゥオーる バるテーズ
残念! 負けた!	Dommage ! On a perdu ! ドマージュ オン ナ ぺるデュ

◆ サッカーの単語帳

サッカー　football 男
フットゥボル

ワールドカップ　coupe 女 du monde
クープ　デュ　モンドゥ

親善試合　rencontre 女 amicale
らンコントゥる　アミカル

競技場　stade 男
スタードゥ

グランド　terrain 男
テらン

ゴール　but 男
ビュットゥ

ゴールネット　filets 男 複
フィレ

ボール　ballon 男
バロン

ゴールライン　ligne 女 de but
リーニュ　ドゥ　ビュットゥ

タッチライン　ligne de touche
リーニュ　ドゥ　トゥーシュ

ゴールエリア　surface 男 de but
スュるファス　ドゥ　ビュットゥ

ペナルティエリア　surface de réparation
スュるファス　ドゥ　れパらスィオン

選手　joueur 男 ; équipier 男
ジュウーる　エキピエ

フォワード　avant 男
アヴァン

ハーフバック　demi 男
ドゥミ

バック　arrière 男
アりエーる

右〔左〕ウィング　ailier 男
エリエ

右〔左〕インサイド　inter 〔男〕

センターハーフ　demi 〔男〕 central

ゴールキーパー　gardien 〔男〕 de but

レフェリー　arbitre 〔男〕

線審　juge 〔男〕 de touche

ハーフタイム　mi-temps 〔女〕

前半　première mi-temps

後半　seconde mi-temps

パス　passe 〔女〕

パスする　passer le ballon

ドリブル　dribble 〔男〕

ドリブルする　dribbler

キック　coup 〔男〕 de pied

キックオフ　coup d'envoi

ペナルティキック　coup de pied de réparation

コーナーキック　coup de coin ; corner 〔男〕

コーナーキックする　tirer un corner

フリーキック　coup franc

シュート　tir 〔男〕 (au but)

シュートする　tirer (un ballon au but)

オフサイド　hors-jeu 〔男〕

PK戦　épreuve 〔女〕 des tirs au but

サポーター　supporter 〔男〕

droit〔gauche〕

❏ 154 テニスをする

テニスができますか.	Savez-vous jouer au tennis ?
テニスを1試合	Jouons une partie de tennis.

ダブルスの試合をしよう.	Nous jouons un double.
あなたと私が組です.	Vous et moi, nous sommes partenaires.
どちらを選びますか，レシーブそれともサーブ？	Qu'est-ce que vous choisirez, la relance ou le service ?
あなたがサーブをしてください.	C'est vous qui donnerez le service.
われわれはサーブ側だ.	Nous sommes au service.
用意はいいですか.	Etes-vous prêt(e)s à commencer ?
—いいえ，まだ用意ができていません.	— Non, nous ne sommes pas encore prêt(e)s.
練習にちょっと時間をもらえますか.	Pouvons-nous prendre un peu de temps pour l'essai ?
だれが審判になってくれますか.	Qui veut faire l'arbitre ?
線審をするのはだれですか.	Quels sont ceux qui font les arbitres de lignes ?
彼はボレーで打ち返した.	Il a repris la balle de volée.

彼はバックハンドで打つ.	Il joue en revers.
彼はいつもボールをカットする.	Il coupe toujours sa balle.
彼は左利きだ. 私のサーブが取れない.	Il est gaucher, il ne réussit pas à renvoyer mon service.
彼は動きがとても早い.	Il est très rapide dans son mouvement.
彼は相手が届かないコートの隅へボールを打ち込むのが, とてもうまい.	Il est trés habile à envoyer la balle dans un angle du court où son adversaire peut difficilement l'atteindre.
彼はボールをネットすれすれに打つ.	Il envoie la balle au ras du filet.
スコアは何ですか.	Quel est le score ?
ースコアは10対8でわれわれが勝っている.	— Le score est de dix à huit en notre faveur.
彼は試合カウント5対1で勝っている.	Il mène cinq jeux à trois.
彼は3セットを取った.	Il a gagné trois sets.
彼は第1セットを6-4で取っ	Il a gagné la première manche par six jeux

た.	à quatre.	

今のはあなたの得点だ. C'est pour vous. / Le point est pour vous.

◆ テニスの単語帳

テニスをする	jouer au tennis
テニスの試合	match [男] de tennis
テニスコート	court [男]; terrain [男] de tennis
ネット	filet [男]
ネットを張る	tendre〔placer〕le filet
ネットポスト	poteau [男]
ベースライン	ligne [女] de fond
サイドライン	ligne de côté
サービスライン	ligne de service
センターライン	ligne médiane
主審	juge-arbitre [名]
審判	arbitre [名] de chaise
審判台	siège [男] de l'arbitre
ボール	balle [女]
硬球	balle dure
軟球	balle molle
ラケット	raquette [女]
グリップ	prise [女] de raquette
トーナメント	tournoi [男]
試合	match [男]; partie [女]
シングルス	simple [男]
男子〔女子〕シングルス	

simple messieurs 〔dames〕

ダブルス double 男

混合ダブルス double mixte

ゲーム jeu 男

セット set 男; manche 女

ファイナル・セット set décisif

スコア score 男

得点 point 男

カウント compte 男 des points

ラブ rien 男

ラブゲーム jeu 男 blanc

ジュース à deux ; à égalité

アドバンテージ avantage 男

アドバンテージ・フォア・レシーバー avantage dehors

アドバンテージ・フォア・サーバー avantage dedans

サーブ service 男

サーブする servir

レシーブ relance 女; retour 男

レシーブする relancer ; retourner

アンダーハンドのサーブ service en dessous

アンダーハンドでサーブする servir par en dessous

サーバー serveur, -se 名

レシーバー relanceur, -se 名; retourneur, -se

フォールト faute 女

ダブルフォールト deux

fautes de service
フォートゥ ドゥ セるヴィス

フットフォールト　faute de pied
フォートゥ ドゥ ピエ

レット　let
レットゥ

アウト　out
アウトゥ

サービスミスする　manquer son service
マンケ ソン セるヴィス

サーブやりなおし　à remettre
ア るメットゥる

ネットする　toucher le filet
トゥシェ ル フィレ

コートチェンジ　changement 男 de côté
シャンジュマン ドゥ コテ

コートチェンジする　changer de côté
シャンジェ ドゥ コテ

フォアハンド　coup 男 droit
クー ドゥるワ

バックハンド　revers 男
るヴェーる

バックハンドで打つ　jouer en revers
ジュエ アン るヴェーる

ロブ　lob 男
ロブ

ボレー　volée 女
ヴォレ

ハーフボレー　demi-volée
ドゥミヴォレ

バックボレー　volée de revers
ヴォレ ドゥ るヴェーる

スマッシュ　smash 男
スマッシュ

チョップ　chop 男
ショップ

ドロップショット　amorti 男
アモるティ

ドライブ　drive 男
ドゥらイヴ

ドライブをかける　lifter
リフテ

カットボール　balle 女 coupée
バル クペ

ラリー　échange 男
エシャンジュ

❏ 155 水泳をする

泳げますか.	**Savez-vous nager ?** サヴェヴ ナジェ
―はい, 泳げます.	— Oui, je sais nager. ウィ ジュ セ ナジェ
―いいえ, 平泳ぎすらできません.	— Non, je ne sais même pas nager la brasse. ノン ジュ ヌ セ メーム パ ナジェ ラ ブらス
プールに泳ぎに行きませんか.	On va se baigner dans la piscine ? オン ヴァ ス ベニェ ダン ラ ピスィーヌ
どこのプールへ行くのですか.	Dans quelle piscine allez-vous ? ダン ケル ピスィーヌ アレ ヴ
このプールには50メートルプールと飛込み台があります.	Cette piscine a un bassin de cinquante mètres et des plongeoirs. セットゥ ピスィーヌ ア アン バサン ドゥ サンカントゥ メートゥる エ デ プろンジュワーる
いっしょに海水浴に行きませんか.	Voulez-vous aller vous baigner dans la mer avec moi ? ヴレヴ アレ ヴ ベニェ ダン ラ メーる アヴェック ムワ
どこの海水浴場へ行くのですか.	A quelle station balnéaire irons-nous ? ア ケル スタスィオン バルネエーる イろン ヌー
ビアリッツは海水浴に好適な海岸だ.	Biarritz est une plage délicieuse pour se baigner. ビアリッツ エテュヌ プらージュ デリスィウーズ プール ス ベニェ
この海岸は岸から遠くまであまり深くない.	Cette plage est peu profonde jusqu'à une distance éloignée de la côte. セットゥ プらージュ エ プー プろフォンドゥ ジュスカ ユヌ ディスタンス エルワニェ ドゥ ラ コートゥ
背泳ぎができま	Savez-vous nager sur le dos ? サヴェヴ ナジェ スューる ル ド

360 第11章 スポーツ

すか.	
私はリラックスするために背泳ぎをします.	Je nage sur le dos pour me décontracter.
私はクロールで泳ぐ方が好きだ.	Je préfère nager le crawl.
クロールより平泳ぎの方が疲れない.	La brasse est moins fatigante que le crawl.
浮身ができますか.	Savez-vous faire la planche ?
潜水して（無呼吸で）泳げますか.	Savez-vous nager en apnée 〔faire de l'apnée〕 ?
ダイビングができますか.	Savez-vous plonger ?
彼は水泳中に、こむら返りを起こした.	Il a été pris d'une crampe au mollet pendant qu'il nageait.
「助けて！」	«Au secours !»

❏ 156 水泳を見る

日本の田中選手が先頭だ.	Le Japonais Tanaka est en tête.
彼は他の選手に10メートルの差をつけている.	Il devance ses concurrents de dix mètres.

アメリカのB選手がフランスのM選手に追いつき，これを抜いた．

L'Américain B arrive à la hauteur du Français M et le dépasse.

彼は1分3秒6のタイムで100メートル背泳ぎの選手権を獲得した．

Il a gagné le championnat du cent mètres dos avec un temps d'une minute trois secondes six dixièmes.

◆ 水泳の単語帳

水泳　**natation** 女

泳法　**manière** 女 **de nager ; nage** 女

平泳ぎ　**brasse** 女

平泳ぎで泳ぐ　**nager la brasse**

自由形　**nage** 女 **libre**

背泳ぎ　**nage sur le dos**

バタフライ　**nage〔brasse〕papillon**

ドルフィン　**dauphin** 男

クロール　**crawl** 男

横泳ぎ　**nage** 女 **sur le côté**

立ち泳ぎ　**nage debout**

ダイビング　**plongeon** 男

浮き身をする　**faire la planche**

ストローク　**brasse** 女

ばた足　**battement** 男 **des pieds**

ターン　**virage** 男

◆ 水泳の単語帳

クイックターン
　virage-culbute 男
　タッチ　touche 女
プール　piscine 女
　屋内プール　piscine couverte
　屋外プール　piscine en plein air
　温水プール　piscine chauffée
　競泳用プール　bassin 男 (de natation)
　50メートルプール　bassin de cinquante mètres
　コース　couloir 男
　第1のコース　ligne 女 d'eau No. 1
　スタート台　plate-forme 女 du départ
　飛込み台　plongeoir 男
　飛び板　tremplin 男
競泳　course 女 de vitesse
　男子〔女子〕100自由形　le 100 mètres nage libre, hommes〔dames〕
　女子100メートル背泳　le 100 mètres dos, dames
　200メートルバタフライ　le 200 mètres papillon
　400メートル個人メドレー　le 400 mètres quatre nages individuel
　800メートル自由形リレー　le 4×200 (quatre fois deux cents) mètres nage libre

付録

1. 数詞
2. Eメールの書き方
3. フランスと日本の祝祭日

1. 数詞

◆ 基本数詞

0 **zéro** ゼロ	16 **seize** セーズ
1 **un**（男性）アン	17 **dix-sept** ディセットゥ
une（女性）ユヌ	18 **dix-huit** ディズュイットゥ
2 **deux** ドゥー	19 **dix-neuf** ディズヌフ
3 **trois** トゥるワ	20 **vingt** ヴァン
4 **quatre** カートゥる	21 **vingt et un** ヴァンテ アン
5 **cinq** サンク	22 vingt-deux ヴァントゥドゥー
6 **six** スィス	23 vingt-trois ヴァントゥトゥるワ
7 **sept** セットゥ	30 **trente** トゥらントゥ
8 **huit** ユイットゥ	31 trente et un トゥらンテ アン
9 **neuf** ヌフ	32 trente-deux トゥらントゥドゥ
10 **dix** ディス	40 **quarante** カらントゥ
11 **onze** オンズ	41 quarante et un カらンテ アン
12 **douze** ドゥーズ	42 quarante-deux カらントゥドゥ
13 **treize** トゥれーズ	50 **cinquante** サンカントゥ
14 **quatorze** カトーるズ	51 cinquante et un サンカンテ アン
15 **quinze** カンズ	52 cinquante-deux サンカントゥドゥ

60	**soixante** スワサントゥ	91	quatre-vingt-onze カトゥルヴァンオンズ
61	soixante et un スワサンテ アン	92	quatre-vingt-douze カトゥルヴァンドゥーズ
62	soixante-deux スワサントゥドゥ	97	quatre-vingt-dix-sept カトゥルヴァンディセットゥ
69	soixante-neuf スワサントゥヌフ	99	quatre-vingt-dix-neuf カトゥルヴァンディズヌフ
70	**soixante-dix** スワサントゥディス	**100**	**cent** サン
71	soixante et onze スワサンテ オンズ	101	cent un サン アン
72	soixante-douze スワサントゥドゥーズ	102	cent deux サン ドゥ
73	soixante-treize スワサントゥトゥれーズ	110	cent dix サン ディス
74	soixante-quatorze スワサントゥカトーるズ	200	deux cents ドゥー サン
75	soixante-quinze スワサントゥケンズ	**1 000**	**mille** ミル
76	soixante-seize スワサントゥセーズ	**10 000**	**dix mille** ディ ミル
77	soixante-dix-sept スワサントゥディセットゥ	100 000	cent mille サン ミル
78	soixante-dix-huit スワサントゥディズユイットゥ	**1 000 000**	**un million** アン ミリオン
79	soixante-dix-neuf スワサントゥディズヌフ	1 000 000 000	un milliard アン ミリアーる
80	**quatre-vingts** カトゥるヴァン		
81	quatre-vingt-un カトゥるヴァンアン		
82	quatre-vingt-deux カトゥるヴァンドゥ		
89	quatre-vingt-neuf カトゥるヴァンヌフ		
90	**quatre-vingt-dix** カトゥるヴァンディス		

*基本数詞は形容詞であるが，million, milliard は名詞である．したがって冠詞を付けて un million, un milliard と言う．

❏1 名詞に付く数詞の読み方

子音で始まる名詞の前: chambre 部屋

une chambre ユヌ シャンブる	cinq chambres サン(ク) シャンブる	neuf chambres ヌフ シャンブる
deux chambres ドゥー シャンブる	six chambres スィ シャンブる	dix chambres ディ シャンブる
trois chambres トゥろワ シャンブる	sept chambres セットゥ シャンブる	
quatre chambres カートゥる シャンブる	huit chambres ユイ シャンブる	

母音または無音の h で始まる名詞の前: euro ユーロ

un euro アヌーろ	cinq euros サンクーろ	neuf euros ヌフーろ
deux euros ドゥーズーろ	six euros スィズーろ	dix euros ディ ズーろ
trois euros トゥろワズーろ	sept euros セットゥーろ	
quatre euros カトゥるーろ	huit euros ユイトゥーろ	

*ただし neuf は ans, hommes, heures の前では語尾の f を [v] と発音する. neuf ans (9年, 9歳) [ヌヴァン], neuf hommes (9人の人) [ヌヴォム], neuf heures (9時) [ヌヴーる].

◆ 序列数詞 (順番を表す)

1番目の			3番目の	3^e	troisième トゥろワズィエーム
	1er (男性)	premier プるミエ	4番目の	4^e	quatrième カトゥりエーム
	1ère (女性)	première プるミエーる	5番目の	5^e	cinquième サンキエーム
2番目の	2^e	deuxième ドゥズィエーム	6番目の	6^e	sixième スィズィエーム

7番目の	7e septième セッティエーム	21番目の	
8番目の	8e huitiéme ユイティエーム		21e vingt et unième ヴァンテ ユニエーム
9番目の	9e neuvième ヌヴィエーム	30番目の	30e trentième トゥらンティエーム
10番目の	10e dixième ディズィエーム	31番目の	
11番目の	11e onzième オンズィエーム		31e trente et unième トゥらンテ ユニエーム
12番目の	12e douzième ドゥーズィエーム	70番目の	
13番目の	13e treizième トゥれズィエーム		70e soixante-dixième スワサントゥディズィエーム
14番目の		71番目の	
	14e quatorzième カトるズィエーム		71e soixante et onzième スワサンテ オンズィエーム
15番目の		80番目の	
	15e quinzième ケンズィエーム		80e quatre-vingtième カトゥるヴァンティエーム
16番目の	16e seizième セズィエーム	81番目の	81^e
17番目の			quatre-vingt-unième カトゥるヴァンユニエーム
	17e dix-septième ディセッティエーム	100番目の	
18番目の			100e centième サンティエーム
	18e dix-huitième ディズュイッティエーム	101番目の	
19番目の			101e cent-unième サンユニエーム
	19e dix-neuvième ディズヌヴィエーム	1000番目の	
20番目の	20e vingtième ヴァンティエーム		1000e millième ミリエーム

❏2 概数の表現（約，おおよそ）

町まで約8キロある．	Il y a une huitaine de kilomètres jusqu'à la ville.

*une huitaine には「1 週間」の意味もある．Il part pour une huitaine. 彼は1週間の予定で出かける．

参加者は10人くらいだった．	Les participants ont été une dizaine.
それは12歳くらいの子どもです．	C'est un enfant d'une douzaine d'année.

*une douzaine には「1 ダース」の意味もある．Donnez-moi une douzaine de crayons. 鉛筆を1ダースください．

15人ほどの人を招待しました．	J'ai invité une quinzaine de personnes.

*une quinzaine には「2 週間」の意味もある．Je partirai dans une quinzaine. 私は2週間後に出発します．

おおよそ2000ユーロを支払わなければならない．	Il faut payer deux milliers d'euros.

*概数を表す名詞には，そのほか une vingtaine（約20），une trentaine（約30），une quarantaine（約40），une cinquantaine（約50），une soixantaine（約60），une centaine（約100）がある．また environ（おおよそ，約）または à peu près（おおよそ，ほぼ）を用いて概数を示すことができる．

この町の人口は約10万だ．	Cette ville a environ cent mille habitants.
このクラブはざっと300人の会員を擁する．	Ce club compte à peu près trois cents adhérents.

❏3 加減乗除の表現

7+6=13	Sept plus six font treize. / Sept et six égale treize. セットゥ プリュス スィス フォン トゥれーズ ／ セットゥ エ スィス エガル トゥれーズ ＊font, égale を省略して Sept plus〔et〕six treize. と言ってもよい．
15−5=10	Quinze moins cinq (égale) dix. ケンゼ ムワン サンク （エガル） ディス
6×9=54	Six fois neuf (font) cinquante-quatre. スィス フォワ ヌフ （フォン） サンカントゥカトゥる Six multiplié par neuf (font) cinquante-quatre. スィス ミュルティプリエ パる ヌフ （フォン） サンカントゥカトゥる
20÷4=5	Vingt divisé par quatre (égale) cinq. ヴァン ディヴィゼ パる カトゥる （エガル） サンク

❏4 小数・分数の表現

1.2	1,2 　un virgule deux 　アン ヴィるギュル ドゥ ＊小数点は日本ではピリオド (.) を打つが，フランスではコンマ (, virgule) を打つ．
0.82	0,82 　zéro virgule quatre-vingt-deux 　ゼロ ヴィるギュル カトゥるヴァンドゥ
42.54	42,54 　quarante-deux virgule cinquante-quatre 　カラントゥドゥ ヴィるギュル サンカントゥカトゥる
1/2	un demi アン ドゥミ
1/3	un tiers アン ティエーる
1/4	un quart アン カーる

3/4	trois quarts
1/5	un cinquième
2/5	deux cinquièmes
35/57	trente-cinq cinquante-septièmes

＊分数は，分母に序列数詞を，分子に基本数詞を用いる．1/2, 1/3, 1/4 は上記のように分母に特別な語を用いる．

❏5 長さ・広さ・重さの表現

このロープの長さはどのくらいありますか．	Quelle est la longueur de cette corde?
—40メートルです．	— Elle fait quarante mètres.
パリからヴェルサイユまで何キロですか．	Combien de kilomètres de Paris à Versailles?
—20キロです．	— Il y a vingt kilomètres.

＊距離を表す「キロメートル」は必ず kilomètre と言い，kilo と省略することはできない．

この箱の大きさはどのくらいですか．	Quelles sont les dimensions de cette boîte?
—縦30センチ，横20センチ，高さ7センチ	— Elle fait trente centimètres de long, vingt centimètres de large, sept centimètres

です．	de haut.

*日本語の「縦」「横」と違って，方向に関係なく long, longueur は常に長い方の辺を指し，large, largeur は常に短い方の辺を指す．

リビングルームは20平米あります．	La salle de séjour fait vingt mètres carrés.
スカートの丈を3センチつめてください．	Raccourcissez la jupe de trois centimètres.
身長はどのくらいありますか．	Combien mesurez-vous?
―1メートル70あります．	— Je mesure un mètre soixante-dix.
この荷物の重さはどのくらいですか．	Combien pèse ce bagage?
―20キロです．	— Il pèse vingt kilos.

*重さを表す「キログラム」は常に kilo(s) と言う．

体重はどのくらいありますか．	Combien pesez-vous?
―60キロあります．	— Je pèse soixante kilos.
ハムを300グラム買いましょう．	On va acheter trois cents grammes de jambon.
イチゴを半キロください．	Donnez-moi un demi-kilo de fraises.

2. Eメールの書き方

メールのための特別なフランス語があるわけではありませんが，画面の制約を考えて簡潔に書く必要があるでしょう．日本語のメールと同様に objet（件名）を書きます．本文は相手に対する呼びかけ（Monsieur, Madame, etc）で始め，結辞（formule de politesse）で終わります．最後に差出人の氏名（signature）も忘れないようにしましょう．

❏1 知人にフランス行きを知らせる

件名: フランス旅行	objet: Voyage en France
久しくご無沙汰いたし申し訳ありません．	Cher Monsieur, Je vous prie de m'excuser pour ce long silence.
来月フランスへ参ります．6月7日火曜日から1週間パリに滞在します．ご都合のよろしい時にお目にかかりたいと思います．	Je serai en France le mois prochain. Je passerai une semaine à Paris à partir du mardi 7 juin et j'aimerais vous voir à une date qui vous conviendrait.
ご返事をお待ちします．	Dans l'attente de votre réponse, je vous souhaite une très bonne semaine.
敬具 K. 山田	(Bien) cordialement, K. Yamada

*je vous souhaite une très bonne semaine は，あえて訳せば「良い週日をお祈りします」．慣用的にこうした表現をよく用いる．

❏2 観光案内所に貸別荘のリストを請求する

件名: 別荘のリスト	objet: Liste de villas

当方7月15日から9月15日まで2か月をニース近郊で過ごすつもりです．そこで家具付きの別荘のリストをその賃貸料とともにお送りくださるようお願い申し上げます．	Messieurs, J'ai l'intention de passer deux mois aux environs de Nice, du 15 juillet au 15 septembre et je me permets de vous demander de bien vouloir m'envoyer une liste de villas meublées avec les prix de location.
当方が必要としておりますのは少なくともベッドが4台あり，できるだけ海に近く，また市場から遠くない別荘です．	Il me faudrait une villa avec au moins quatre lits et située aussi près que possible de la mer sans être trop éloignée du marché.
当方，2か月分の家賃として最大3,000ユーロ以上は希望致しません．	Je ne voudrais pas payer plus de 3 000 euros pour les deux mois de location.
よろしくお願いいたします．敬具	En vous remerciant d'avance, veuillez agréer, Messieurs, mes salutations distinguées.
Y. 山本	Y. Yamamoto

❏3 ホテルを予約する

件名: 予約 5月5日から15日	objet: Réservation Monsieur,

まで10泊．バス付きの一人部屋を予約していただきたくお願い申し上げます．5日木曜日には夕方かなり遅く着きます．夜 (22時半ころ) になるかもしれません．

敬具

T. 加藤

Je m'empresse de vous demander de bien vouloir me réserver une chambre pour une personne avec salle de bains, pour 10 nuits, du 5 au 15 mai. J'arriverai le jeudi 5 assez tard dans la soirée, peut-être même dans la nuit (vers 22 heures et demie).

Veuillez agréer, Monsieur, mes salutations distinguées.

T. Kato

❏4 ホテルの予約をキャンセルする

件名: キャンセル

残念ながら予約のキャンセルをお願いしなければなりません．5月5日から15日までの期間の1人部屋です．名前は加藤です．

申し訳ありません．

敬具

T. 加藤

objet: Annulation

Monsieur,

J'ai le regret de vous demander de bien vouloir annuler ma réservation: il s'agit d'une chambre pour une personne pour la période du 5 au 15 mai au nom de Monsieur Kato.

Avec mes regrets, je vous adresse, Monsieur, mes sincères salutations.

T. Kato

❏5 友人夫妻を夕食に招待する

件名: 夕食へのご招   objet: Invitation à dîner

待 6月8日土曜日20時に拙宅へ夕食においでくだされば, うれしいのですが. ごく内輪の会食です.	Chers Madame, Monsieur. Je serai très heureux de vous recevoir chez nous le samedi 8 juin à partir de 20 heures. Nous serons en petit comité.
ご案内がこんなに遅くなり恐縮です.	Je suis un peu confus de vous prévenir aussi tard.
よいご返事をお待ちしております. 敬具 P. マルタン	Dans l'attente d'une réponse que j'espère favorable, je vous adresse toutes mes amitiés. P. Martin

❏6 招待に応じる

件名: Re: 夕食へのご招待	objet: Re: Invitation à dîner
ご親切なお招き本当にありがとうございます. 妻とともに喜んで参上いたします. 敬具 S. 山本	Cher Monsieur, Je vous remercie infiniment de votre aimable invitation. Ce serait un grand plaisir de me rendre chez vous avec mon épouse. Toutes mes meilleures amitiés. S. Yamamoto

❏7 招待を断る

件名: Re: 夕食へのご招待	objet: Re: Invitation à dîner
とても残念ですが 18 時に面会の約	Cher Monsieur, Je regrette vivement qu'un rendez-vous

束があり，ご親切なお招きをあきらめざるを得ません．ほんとうに申し訳ありません． 敬具 S. 山本	fixé à 18 heures m'oblige à renoncer à votre aimable invitation. J'en suis vraiment désolé et je vous prie de croire, cher Monsieur, en mon meilleur souvenir. S. Yamamoto

❏8 友人をお茶の会に招く

件名：お茶の会へのご招待	objet: Invitation à prendre le thé
マリさん， 今度の土曜日1月15日，16時から19時まで，何人かの友人と集まりをいたします．あなたにも参加していただきたいのですが，お茶を飲みながらおしゃべりをしましょう．	Chère Marie, On se réunit samedi prochain, le 15 janvier, de 16 heures à 19 heures avec quelques amies. J'espère que vous voudrez bien vous joindre à nous. Nous bavarderons autour d'une tasse de thé.
では近いうちに． 美智子	A bientôt, Bien amicalement, Michiko

❏9 滞在中のお礼を言う

件名：お世話になりました	objet: Merci de votre accueil
フランスでの1か月	Cher Monsieur,

のバカンスを過ごした後，いま東京に戻りました．	Me voici enfin revenu à Tokyo après avoir passé un mois de vacances en France.
ニース滞在中の数々のご親切に厚く御礼申し上げます．お心のこもったおもてなしと，ご一緒に過ごした楽しい時は忘れられません．	Je vous remercie de votre gentillesse et de tout ce que vous avez fait pour moi pendant mon séjour à Nice. Je n'oublierai jamais votre accueil chaleureux et les agréables moments que nous avons passés ensemble.
本当にありがとうございました．敬具	Avec tous mes remerciements, je vous prie de croire à mes sentiments les meilleurs.
T. 山村	T. Yamamura

❏ 10 転居を知らせる

件名： 住所変更	objet: Changement d'adresse
取り急ぎ住所変更をお知らせします．新住所をメモしてくださるようお願いします：	Bonjour à tous, Je m'empresse de vous informer de mon changement d'adresse. Je vous prie de bien vouloir noter mes nouvelles coordonnées:
K. 木村	K. Kimura
8 Avenue de la Lanterne, Nice	8 Avenue de la Lanterne, Nice
郵便番号 06200	Code postal: 06200
携帯の番号とメールアドレスは変更なしです．	Mon numéro de portable et mon adresse mail restent inchangés.

敬具	Bien a vous,
K. 木村	K. Kimura

❏ 11 年賀状

件名: 新年おめでとう	objet: Bonne Année!
楽しい幸せな年となりますようお祈りします.	Cher Monsieur, Je vous souhaite une bonne et heureuse année.
新しい年が喜びと健康とでいっぱいでありますように.	Tous mes vœux de bonheur et de santé pour la nouvelle année.
Y. 田中	Y. Tanaka

❏ 12 クリスマスのお祝いと年賀状

件名: 楽しい休暇を	objet: Joyeuses fêtes
暮れの季節にあたって楽しいクリスマス休暇と良き新年をお祈り申し上げます.	Cher Monsieur, En cette période de fin d'année, je vous souhaite d'excellentes fêtes et une très bonne année.
S. 岡田	S. Okada

❏ 13 年賀状へのお礼

件名: お年賀状ありがとう	objet: Merci de vos vœux
お年賀状ありがとうございました. 私もあなたとご家族	Cher Monsieur, Merci beaucoup de vos vœux. Je vous adresse à mon tour mes meilleurs

の皆さまに新年のお祝いを申し上げます. T. 佐藤	vœux pour la nouvelle année ainsi qu'à votre famille. T. Sato

3. フランスと日本の祝祭日

❏1 フランスの祝祭日

　フランスの祝祭日（jours fériés）には，カトリックの伝統をくむ宗教上の祭日（fêtes religieuses）と，宗教とは無関係の祭日（fêtes civiles）とがあります．両者を含めた法定の祭日（fêtes légales）は全部で 11 日あります．

クリスマス　Noël: 12 月 25 日

　キリスト降誕を祝うのが la fête de Noël（または la Noël）です．クリスマスに先立つ 4 週間は Avent（待降節）といい，人々はキリストの降誕を待ち望みます．12 月 24 日の夜，多くの家庭では祝いの食事レヴェイヨン（réveillon）を楽しみます．真夜中のミサ（messe de minuit）に行く家庭では，ミサから戻ってからレヴェイヨンを始めます．食卓には七面鳥（dinde）の料理やクリスマスケーキ（bûche de Noël）が並びます．食事のあと，子供たちはサンタクロース（Père Noël）のプレゼントを期待しながら眠りにつきます．

　クリスマスから新年にかけては贈り物の季節です．この 1 年の間に世話になった人へお礼のプレゼントをします．郵便配達やアパルトマンの管理人にも心付けを渡して 1 年の労をねぎらいます．

元日　Jour de l'An: 1 月 1 日

　新年のお祝いは大晦日の聖シルヴェストロの祝日（la Saint-Sylvestre）から始まります．31 日の夜には新年のレヴェイヨン（réveillon du jour de l'An）が始まり，元日の午前 0 時が打つとみんな口々に «Bonne Année!» を言い合って新しい年の初めを祝います．

　クリスマスが子供中心の家庭的なお祝いであるのに対して，新年はおとなが友人知己を招く社交的な祭日です．日本と違って官庁も会社も翌 2 日には仕事が始まります．

復活祭　Pâques: 移動祝日

　復活祭は年によって日が変わる移動祝日（fêtes mobiles）で

す．西暦325年ニケイアの公会議は，春分の後の最初の満月の次の日曜日を復活祭とすることに決めました．その結果，復活祭は3月22日から4月25日の間のいずれかの日曜日ということになっています．

復活祭はキリストの復活（死後3日目）を祝う日で，キリスト教徒にとってはクリスマスに並ぶ重要な祝日です．復活祭はつねに日曜日ですから，翌日の月曜日（lundi de Pâques）が休日となります．学校も約2週間の復活祭の休暇（vacances de Pâques）があります．お菓子屋のウィンドーには赤や青の彩色の復活祭の卵（œufs de Pâques），美しいリボンで飾られたチョコレートの鐘や魚が並びます．春は復活祭とともにやってきます．

メーデー　Fête du Travail: 5月1日

労働者の世界的祭典．1889年フランス革命100周年を記念して開かれたインターナショナル・パリ会議で，アメリカ社会党の提案により，毎年5月1日に8時間労働獲得のための大示威運動を行うことを決めたのがメーデーの起源です．また，この日は愛する人にスズラン（muguet）を贈る習慣があり，町ではスズランの花がいっせいに売り出されます．

第二次世界大戦戦勝記念日　Anniversaire de la victoire de 1945: 5月8日

1945年5月8日のドイツ無条件降伏による戦勝を記念する日です．なお，5月の第2日曜日は，百年戦争（1337〜1453）をフランスの勝利へ導いたジャンヌ・ダルク（Jeanne d'Arc, 1412〜1431）の祝日ですが，第二次大戦戦勝記念日はこの日に同時に祝されます．

主の昇天祭　Ascension: 移動祝日

死後3日目に復活したキリストは，復活から，さらに40日後に天に昇ります．これを記念する日がAscensionです．復活祭から数えて40日目の木曜日の次の日曜日に昇天祭を祝います．

聖霊降臨祭　Pentecôte: 移動祝日

キリストの復活にも昇天にも半信半疑であった弟子たちの上に

キリストの聖霊 (Saint-Esprit) が降り，弟子たちはこれに力づけられて各地へ宣教の旅に出発します．Pentecôte は復活祭後の第8日曜日です．翌日の月曜日 (lundi de la Pentecôte) は休日です．

革命記念日　Quatorze Juillet, Fête nationale：7月14日，国民の祝日

1789年7月14日，パリの民衆はバスティーユ (la Bastille) を襲撃し，これを占領しました．当時バスティーユは貴族専用の監獄で，貴族階級の名誉を守るために，通常の裁判手続によらず国王が召喚状に直接署名の上，投獄していたので国民の怨嗟の的となっていたのです．民衆のバスティーユ襲撃はフランス大革命の発端となり，フランス国民の祝日となっています．

この日，フランスの各都市で大革命を記念する式典が盛大に行われます．とくにパリでは大統領臨席のもとに軍隊の行進 (défilé) がシャンゼリゼ大通 (avenue des Champs-Élysées) で繰り広げられます．夜になると花火が打ち上げられ，方々の広場に組まれたやぐらの周りで市民は楽しく踊ります．

聖母被昇天祭　Assomption：8月15日

聖母マリア信仰はカトリックを特性づけるものの一つです．聖母マリアはこの世の生命を終えたのち栄光に包まれて天国に上げられたと信じられています．これを記念し特別の崇敬を聖母に捧げる日が Assomption です．この日，聖地ルルド (Lourdes) をはじめ，フランスの各地で聖母を讃える行事が行われます．

諸聖人の大祝日　Toussaint：11月1日

フランスのカレンダーには，毎日1人ずつ聖人 (saint, sainte) の名が記されています．名前が記されている日がその聖人の祝日です．しかしカレンダーに名前がなくても，天国へ行った人はすべて聖人なのです．これら諸聖人を敬い，私たちも天国の幸福にあずかることができるように諸聖人の取り次ぎを願う日が Toussaint です．

第一次大戦戦勝記念日　Fête de la Victoire, armistice 1918：11 月 11 日

　1914 年に勃発した第一次大戦は，長期化とともにドイツの内部崩壊をもたらし，1918 年 11 月 3 日に成立したドイツ共和政府は 11 月 11 日にフランスを含む連合国と休戦条約を結びました．フランスはこの日を戦勝記念日として祝います．

❑2 日本の祝祭日

元日　Jour de l'An：1 月 1 日

成人の日　Jour de l'accession à la majorité：1 月第 2 月曜日

建国記念の日　Anniversaire de la fondation du Japon (avènement du premier empereur mythique Jinmu à Kashiwara)：2 月 11 日

春分の日　Jour de l'équinoxe de printemps (jour où l'empereur rend hommage aux ancêtres de sa famille)：3 月 20 日

昭和の日　Jour de Showa (anniversaire de la naissance de l'Empereur Showa, Hirohito)：4 月 29 日

憲法記念日　Anniversaire de la promulgation de la Constitution de 1946：5 月 3 日

みどりの日　Fête de la verdure (jour de congé national)：5 月 4 日

こどもの日　Fête des enfants：5 月 5 日

海の日　Fête de la mer：7 月第 3 月曜日

敬老の日　Fête des personnes âgées：9 月第 3 月曜日

秋分の日　Jour de l'équinoxe d'automne (jour où l'empereur rend hommage aux ancêtres de sa famille)：9 月 23 日

体育の日　Fête des sports (anniversaire de l'ouverture des Jeux Olympiques de Tokyo en 1964)：10 月第 2 月曜日

文化の日 **Jour de la culture** (anniversaire de la naissance de l'Empereur Meiji) : 11 月 3 日

勤労感謝の日 **Fête de la récolte** (jour où l'empereur offre du riz nouvellement récolté aux divinité du ciel et de la terre) : 11 月 23 日

天皇誕生日 **Anniversaire de la naissance de l'Empereur** : 12 月 23 日

日本語キーワード索引

例文のキーワードを拾いました．ゴシック体は単語帳のタイトルを示します．

あ行

ああ（嘆き・悲しみ） 35
愛飲家 241
合図をする 124
愛想 238
（…にいる）間 64
（…の）間に 64
（車が）空いている 125
（席が）空いている 88
（部屋が）空いている 93
（予定が）空いている 246
アイロン 199, 200
会う（お目にかかる） 235, 246
合う（サイズ） 134, 140
遭う 325
赤字 80
空き容量 224
（部屋が）空く 178
アクセサリー 171
アクセスする 226
（部屋を）空ける 97
アコーディオン 336
朝 63
あざ 281
脚 281
味 113
足指 141
預かる 99, 178
預ける 72, 95
汗 279
あそこの 118
頭が良い 237
暑い 66
アップデート 226
（年齢を）当てる 258
後に 37

（…した）後に 63
（…週間）後に 62
（…の）後に 63
アドレス 99
兄 255
アニメ 330
あばら肉 186
アパルトマン 175
アポイント 246
甘い 113
雨 65
怪しい 233
洗う 199
洗える 135
アラカルト 104
あり得ない 32
ありがとう 5
ありそうな 33
歩いて 120
アルコール 277
アル中 241
アルペッジョ 337
アレルギー 276
アンコール 334
安心して 47
…位 347
威圧的 242
いいえ 28
いいえ＋肯定 28
いいえ，けっこう 8
いいえ，大丈夫です 43
いい加減 239
いい考えだ 44
いいですか 36
いいですね 30
Eメール 231
言うまでもない 30
家 20, 36, 56

家で 29, 64
家に 24, 39, 62, 64
イエローカード 351
意外だ 34
胃潰瘍 276
いかが 40
…行き 86
生き写し 175
息切れ 279
生き字引 237
息をする 276
行きませんか 44
行く 18, 30, 51, 61, 99, 118, 122, 124
いくら？ 141, 26, 128, 185
（全部で）いくら？ 128
意志 268
医者 271
以上で？ 185
意地悪 238
急いで 98
急いでいる 126
忙しい 61
急ぐ 250
痛い 308
いただきます 40
痛む 275, 295
イタリア 150
至るところ 281
市 184
1キロ 185
1セット 185
1ダース 185
（…日に）一度 64
一日中 64
いつ？ 16
1階席 334

いつから？ 16
一戸建 174
(ご)一緒する 53
いったいどうして 20
行ったことがない 31
1等 86
いつとはなしに 64
一杯やる 44, 115, 244
1分ごとに 163
いつまで？ 16
(お)いとまする 249
いない(おりません) 167, 248
イニシャル 145
今 61
胃もたれ 280
医薬品 293
いらいら 240
入り用 184
衣料品(女性用) 136
衣料品(男性用) 135
いる(おります) 167
入れ歯 297
色 134
色が落ちる 135
インク 225
インストール 225
陰性 298
インターネット 229
インターネットとEメール 238
引退 260
インタビュー 341
インテリ 237
インフルエンザ 278
ウィーン 86
ウィルス(パソコン) 227, 233
上の(サイズ) 133
ウェルダン 104
浮身 361
請け合い 30

受付 71
受取通知 156
受取人 156
受け取る 157, 233
(茶が)薄い 244
薄切り 186
うそつき 239
疑い深い 240
疑う 34
打ち返す 355
内気 241
内輪で 265
うつ状態 282
美しい 14
写し 171
腕 281
うなじ 308
うまくいく 15, 47
(人と)うまくいく 241
(…年)生まれ 60
産む 299
売り切れ 151
売場 127
瓜二つ 255
売る 184
うるさい 96
うるさい(厳しい) 40
うれしい 34, 235
売れている 150
うろこ 186
うわさ 23
うわっ！ 35
運賃 126
運転できる 53, 315
運用 262
エアコン 96
映画 330
映画 332
映画館 331
営業車 324
英語版 151
エイズ検診 277

ADSL 231
A4 225
エールフランス 71
駅(地下鉄) 122, 175
駅(鉄道) 4, 118, 125
エコー 299
エコノミー便 155
SF 330
エスカレーター 127
枝毛 311
X線写真 275
閲覧 219
閲覧室 219
絵はがき 27
エレベーター 175
円 78
延期する 247
演習 213
エンジン 318
エンジンオイル 317
遠慮 252
(ご)遠慮なく 42
追越し 315
追い越す 326
おいしい 112
おいしくない 112
追いつく 362
オイル交換 317
横転 327
往復 70, 85
横暴 242
大きな声で 38, 168
大酒飲み 241
大さじ 292
オープン 70
オールリスク 324
お代わり 98, 252
悪寒 275
置き忘れる 97
置く 99
奥歯 296
お悔やみ 268

日本語キーワード索引 **389**

送る 99, 155, 231
(車で)送る 44
(時計が)遅れる 58
(列車が)遅れる 87
遅れる 246
怠る 49
怒っている 55
おごる 114
教える 44
(道を)教える 118
(道を)教えてください 4
おしゃれ 50
押す 149
おすすめ料理 103
遅く 61
おだいじに 3
落ち度 48
お茶を飲む 243, 251
おつり 115, 126
大人 86
驚いた 34
お願いしたい 42, 43
お願いします 4
オペラ 13
オペレーター 163
(電話で)お待ちください 167
お待ちください 4
おめでとう 9
重い 154
(病気が)重い 276, 277
思いがけない 249
思いやり 236
(…と)思う 45
おもしろい 213
(…と)思われる 56
おやおや 35
おやすみなさい 3
泳げる 53, 360
オリエント急行 86
折畳み傘 127

降りる 123, 124
オリンピック 346
下ろす 99
音階 337
音感 337
温度 200
温度計 67
女の子 254
オンラインゲーム 230

か行

カード 130
カートリッジ 225
カーブ 315
カーラー 311
カール 309
階 127
絵画 50
開館 219
海岸 360
開襟シャツ 127
会計係 261
外国人 202
改札 51
改札機に通す 124
会社 260, 261
会社員 11
外出する 95
外出中 167
海水浴 360
回数券 122
回復 283
外線 164
階段教室 213
(頭の)回転が早い 237
解凍 232
ガイドブック 150
回復 283
快方 271
買い物 127, 184
買い物 131
買う 84

ガウン 307
(受付の)カウンター 71
(カフェの)カウンター 115
返す 179, 325
顔色 270
(時間が)かかる 18, 51, 52
(日数が)かかる 155
カキ(貝) 280
書留 156
書留郵便 156
書き取り 204
角砂糖 244
学士号 212
隠し立て 239
学者 237
確信はない 34
学生 11
学制 214
学生 206
家具付き 174
学費 208
掛ける 249
貸し出し 220
貸出カード 220
貸出期間 220
ガス 176, 177
貸す 5
(部屋を)貸す 177
ガス欠 316
かする 326
風 66
風邪 54, 277
風邪薬 293
画素 149
火葬 268
画像編集 225
家族と親戚 256
ガソリン 316
型 133
肩 281

固い 113, 277
片道 86
勝つ 352, 347
がっかりさせる 243
がっかりしないで 47
楽器 338
(髪の) カット 307
(球技の) カット 356
家庭用品 182
金物 198
加入者 163
加入する 342
可能性は大 47
カバーする 328
カフェ 115
カフェ 116
カフェオレ 97
細かいお金 79
構わない 252
我慢する 242
我慢できない 243
髪型 50, 307
雷 66
髪を切る 307
…かもしれない 32, 54
柄 139
…から (時間) 93
…から…まで (場所) 83
辛い 113
柄物 133
借りる 219
(車を) 借りる 323
革 141
革製 171
為替レート 78
変わっている 238
変わり者 240
缶入りガソリン 316
考えさせて 129
頑固 239
観光 74
観光案内所 119

感じの悪い 238
勘定 99, 114
勘定書 99
勘定につける 98
閑静な 174
感染 227
乾燥機 200
官庁 260
缶詰 187
監督 331
館内で 220
カンニング 211
観念 282
乾杯! 253
がんばって 3, 47
還付許可 71
管理する 261
管理人 175
管理費 176
キー 95, 97, 325
気温 66
気がかり 46
気が遠くなる 279
効かない 96
期間 220
聞き取る 205
効く 293
喜劇 330
期限 162
危険な 283
棄権 346
聞こえない 168
気さく 238
岸 360
生地 135
技師 260
傷 281
北駅 125
機知 260
きつい 141
キックオフ 351
喫茶店 243

キッチン 178
切手 154, 155
(趣味の) 切手 155
切手シート 155
きっと 32
切符 122, 124
規定 292
気に入る 13, 28, 40, 128, 178
記入 156
絹の 128
厳しい 243
気分 270, 275
基本ソフト 226
気前が良い 236
気まぐれ 239
決める 45
気持 264
逆転 353
キャッシュカード 81, 170
キャブレター 318
キャンセル 70, 83
休暇 64
救急医療救助サービス 326
救急車 271, 325
窮屈 141
休憩 206
休講 206
休止 233
休息 50, 51
急な事情 247
急変 267
今日 58
教会 265
競技種目 348
競技場 350
競技大会 349
競技名 344
教室 213
兄弟 254

日本語キーワード索引 *391*

共有部分 176
魚介類 191
拒食症 282
気楽 240
霧 66
霧雨 66
切りそろえる 312
切る 186, 281
気をつける 308
気を悪くする 238
金 144
均一料金 324
禁煙車 86
金額 79
金庫 95
銀行 79, 260
銀行 81
銀行員 11
銀行口座 165
禁止 315
近所 176
近親者 268
勤勉 237
金融業 260
食いしんぼう 241
空気圧 317
空港 70
空港・機内 76
空席 70
空席待ち 70
鎖 144
くし 309
薬 276, 292
果物 193
下る 118
口が苦い 280
口で 276
口に合う 253
口ひげ 309
靴 127
靴先 141
くつろぐ 249

国 12
首まわり 133
くぼむ 317
組 355
曇る 66
クラス 207, 213
クラブ 350
クリーニングする 199
クリーニングに出す 97
繰り下がる 206
クリック 228
来る 52
狂っている 144
くるぶし 281
車椅子 282
車で 120
クレジットカード 80, 171
黒 140
クロール 361
詳しい 115
警官 326
警察署 170
掲示板 229
軽食 117
携帯（電話） 165
携帯する 52
契約 165, 231
契約書 178
ゲート 72
ケーブル 178
ケーブル回線 231
ケーブルテレビ 342
ゲームソフト 230
けが 280
けが人 325
激痛 278
今朝 66
化粧品 127
けち 240
（テレビを）消す 340
血圧 275

けっこう（辞退） 8, 245, 253
結婚 255, 264
結婚相手 264
結婚式 265
結婚と離婚 266
決勝 346
決心がつかない 45
決心をする 45
欠席 55
決断力 237
潔癖 282
煙 115
下痢 280
原因 21, 271
けんか 265
元気 270
元気が出る 50
（お）元気ですか 2
元気を出して 47
現金 171
現金で 129
現金にする 78
健康 270
原稿 225
原語版 331
検査 277
検索 221
検索エンジン 229
賢者 237
研修 74
検診 299
建設会社 261
県道 316
件名 232
倹約家 241
（茶が）濃い 98, 244
（毛髪が）濃い 312
コインランドリー 200
光栄 235
郊外 165, 174
合格 211

日本語キーワード索引

合格点 210
交換する 144, 225
講義 213
航空便 154
高血圧 275
高校生 206
交互に 282
口座 79, 80
講座 202
…号室 96
交渉する 230
更新 84, 228
香辛料・甘味料 194
香水 122
高速道路 316
紅茶 97, 187, 243
交通機関 123
交通事故 325
行動する 237
交番 119
(列車の) 後方 89
公務員 12
高齢 255
コート 134
コーナーキック 351
コーヒー 97
凍る 67
ゴール 351
ゴールキーパー 351
コールバック 164
小型トラック 326
小切手帳 80
呼吸 283
極上 112
国籍 13
国道 316
国内線 71
黒板 204
穀類 195
午後 61
ここから 119
ここで 126

故障 15, 96, 317, 325
故障修理車 325
故人 268
個人教授 202
小銭 130, 221, 316
午前中 64
こちらこそ 6, 235
骨折 281
小包 154
小包郵便 155
今年は…年 60
子ども 86, 254
子ども用 94
この辺 126
この前の 60
好み 252
コピー機 221
コマーシャル 332
込み 94, 114
ごみ収集費 176
こむら返り 361
ごめんなさい 7
来られる 53
コレクトコール 162
コレラ 84
転ぶ 280
壊れる 327
コンコルド 122
コンサート 333
コンサート 334
今週中に 65
混線 164
コンセント 177, 221
コンディション 343
こんにちは 2
今晩 61, 93, 102
こんばんは 2
婚約 264

さ行

サーバー 233
サービス料 114

サーブ 355
サーモスタット 177
再起動 224
最後 157
最高点 211
最後まで 267
最終時間 71
再上映 331
最初の 118, 157
最新の 133, 178
最新版 151
サイズ (衣服) 133, 134
サイズ (靴) 140
サイズ (写真) 147
在宅 61, 248
最短の 84
採点 210
サイト 228
才能 237
サイバーカフェ 230
再発行 220
財布 170
幸いに 29
サイン 51
探す 118, 134, 150
酒に強い 245
避ける 277
刺される 281
サスペンス 330
雑 239
雑貨 198
サッカー 343, 350
サッカー 353
さっき 61
砂糖 186, 243
作動する 149
寒い 67
さやインゲン 105
さようなら 3
騒ぎ立てる 243
差をつける 361
産院 299

日本語キーワード索引   393

残金がない 80
残高 80
サンチーム 155
サンドイッチ 89
サントノレ通り 126
残念 353
残念ながら 32
痔 280
試合 343, 347, 354
幸せな 265
シーツ 199
CD 149
ジェル 312
塩 186
塩からい 113
資格 346
…しかない 31
歯冠 296
磁気カード 222
敷金 178
時給 262
試験 208
(口述)試験 210
(入学)試験 208
(選抜)試験 209
(筆記)試験 210
試験範囲 209
時刻表 125
仕事 74, 261
仕事は? 11, 260
死産 300
試写会 331
歯石 296
自尊心 49
…したい 41
…次第 75
…したいのですが 40
下着 96
下の (サイズ) 133
…したばかり 61
下向き 225

試着 133
試着室 133
視聴者 342
視聴率 342
しっかりしている 259
しっかりやって 47
失業中 12
質素な 94
実直 238
嫉妬深い 239
室内楽 333
質問 4, 10, 205
シッャトダウン 224
失礼! 7
…してくださいますか 43
…してはいけない 52
…してほしい 41
支店 81
自動 148
自動券売機 84
自動車 318
自動車保険 327
自動車保険 329
自動販売機 200
…しなければならない 51
シニョン 311
支払い 129
支払いを差し止める 81, 170
自分で取る 252
紙幣 79
自閉症 282
死亡する 267
脂肪分 276
姉妹 254
字幕 331
染み 199
地味 134

しみったれ 240
事務所 219, 246
締切 204
締める 73
市役所 120, 124
社交的 238
車種 323
写真 150
写真 148, 220
車体 328
社長 262
シャッター 148
シャトルバス 71, 75
シャトレ 122
車内 89
車内販売 89
じゃま 88, 249
ジャム 187
シャワー 96
シャワー付き 93
シャンプー 307
週…時間労働 262
住所 126, 220
重傷 327
就職口 261
住所変更 156
住宅街 176
終点 89
充填 297
充電 149, 317
シュート 351
柔道 344
週に…回 64
十分 253
週末 323
修理 141
重量超過 72
授業 206, 213
授業変更 203
祝宴 265
宿題 204
受験申込み 209

394 日本語キーワード索引

取集 157
手術 276
受信 342
受信トレイ 232
出演 331
出産 298
出産と育児 300
出身 12
出発 71
出発階 71
主任 262
主の祈り 269
主婦 12
趣味が良い 50
趣味は何? 21
受領証 156
準決勝 346
準々決勝 346
順調 15
章 203
ショーウインドー 128
上映 331
消化 276
紹介 235
奨学金 207
消化不良 292
試用期間 262
商業 260
正午 57
詳細 329
正直 236
常識 238
常識がない 240
乗車券 84, 87
冗談好き 238
焦点合わせ 149
上等 128
衝突 327
商売 12
上半身 276
常備図書 220
消防隊 326

証明 156, 220
証明書 84
商用 74
常連 115
食が細い 241
職業 260, 261
職業 263
食後酒 63, 254
食事代 83
食事のいろいろ 95
食事をする 102
食卓 113
食通 240
食堂車 89
食品店名 187
食品名 189
食物 277
食欲 276, 280
初日 336
書庫 219
書籍と雑誌 152
書棚 219
処方箋 272, 292
書類 84
知らせる 49, 251
知らない 34
調べる 221
知り合う 235
知る 61, 80, 151, 163, 229
白 133
新記録 347
心筋梗塞 283
シングルルーム 92
信号 118
信仰心 236
申告する 171
申告する 75
診察 271, 275
診察料 272
進取 237

紳士用 127
信じられない 34
申請 71, 84
親切 236, 241
寝台 86
人体部位 302
身長はどれだけ 19
心配 46
心配いりません 48
心配しないで 8, 15
新版 151
審判 350, 355
辛抱 48
進物 128
信用できる 236
水泳 343
水泳 362
水道 176
睡眠薬 282
吸う 115
スーツ 132
スーツケース 75, 99
スーパー 262
スカーフ 128
好き 39
好きな 350
スキャナー 225
(…)すぎる 129, 154
スクーター 170
少なくとも 259
すぐに 61
スクリーンセーバー 227
優れた 237
スケジュール 45
スコア 353, 356
すごい 34
少し 129, 201
すすぐ 296
涼しい 67
スズメバチ 281
進んでいる 58
裾上げ 134

日本語キーワード索引

スタンド 316
頭痛 278
すっぱい 113
ストック 226
すばらしい 13, 34, 50
すばらしかった 13
スポーツ 343
住まい 179
すみません(声かけ) 10
すみません(謝罪) 7, 49
スモークサーモン 104
スライス 243
スラックス 133
スリップ 326
スリラー 330
鋭い 279
するべきだ 51
(タバコを)吸わない 45
座らせる 88
…製 143
(…の)せい 48
正確な 58
税関 71
請求 328
請求票 219
税金 71, 75
制限重量 155
成功 50
成功する 47
誠実 236
静粛に 4
正常分娩 300
精神安定剤 282
精神科医 282
清掃費 176
整髪 312
整髪料 309
セーター 134
セーヌ河 92
セール 127
背泳ぎ 360, 361
世界記録 347

…石 143
せき(咳) 278
席 72, 86, 88, 102, 333
責任感 238
責任者 75
責任を負う 261
席を替える 73
席を代わる 88
席を詰める 88
席を増やす 102
節操 237
接続 224, 230
絶対 52
(髪の)セット 311
(テニスの)セット 356
セット 231
説明 205
背中 275
ゼネスト 123
責める 242
セラミック 297
セルフタイマー 148
洗剤 200
前菜 104
詮索好き 239
(…の)前日に 62
洗車 316
選手権 362
選手交代 352
線審 355
潜水 361
センスがない 240
全然 31, 39
全損害自動車保険 328
洗濯機 135
センチ 133
(列車の)先頭 89
セントラルヒーティング 177
選抜 347
洗髪 309
前半 352

先方 164
専門 230
専用 230
善良 236
前列 334
洗練 238
そううつ病 282
そうかもしれない 33
葬儀 267
送金 157
送金料 157
走行距離 324
掃除する 144
そうしたい 33
…そうだ 56
そうだと思う 28
そうでしょう? 14
そうでしょうか? 33
そうです 29
(電話で)そうです 166
そうですとも 28
そうですね 36
そうなんですよ 37
そうは言っていない 49
そうは思わない 32
そぐ 312
速達 155, 156
袖 307
外付け 226
そのとおり 29, 30
(パソコン)ソフト 223, 225
祖父母 255
染める 309
ソルフェージュ 337
それほど 39
尊敬 242
そんなばかな 34

た行

…対… 347

体温 275
退去 179
退屈 15, 213
滞在する 74
滞在税 94
滞在目的 74
大使館 84
体重はどのくらい 19
退場 353
大食漢 241
退職者 12
大食症 282
大好き 39
ダイビング 361
タイプ 93
タイム 347
題名 151
タイヤ 317
ダイヤ(宝石) 145
ダイヤルする 163
ダウンロード 230
絶えず 278
高い 129
たくさん 129
タクシー 99, 125
宅配 131
多幸状態 282
足す 154
助け 51
助けて！ 361
たずねる 10, 42
闘う 267
発つ 70
脱臼 281
タックル 351
たっぷり 120
棚 73
楽しい週末を 3
タバコ 115
タバコ屋 162
旅のいろいろ 85
ダブルス 355

たぶんそうだ 55
たぶんね 32
食べてはいけない 53
(まずくて)食べられない 113
食べられる 54
だめ 32
便り 46
だらしない 239
足りない 74, 96, 105
足りる 154
タルティーヌ 97
だれ？ 22
だれが？ 23
だれと？ 24
だれに？ 24
だれの？ 24
だれを？ 24
…だろう 55
単位 212
段カット 311
探偵もの 330
暖房 96, 177
端末 221
段落 204
チーフ 233
チェックアウト 99
チェロ 336
地下 315
近いうちに 250
(…に)違いない 55
(電話で)違いない 167
近いうちに 119
チキン 105
地区 184
チケット 70, 83
遅刻 55, 205
地図 121
父 255
縮む 135
ちっとも 88
チップ 115, 126

チャンネル 340
注意散漫 49
注射 296
駐車 315
駐車禁止 52
駐車場 315
昼食 102
中等教育 208
中毒 280
注文 104
注文する 151
超過料金 72
聴講生 207
調子が悪い 144
調子外れ 337
調書 326
朝食 95
朝食 98
聴診 275
調整 317
調度品 181
直通 86
ちょっと 36
治療 271
賃貸 174, 178
追加料金 87, 125
ツインルーム 92
通行料 316
(携帯が)通じる 165
通知 156
ツーリスト 92
通路側 72
通話 164
つかまえる 170
つきあいにくい 241
つきあいやすい 241
突きあたり 119
月と曜日 59
次の 122
つぐ 253
付け合わせ 104
(テレビを)つける 340

日本語キーワード索引　397

都合よい 251
つづりは？ 11
(性格が)冷たい 238
冷たいもの 244
つもり 44
吊る 281
手 281
出会い系 230
提案 44
定員 208
定員制 213
帝王切開 300
定期預金 80
停車する 89
定食 104
TGV 86
データ 226
テーブル 73
出かける 61
手紙 154, 156, 329
敵 351
出来上がり 199
できあがる 148
(勉強が)できない 207
(勉強が)できる 207
できる(可能) 54
手首 281
デザート 105
デジタルカメラ 149
手数料 78
でたらめ 49
手伝いましょうか 43
手伝って 42
手続き 79, 219
鉄道 89
テニス 343, 354
テニス 357
手に入る 151
手荷物 71
デパート 127
デファンス 122
デュポン 167

出る 119
(テレビに)出る 342
テレビ 340
テレフォンカード 162
手を貸す 44
店員 11
電気 176, 177
天気が良い 65
天気が悪い 65
電球 96
天気予報 65, 66
点検 318
電源 165
伝言 167, 248
転送する 156, 231
電池で 144
点滴 283
添付書類 232
電話 162
電話 168
電話会社 165
電話回線 231
電話する 162
電話帳 162
電話ですが 167
電話番号 163
…度 135
トイレ 17, 115
トイレットペーパー 96
どういう？ 20
どういう意味？ 25
どういたしまして 6
トゥール 87
どう思う？ 13
どうか 5
どう書く？ 11
投函 158
同感です 30
動悸 279
同級 207
どうした？ 15, 16
どうして？ 21

搭乗 71, 72
どうしよう 20
どうぞ 5
どうぞお先に 5
どうだった？ 13
到着通知書 157
どうなった？ 16
盗難届 170, 171
盗難保険 327
同年 258
同僚 235
登録 70, 203, 219
登録期日 209
登録料 203, 220
道路標識 322
遠い 119
通り 118, 125, 177
通る 123, 124
度が過ぎる 48
時と場合による 33
ドキュメント 226
徳 237
特製料理 104
独身 264
時計 143
時計と装身具 145
どこ？ 17, 119, 121
どこ行き？ 122
どこから？ 18
どこで？ 122
どこまで？ 18
床屋 310
ところで 36
年上 259
年下 259
年の割りに 259
どしゃ降り 66
図書館 219
図書館 222
年を取っている 259
都心 55, 92, 120, 174
…度数 162

どちら？ 26
どちらとも言えない 33
取ってある 88
とてもおいしい 112
届 171
届ける 75
どなた様ですか 10, 166
隣 96
となり合った 72
どの？ 27
どのように？ 20
飛び込み台 360
徒歩で 120
止まる 144
泊まる 92
止める 126
ドライバー 327
ドライブ 44
トラック 326
トラベラーズチェック 78, 130
トランク 125
トランペット 337
取り消す 93, 247
取りに来る 148
度量 236
取る 45, 95
撮る 148
ドル 78
どれ？ 26
トレー 73
ドレス 134
どれでもいい 27
どれとどれ？ 27
どろぼう 170
どんな？ 20, 21, 171, 236
豚肉(製品) 190

な行

内線 168
治る 277
長い間 64

仲が良い 242
仲が悪い 242
仲たがい 242
泣かないで 47
仲直り 242
中に 171
眺め 92
仲良く 265
仲良し 241
亡くす 255
亡くなる 255, 267
なぜ？ 20
なぜなのか 21
夏物 127, 133
夏休み 60
何色？ 21
何が？ 24
何でできている？ 26, 144
何を？ 25
(…の)名前で 93
(お)名前は？ 10, 11
生ビール 115, 245
なるほど 30
何キロ？ 18
何歳？ 258
難産 300
何時？ 57, 95, 157
何時間？ 83
列車で 83
何対何で？ 19
なんてこった 35
何ですって？ 37
何でもない 15
何でもないこと 8
ナント 86
何と…! 35
何度？ 18
何と言いましょうか 37
何と言う？ 20
なんとかなる 48
何日？ 74

何日ですか 58
何人？ 18, 19, 102
何年生まれ？ 259
何年もの間 65
何の木？ 21
何の話？ 25, 38
何泊？ 93
何番地？ 118
何便？ 70
南仏 344
何分おきに？ 63, 124
何曜日？ 60
似合う 134
ニース 86
(変な)匂い 113
苦い 113, 280
肉 190
2K 174
逃げる 170
二重窓 177
日時 246
日射病 281
似ている 255
2等 85
鈍い 279
日本 12, 154
日本国籍 13
日本人 13
2枚 85
荷物 72, 95, 99, 125
荷物を寄せる 89
入院 271
入学 208
入居する 176
ニュース 61, 340
乳製品 194
庭付き 174
人気 213, 343
妊娠 298
妊婦証明 299
抜く 296, 362
脱ぐ 275

抜け目のない 239
盗まれる 81, 170
布地 139
ネクタイ 128
寝込む 271
値段 129
熱 278
ネット 356
ネットサーフィン 229
ネット書店 229
ネットワーク 165
寝ている 270
値引き 95, 129
値札 131
眠る 270
寝る 165
年金受給者 12
捻挫 281
年齢 258
ノイローゼ 282
能力 238
のちほど 3
のど 275
のどが渇く 73, 115
(靴が)伸びる 141
飲み物 105
飲み物 111
(まずくて)飲めない 113
飲める 54
乗り遅れる 54, 87
乗り換え 86, 122
乗り換え駅 123
乗り継ぎ列車 87
乗る 122

は行

歯 297
パーキングメーター 315
バーゲン品 128
パーセント 80
パート 12, 262
ハードディスク 224, 226

パーマ 309, 312
はい 28
はい＋否定 28
肺 275
肺炎 283
ハイオク 316
バイオリン 336
歯痛 296
配達 131
はいはい(電話で) 166
入る 5, 248
ばか 240
はがき 154
計る 154, 275
バカロレア 206
バカンス 45, 60
吐き気 280
履物 142
履く 140
バゲット 187
(塗料が)はげる 328
運ぶ 95
橋 118
端 87
初め 61
はじめまして 235
バス 124
恥ずかしい 48
バス付き 92
バスティーユ 122, 124
バスなし 94
バスポート 52, 79, 171,
バス待合所 125
パスワード 223
パソコン 227
パソコン 223
(デスクトップ)パソコン 223
(ノート型)パソコン 223
バター付き 97
ハッカ水 115
はっきり言おう 36

はっきりして 45
バッグ 72, 170
バックハンド 356
パック旅行 83
発音 277
発信音 165
バッテリー 149, 317
派手 134
花屋 196
鼻風邪 278
鼻がつまる 278
話し相手 230
(…と)話したい 167
(電話が)話し中 164
話す 168, 201
はな水 278
はねる 327
母 255
はめ込む 145
速い 275
早く 126
速く 83
(…か月)払い 130
(…回)払い 130
払いもどし 83, 87
払う 28, 130
腹が張る 280
はらわた 186
パリ 85, 86
(底を)張り替える 141
バリカン 308
貼る 154, 156
バルコニー席 334
歯を磨く 297
パン 105
パン 189
晩 86
…番 87
ハンガー 96
パンク 325
番組 341
番号案内 163

日本語キーワード索引

半袖シャツ 133
反対方向 120
パンチング 351
パンツ 134
ハンドバッグ 128
ハンバーグ 186
販売 12, 260
半分 252
パン屋 119
ピアノ 336
ビール 245
被害 326
控えめ 238
控える 277
引き返す 120
(現金を)引き出す 80
挽肉 186
非居住者口座 79
引き分け 352
弾く 336
ひげを剃る 307
飛行機 70
ひざ 280
ビザ 84
ビザカード 130
久しぶり 249
美食家 240
左利き 356
左走行 315
左 118
左に 118
びっくりだ 34
引っ越し 324
引っ込み思案 241
必修 208
ひったくられる 170
ぴったり 140
フライド 105
必要 50, 51, 52, 219
必要はない 52
人柄が良い 241
人柄が悪い 241

1束 185
1箱 185
1山 185
ひねくれた 240
ビフテキ 104
暇 246, 336
秘密番号 163
病院 272
病院の科 273
評価する 50
病気 270
美容業界 260
表計算 226
表現する 202
表示する 230
美容と化粧 313
病人 271
病名 284
平泳ぎ 360
昼前 157
広い 174
(がんが)広がる 267
広場 120
びん 187
品質 39, 134
ピント 148
ファイル 226
ファッション業界 260
不安 46, 282
封切り 331
封筒 156
プール 360
フェンダー 317, 328
フォルダー 226
フォンデュ 186
吹き替え 330
不規則 275
復習 209
腹痛 279
服用量 292
夫妻 93
不在 61

ふさがっている 88
双子 255
二つ目の 118
負担 176
ふだん着 132
ぶちこわす 48
不通 232
普通便 155
二日酔い 245
ぶつかる 326
物品 326
不動産業 260
部分 252
部門 261
不眠症 282
冬物 132
フライドポテト 105
ブラウス 134
フラッシュ 149
フランス国鉄 228
フリーウェア 225
フリーキック 351
フリーズ 224
フリーメール 233
振り込み 80
プリペイド式 165
プリンター 224
プリントする 147
ブレーキ 318
ブレス 199
プレゼント 75
プレゼント用 130
プロ 262
ブロー 311
プログラム (種目) 346
プログラム (パンフ) 334
ブロック 187
プロバイダー 231
ブロワ 89
フロント 95, 96
分割払い 130
文具 216

紛失　170, 171, 220
文書作成　225
ヘアスプレー　312
平凡　239
ペタンク　343
別居　265
別途　94
別の　128
別々に払う　114
ペナルティ　351
ベビー用品　301
部屋　93, 174
部屋代　94
ベランダ　175
ベルト　73
ペンキ　328
変更する　70, 87, 247
返事　168, 232
便秘　276, 280
便利　92
ホイッスル　350
ポイントゲッター　352
(…の)方が　40
法外な　129
宝石　144
放送　341
包装する　130
方法　83
…方面行き　122
訪問　250
ボーイッシュ　311
ホーム　87
ホームページ　228
ボール　351
ほかの　134
保管　219
ポケット　72
保険　171, 272, 315, 327
保険金　328
保険料　324, 328
歩行者　327
ほしい　40

保証期間　143
補助ベッド　94
(郵便)ポスト　158
(データの)保存　226, 232
(カメラの)ボタン　149
(電話の)ボタン　164
(バスの)ボタン　124
(パソコンの)ボタン　228
墓地　268
発作　282
没収する　75
ホテル　92
ホテル　100
ボトル　105
ほぼ　258
ボリューム　340
彫る　145
ボルドー　86
ボレー　355
本題　37
本物　144
ぼんやり者　239

ま行

まあね　33
毎朝　63
埋葬　268
毎日　157
毎…曜日に　63
前髪　311
(…か月)前から　62
(…週間)前に　62
(…する)前に　62
(…日)前に　62
曲がる　118
枕カバー　199
まける(値引き)　129, 185
負ける　346, 352
升　184
麻酔　296

まずい　112
まだ　31
また明日　3
また近日中に　3
また今度　3
また近いうちに　3
またの折　250
また来週　3
まだわからない　32
街歩き　121
間違い　99
間違いなく　247
間違える　255
間違った　164
間違っている　14, 56
待つ　126, 236
まっすぐ　118
まったく　30
松葉杖　282
…まで(距離)　154
…まで(場所)　86
…までに　97
窓　96
窓側　72, 86
窓口　84
生放送　341
招く　52, 251
マフラー　317
(足の)まめ　141
間もなく　61, 248
マルセイユ　85
満員　333
満席　70
満足　56
満タン　316, 324
(…点)満点　210
見栄っぱり　240
(…には)見えない　56
(…に)見える　56
(歳に)見える　258
右側　127
右走行　315

右に 118
ミス 326
水 73, 104, 105
水洗い 135
見たい 128
…みたいだ 55
道 118
道がわからない 120
道に迷った 120
道を間違えている 120
3ツ星 92
見積書 328
ミディアム 104
見ている（監視） 88
見習い 262
身の回り品 75
身分証明書 78, 157
見舞い 284
脈 275
明朝 61
ミルク 243
見るだけ 127
魅惑的 238
民間企業 12
向いている 261
向かい 119
…向け 92
蒸し暑い 66
虫歯 296
無償 207
無職 12
無制限 231, 324
無責任 239
無知 240
無痛分娩 300
無欲 236
無料で 131
(気が)めいる 270
迷惑 115
メイン 104
メーリングリスト 233
メール 232

メールアドレス 232
目方 19, 154
目方で 184
目が高い 50
目指す 260
目覚め 280
召し上がれ 252
メダル 145
メッシュ 312
メッセージ 164
メトロ 123
メニュー 103
メニューを読む 106
めまい 279
メモ 246
メモリー 223
免許 315
免許証 54
面している 120
免除 208
面積 175
めんどうを見る 48
メンバー 350
もう一度言う 37, 168, 205
もう一杯 245
申し分なし 49
申し訳ない 7
もう少し 105, 168, 253
もう…ない 31
モーニングコール 97
目録 221
文字化け 233
もしもし 96, 163, 166
模造品 145
持ち込む 72
もちろん 29, 30
もちろん違う 31
もっと 129
もっともです 30
もっと安い 94
モデム 231

もどす 325
もとにもどす 73
もどる 96, 126, 228, 248
ものが良い 132
ものによる 39
モロッコ 84
モンソー 122
問題 56, 211, 229

や行

やあ！ 2
やかましい 177
夜間の 84
焼き方 104, 105
焼き付ける 149
約束 51
約束を守らない 48
やけど 281
野菜 192
(心が)やさしい 236
安い 129, 155
休む 271
家賃 175
破る 347
やる気 237
柔らかい 113
柔らかくなる 141
湯 98, 244
USBメモリー 226
有価証券 262
勇気を出して 47
有効期間 162
優勝 346
夕食 254
友人 235
優先 316
郵便 158
郵便為替 157
郵便配達 157
郵便物 99
夕べ 254
有料 208

ユーロ 78, 104
ユーロ建て 79
雪 67
ゆっくり 38
指 281
指輪 145
夢じゃないか 34
ゆるい 141
許す 7
よいお母さん 50
よいお父さん 50
よいご旅行を 3
良い人 237
用紙 156
要職 261
陽性 298
…ようだ 55
容態 267, 283
洋品小物 197
要約 211
よかった 13, 35
よかれと思って 49
預金 79
浴室 175
浴槽付き 94
よくなかった 13
予告 179
予告する 123
予告編 332
横になる 276
予習 204
予選 346
酔っ払う 245
予定がある 246
予定日 300
呼ぶ 99
予防接種 84, 277
予約 70
予約金 83
予約する 70, 86, 92, 102, 272, 334
寄る 250

喜んで 42
よろしく 3

ら行

雷雨 66
来週 60
ライト 317
楽に 249
ラグビー 344
…らしい 55
ラジエーター 318
ラファイエット 125
LAN 127, 221, 231
陸上競技 346
離婚 265
リズム感 337
利息 80
リチャージ 165
リットル 105
リボン 130
リモージュ 86
リモコン 340
流行遅れ 14, 134
流行している 133
流産 300
両替所 78
両替する 78
料金 83, 94, 154
良識 236
領収書 115, 126, 179
両親 254
両方とも 40
料理名 110
旅客ターミナル 71
旅行 83
リラックス 361
リンク 228
ルート 84
留守 55
留守電 164
レア（焼き） 104
零下 67

レジ 130, 262
レシート 131
レシーブ 355
レストラン 102
レストラン業界 260
レッスン 336
レッドカード 351
練習（運動） 343
練習（合奏） 337
練習（試し） 355
練習問題 209
連絡先 74
老化 260
老人ホーム 255
浪費家 240
ローストビーフ 253
ロードショー 331
ロープ 325
録画 341
ロワイヤン 86

わ行

ワイシャツ 97
ワイン 105
若い盛り 259
わからない 38, 119, 168, 213
わかりました 29, 30
わかる 201
ワクチン（パソコン）227
（髪を）分ける 308
わざとではない 49
忘れる 232
話題 37
私の 88
私のせいではない 31
割り勘 114
ワンピース 127, 134
ワンルームマンション 174

著者略歴
目黒士門(めぐろ しもん)
　東北大学文学部フランス文学科卒
　南山大学・小樽商科大学・岩手大学・東洋英和女学院大学各教授を歴任
　主要著書『現代フランス広文典』(白水社)
目黒(花川)ゆりえ(めぐろ ゆりえ)
　白百合女子大学フランス語フランス文学科卒
　東海大学・玉川大学講師

携帯フランス会話小辞典

	2013年4月15日　印刷
	2013年5月 5日　発行

著　者ⓒ	目　黒　士　門
	目　黒　ゆりえ
発行者	及　川　直　志
印刷所	研究社印刷株式会社

発行所　101-0052東京都千代田区神田小川町3の24　株式会社 白水社
　　　　電話 03-3291-7811 (営業部), 7821 (編集部)
　　　　http://www.hakusuisha.co.jp
　　　　乱丁・落丁本は、送料小社負担にてお取り替えいたします。

振替 00190·5·33228　　　　　　松岳社株式会社 青木製本所
Printed in Japan

ISBN978-4-560-08622-3

▷本書のスキャン、デジタル化等の無断複製は著作権法上での例外を除き禁じられています。本書を代行業者等の第三者に依頼してスキャンやデジタル化することはたとえ個人や家庭内での利用であっても著作権法上認められていません。